「上越教師の会」の研究

二谷貞夫　和井田清司　釜田 聡【編】

学文社

■執筆者紹介

　川合　　章　　埼玉大学名誉教授　〔序文〕
　臼井　嘉一　　福島大学教授　〔第1章〕
　後藤　清代　　上越市立大潟町小学校長　〔第2章〕
＊二谷　貞夫　　上越教育大学名誉教授　〔第3章，あとがき〕
　山本　友和　　上越教育大学大学院教授　〔第4章〕
　木全　清博　　滋賀大学教授　〔第5章〕
　朝倉　啓爾　　上越教育大学大学院教授　〔第6章〕
＊和井田清司　　国士舘大学教授・元上越教育大学教授　〔第7章，まえがき〕
　柳　　恒雄　　三条市立保内小学校長　〔第8章〕
　秋山　正道　　上越市立三和中学校長　〔第9章〕
　寺田　喜男　　上越市立教育センター長　〔第10章〕
　長野　克水　　上越教育大学・前上越市立高志小学校長　〔第11章〕
＊釜田　　聡　　上越教育大学准教授　〔第12章〕
　若林　政徳　　長野市立犀陵中学校教諭　〔第13章〕
　梅野　正信　　鹿児島大学教授　〔第14章〕
　杉浦　英樹　　上越教育大学大学院講師　〔第15章，資料〕
　中野　　光　　元中央大学教授・日本生活教育連盟委員長　〔特別寄稿〕

（執筆順，＊印は編者）

まえがき

　教育改革が日常化し，学校と教師のゆれは，当分おさまりそうもない。しかも，現下の改革の多くは，「上から・外から」のベクトルがめだち，操作主義的な教育改革の傾向が強い。必ずしも学校・教師からの内発的な改革とはいえない。当然のことだが，教育改革が教育改善にむすびつくためには，「下から・内から」の改革と連動することが不可欠である。そして，草の根からの教育改革をめざした実践は，全国の学校や教師の取組みのなかに数多く見いだすことができる。こうした草の根実践の沃野に分け入ることで，内発的な教育改革の思想と知恵を共有することが可能となる。

　新潟県上越地域において，内発的な学校改革を推し進めてきた典型として，江口武正（1926～）氏および氏が中心となって組織してきた上越教師の会の実践がある。江口氏は，『村の五年生』（1956）の実践者として著名であるが，その後江口氏および上越教師の会は，時代や地域の変容に対応しつつ，地域に根ざした教育実践や先駆的な生活学習・総合学習の創造に取り組んできた。江口氏および上越教師の会の教育実践の展開過程をふり返るとき，そこには「子らと地域を見つめて」下からの内発的な教育改革を推進してきた確かな足どりをたどることが可能である。そうした貴重な知的遺産を再確認し，明日の実践に生かす糧としたい。ここに，本書の刊行を構想した目的がある。

　本書刊行の基盤となったのは，上越教育大学研究プロジェクト「地域教育実践に関する総合的調査研究──『上越教師の会』関係資料の収集・分析を中心として」（代表者は2004年度が和井田清司，2005年度が釜田聡）の研究活動であった。その意図と主旨は次のようなものであった。

　上越地区をはじめ新潟県内にはすぐれた教育実践の伝統がある。戦前の事例としては，維新期の動乱の中から日本初の小学校を創成した小千谷，小作争議のなかで無産農民学校を創出した木崎村（豊栄町），大関松三郎「山芋」の指導者であった生活綴り方教育の

寒川道夫等が著名である。また戦後は，コア・カリキュラムの研究と実践，「上越教師の会」による一連の実践，新潟水俣病をとりあげた〈公害と教育〉の実践，全国に先駆けて取り組まれた生活科や総合学習の実践等が顕著な事例である。以上のような教育的伝統を知の遺産として発掘・再評価し，今後の実践への示唆とすることが重要な課題となっている。この課題に応えることは，地域貢献や地域との連携を追究する本学の使命でもある。

　上述した教育実践の伝統のうち，特に重要かつ緊急の課題として「上越教師の会」実践資料の収集・保存・活用の課題がある。会の創立者・指導者であった江口武正氏の所蔵する貴重な一次資料（以下「江口資料」と略記）が氏の自宅に保存されており，それらの資料が散逸する前に，整理・記録し，知的遺産として継承する必要が生じているからである。

　江口資料のなかには，未公刊の講演記録・実践資料・指導ノート等が含まれ，学術的価値の高いものである。また江口資料は，江口氏自身の実践記録に止まらず，上越地域における戦後教育実践の動態および展開過程を研究する際の一次資料となる。そこで，江口武正氏並びにご家族，さらに元同僚・後輩の皆さまの協力と支援のもと，江口資料を上越教育大学附属図書館に寄贈していただき，教育研究の「公共財」として公開することを企図したものである。

　こうして出発した研究であるが，2年にわたるプロジェクト研究期間に，合計3冊の研究資料（『江口武正「上越教師の会」教育実践資料集』）をまとめることができた。第1集（2005.3，A4判290頁）・第2集（2005.9，A4判268頁）が江口資料の集録，第3集（2006.3，A4判116頁）が関係者による論考である。

　ところで，全748点に及ぶ江口資料は，次の「三層構造」を成している。第1は，江口氏の執筆・編集した著書・論文である。第2は，講演・報告資料である。第3は，校内資料・江口ノート・書簡等である。このうち，江口氏の実践を研究する場合，それらの地域資料や校内資料，あるいはノート・書簡類の一次資料は，実践の生成過程を明らかにするために特に貴重なものである。こうした江口資料のうち，第1集では主に著書・全国誌の雑誌論文を集録し，第2集では地方誌や学校紀要・同人誌の論文を掲載した。しかし，実践資料集の内容にしても，膨大な江口資料の一部を集録しただけにとどまっている。単行

本の内容を集録することは物理的に不可能であり，戸野目プランや『村の五年生』に結実する実践資料，詳細に記された江口ノート，そのノートに貼りつけられた私信類など，まだ多くの貴重な資料群が冊子には収められていない。ただ，未収録の資料を含め，江口資料の現物は上越教育大学附属図書館に所蔵され，原則として公開されている。研究を志される方に参照いただければ幸いである。

ふり返ると，1954年に発足した「若い教師の会」が，「上越教師の会」へと発展的に再組織されたのは1957年であった。したがって，上越教師の会は，2007年4月をもって創立50周年を迎える。一つの民間教育研究サークルが半世紀を超えて存在し，地域の教育実践を創造するとともに，全国にその成果を発信し続けたことは，戦後教育実践の奇跡といっても過言ではない。そして，この民間サークルは，地域の教員の力量を高め，地域の教育力を支えてきたものである。今後，新たな教育力を構築するためにも，先行実践の成果をていねいに振り返り，これからの教育実践の展望へとつなげていければと念願する。この50周年という節目の時期に，本書の刊行を達成できたことを意義あることと感じている。

本書の内容は，大きく二部構成となっている。第一部は，「上越教師の会」実践の展開過程の分析である。総論的な位置づけの第1章に続いて，第2章から第9章まで，ほぼ時代順に画期となる時期の実践を取り上げて考察している。第2部は，「上越教師の会」実践から学ぶものとして，個別テーマごとに検討している。さらに，10人の方にエッセイを執筆していただいた。また，資料として，上越教師の会に関する略年表や上越地域の教育状況の経年変化の概要を掲載した。以上のような構成になっているが，叙述はそれぞれの執筆者にお任せし，特に内容上の調整はしていない。自由な切り口で主題にせまっていただきたいと考えたからである。そのため，通読すると，記述内容および資料や事例の引用等において重複する部分がみられるかと思う。だが，それらの重複は，むしろ複数の執筆者がそれらを重視した結果であって，自ずから上越教師の会実践のポイントを集約的に表象しているとも考えられる。ご理解いただきたいと願うものである。

ところで，江口氏および上越教師の会の実践については，社会科教育学の分

野を中心に先行研究の一定の蓄積がある。だが，それらの研究の多くは，ある時期の実践を取り上げ，その論者の視点から外在的な論評を加えたものである。また，実践にかかわる一次資料の活用や実践者へのインタビューなど，内在的なアプローチの努力の少ないものであった。こうした，先行研究の成果に学びつつも，①実践の展開過程への通時的な分析を意図すること，②一次資料や関係者への取材による資料を活用して内在的な分析を加えること，③戦後教育実践の知的遺産を確認し今後の示唆を導出すること，等の視点から，さらなる研究が望まれていた。本書は，その一端を担うものと思う。

　江口氏および上越教師の会の思想と実践は，戦後日本の教育者の良心を示すものである。同時に，今日と未来の教育実践に限りない勇気と希望と知恵を提供するものである。新資料の発掘・収集，諸資料の分析をふまえた江口（および「上越教師の会」）実践の全体像の解明，戦後教育実践史における同実践の位置づけなど，戦後教育実践の高みを構成した江口武正氏および「上越教師の会」の思想と実践が，さらに研究されることを祈念したい。

　2007年5月

和井田　清司

目　次

序　文 ——————————————————————————— 7

第 1 部　「上越教師の会」実践の展開過程 ——————————— 9

第 1 章　戦後社会科実践史における「上越教師の会」の位置と意義　10

第 2 章　新潟県上越地方における郷土教育の源流と派生する三つの流れ　28

第 3 章　コア・カリキュラム運動と戸野目プラン　47

第 4 章　初期社会科の実践―『村の五年生』の分析を中心に―　61

第 5 章　生産労働を軸とした社会科実践・上越プランを中心に　79

第 6 章　社会科教育の現代化―大手町小学校の実践を中心に―　99

第 7 章　「地域に根ざす教育」再考
　　　　　―江口武正における月影小学校実践を手がかりにして　121

第 8 章　上越地方における総合学習の先駆的生成過程　140

第 9 章　地域に根ざす社会科実践　158

エッセイ ——————————————————————————— 173

「上越教師の会」に支えられて　173

上越教師の会と学級集団づくり　175

社会科のルネッサンスを　177

上越教師の会が残してきたもの　179

上越教師の会の理念と私の社会科教育観　181

信念と情熱の社会科教師，江口武正先生　183

現実をじっくり見つめ，自分を変える力を…　184

上越教師の会で得たもの　185

江口武正先生への思い　186

「父」　188

第 2 部　「上越教師の会」実践からまなぶもの ——————— 189

第 10 章　単元習作の方法と実際　190

第 11 章　つづり方・作文教育を核とした児童・教師の成長　204

第 12 章　江口武正の学校経営実践　224
第 13 章　学習評価のあり方からみた青年期における江口武正教育実践に関する研究　241
第 14 章　江口武正実践記録が描き出す教育専門職としての教師像　256
第 15 章　旧高田市における幼小連携
　　　　　―「学習指導の現代化」と高田幼稚園の教育課程―　270
特別寄稿　戦後教育実践史のなかの上越教師の会（講演記録）　288

資　料 ───── 305

「村の 5 年生」―『近代日本教育の記録』より―　306
学校・学級の小規模化と教育実践
　　―旧上越市域における幼・小・中の学校基本統計から―　313
上越教師の会に関する略年表（1947～1999 年）　321

索　引 ───── 323
あとがき ───── 327

序　文

　新潟県上越教師の会を著者とする図書が，私の手許に3冊ある。このうち明治図書出版発行の2冊は，川合と上越教師の会の共著となっている。その1冊『生産労働を軸にした社会科の授業過程』(1965年)に，私は「上越プランの意義と課題」というややまとまった文章を寄せているが，もう1冊の『生産労働を軸にした社会科教育の現代化』(1971年)では，2頁の「あとがき」を書いているだけである。

　3冊目は新潟県上越教師の会著『子らと地域を見つめて―サークル20年の歩み―』(1977年)で，上越市の会社であろうか「教材社　山田商会」の印刷である。書名の通り上越教師の会の自伝である。私は求められて「序章　戦後の教育の流れと上越教師の会」を寄稿している。この100頁余の冊子の「第2章」は「上越教師の会の歩いてきた道」で，会が機関紙「せんせ」を発行したこと，県教育庁中頸城出張所の主事によばれて話し合い，励ましをうけたことなどがのべられている。
　なおこの冊子に収められた年表には，「川合章先生を囲む会」(1968年3月)，「第十六回合宿研究会に川合先生を招き」(1970年10月)，「二〇周年記念授業研究会講師」(1973年10月)，「二〇周年記念祝賀会・川合章先生記念講演」(1973年12月)等の記事がある。

　この時期私は最初の単著である『民主的人格の形成』(青木書店，1972年)を発行し，「全面発達と全体的発達（試論）」(『生活教育』1973年2月号)を執筆したりしている。上越教師の会の業績に学ぶことが，私に教育実践の基礎理論を問いかけさせたといってよさそうな気がしてならない。

　さてこの度，二谷貞夫さん，和井田清司さんらの研究グループが，上越教育大学のプロジェクト研究として上越教師の会を取り上げ，それをもとに本書を

発行されることになった。まことに喜ばしいことである。本書の発行が上越地域の教育研究に新たな勢いをもたらすとともに，わが国の教育実践史研究に一石を投ずるものになることを期待してやまない。

　　　　　　　　　　　　　　　　　川合　章（埼玉大学名誉教授）

第1部 「上越教師の会」実践の展開過程

第1章　戦後社会科実践史における「上越教師の会」の位置と意義

臼井　嘉一

はじめに——〈民間社会科〉実践史と「上越教師の会」

　戦後社会科実践史は，戦後初めて刊行された1947（昭和22）年版の学習指導要領に「社会科」が小・中・高校における新教科（12年制社会科）として位置づけられたことを契機としてその実践が始まることにより成立し今日まで続いている。ただし1989（平成元）年版の学習指導要領で小学校低学年社会科が廃止され（生活科の設置），さらに高等学校で社会科が地理歴史科・公民科に再編成されることによって，社会科という名称の教科は小学校3年～中学校3年までの7年制社会科となっている。

　この戦後社会科実践史を捉える際に留意すべき観点の一つとして，文部省（2001年以降は文部科学省）刊行の学習指導要領とそれに依拠する教育実践史と，この学習指導要領の枠組みに基本的には依拠するとしても，それとは相対的独自なものとして自らの実践史を形成してきている〈民間社会科〉実践史という，いわば二重の実践史という観点があるということである。

　そしてかかる観点は，実は「上越教師の会」を検討するうえでも必要な観点である。というのは，この「上越教師の会」は，戦後の民間教育研究団体であるコア・カリキュラム連盟（「コア連」と略称。1948年10月発足し1953年6月に日本生活教育連盟＝「日生連」に名称変更）およびその研究集会に集まる全国青年教師の組織である全国青年教師連絡協議会（「全青教」と略称。1953年8月発足，1962年12月に「日生連」に組織統一する）の活動に学び，その一員として自らを位置づけてきたからである。

　〈民間社会科〉実践は1947年版学習指導要領の刊行を契機として成立してい

るが，具体的には学習指導要領に依拠する社会科授業実施（1947年度第二学期）以前の時期に戦前の民間教育としての生活綴方教育運動・生活教育運動の経験を踏まえて実践された「石橋勝治実践」（1946年「社会の教育と生活指導」実践＝東京都四谷第六「国民学校」実践，そして1947年「社会科」実践＝四谷第六「小学校」実践），「今井誉次郎実践」（1946年「社会科実験授業」実践＝東京都西多摩「国民学校」実践，そして1947年「社会科」実践＝西多摩「小学校」実践）であるが[1]，この〈民間社会科〉実践の二人の先駆者は当時存在した民間教育研究団体である民主主義教育研究会（「民教」と略称。1946年4月発足し，1947年12月に日本民主主義教育協会＝「民教協」に名称変更）に所属していた。

そしてこの「民教」「民教協」という民間教育研究団体の運動は1950年代の新しい民間教育研究団体の運動に引き継がれ今日に至っている。「上越教師の会」の活動を支えている「コア連」「日生連」「全青教」における実践も上記の〈民間社会科〉実践形成の一翼を担っている。

小論においては戦後社会科実践史における「上越教師の会」の位置と意義について検討するが，その際に〈民間社会科〉実践史（「日生連」実践史を含む）においてどのような位置を占め，いかなる意義を有するのかという視点を設定して，第1節〈民間社会科〉実践としての『村の五年生』，第2節〈民間社会科〉実践展開期と「生産労働を軸とした社会科」構想，第3節〈民間社会科〉実践としての「地域に根ざす社会科教育」を検討し，結びとして戦後社会科実践史における「上越教師の会」の位置と意義についてまとめてみたい。

1 〈民間社会科〉実践としての『村の五年生』

『村の五年生』の著者である江口武正は自らの所属している教育研究サークルの発足過程に関して次のように述べている（「新潟県上越教師の会の歩みと問題点」『カリキュラム』1958年8月号　誠文堂新光社）。

・1954（昭和29）年1月6日「若い教師の会」発足。「……会の性格をはっきりさせよう，というのでずいぶん話しあい，若い現場教師の悩みや問題をザックバランに出し合い検討しよう……子どもの幸せ，子どもの問題を話し合いのバックボーンにしよう。そして，その名称も『若い教師の会』と

名づけました」。
- 1954（昭和29）年8月「全青教」阿蘇集会—6人参加，12月「全青教」東京合宿集会—4人参加。「(昭和)30年1月，私たちは同じ地域にある一つのサークル，上越作文の会，と合同の新年会を行ない，ここで，両サークルが母体となり，協力し合って，妙高集会を乗り切ろうということが約束され，妙高集会準備への幕を切っておとした」。
- 1955（昭和30）年8月開催「全青教」妙高集会後，1957（昭和32）年4月「上越教師の会」に名称変更。「今までの悩みを語り合うという性格を『学級経営を基底とした社会科教育の研究の会』と改めることにしました。さらに若い教師の会という名称は先輩の人が入りにくいというし，さらにサークル員の年齢も発足当時よりもぐんと上がっているので，上越教師の会と改称することにしました」。

　この「上越教師の会」を含むさまざまな教育研究サークルは，1950年代半ばに誕生した「うたごえ運動」，「青年や婦人の共同学習運動」などというような日本各地で「名もない人々は結びつき，たがいにはげまし合ったり助け合ったりしながら」広がったサークルのなかの，学校職場や教師仲間におけるサークルの一つに数えることができる。

　そのサークルとしての「上越教師の会」はその発足過程については上記においてそのポイントを整理したように，当初は「若い教師の会」として発足し，その後上越地域において全国レベルのサークル運動である「全青教」運動に支えられ，また支えつつ，1957（昭和32）年4月に今日まで続くサークル名称「上越教師の会」として出発した。

　ところでこの出発期に江口武正によって実践され著書として刊行された『村の五年生』(1956年1月)は，その著者自身によって「全国的な組織（全国青年教師連絡協議会）とのつながり」のなかで「共同研究の力で生まれたもの」と紹介されている[2]。

　また『村の五年生』はもともと実践者の江口がその勤務校の戸野目小学校において実践した「5年社会科—こうちせいり」の実践をその内容として位置づけたものであるが，その実践については江口自身「(この実践は) 一挙にして生

まれた実践ではなくして，八年の歴史の支えによって生み出されたものである」[3]と述べているものでもある。

その実践とは1948（昭和23）年10月〜12月「4年＝収穫」，1951（昭和26）年10月〜12月「5年＝越後米」，そして1954（昭和29）年9月〜11月「5年＝こうちせいり」という実践である。

江口は，自らの実践史における『村の五年生』については「単なる教室学習にとどまらず，教室から一歩抜け出て，人間の壁と，社会の壁に具体的にしかも本質的に取り組んだ生産教育を中心とする，農村社会科の実践の一つの方向を示すものである」と評価されたことを受けて，このような評価を得るようになるまでには「社会科教育，生産教育についての考え方や方法がかわり，深まってきた」ことがその前提として存在していると記している[4]。

この江口自身が述べている「社会科教育，生産教育についての考え方や方法がかわり，深まってきた」こととは，次の諸点である[5]。

- 「収穫」学習において（1948年）「日本社会の基本問題の一つとして収穫の問題を捉えず，又子どもの内面やなやみにふれない，いわば現象的な見方より一歩も本質的には出ていなかった」。
- 「越後米」学習において（1951年）「日本社会の基本問題につらなる子どもと地域の問題に対し，子どもの調査を主とした学習が，地域の人たちにまで影響を与えた」。

  「子ども達には，教師を中心とした学級集団としての外見上の力強さは見られたが，この集団の一人一人が集団からはなれ，家庭の一員，地域社会の一員となった時は，やはり日々の生活の中で力強く働きかけ，生きる事ができず，いわゆる実践性のある高まりで一人一人の子どもを持っていく事ができなかった」。

  「子どもたちのひとりひとりが，どれだけこの学習の深まりとともにその考え方をかえていったか，生活の中で親たちとの結合の仕事を新しいものにしていったかという問題だと思う」。
- 「こうちせいり」学習において（1954年）「子ども達に自分の家庭をふくめて農村の現状を直視させ，そしてその現状を把握させながら，子どもに正しい思考力を身につけさせ，さらに深めるために，現状の改善と問題点の打開

について，一人一人の子どもが仲間と力を合わせながら，精一杯親たちに働きかけるという実践を行って来た」。

「だが……学級五十人の子どもの中には，まだまだこの学習を主体的にうけとめられなかった子どもが若干おったこと」「こういう勉強はきらいだという村人もあり，私たちの新しい生き方は，そう簡単に受け入れられないつよい『壁』にぶつからざるをえないという事実を深く認識すると共に，この様な人達を暖かくつつみながら，わかってもらえるような学習の体制をどう作り上げていくか……今後の私に課せられている大きな課題ともいえよう」。

以上の諸点にもあるような江口における考え方や方法の変化や深まりは，ひとり江口にとどまらない「上越教師の会」の教師たちにおける変化や深まりであることに留意しておきたい。

このような「上越教師の会」の教師たちにおける変化や深まりは，彼らが参加し学んでいた「日生連」の基本方針（「日本社会の基本問題につらなる子どもと地域の問題に関する学習を，子どもと教師が父母・地域住民の協力によって進めること」）に沿うものであり，その内実を自らの実践を踏まえて創りあげていたといえる。

なおこの実践は〈民間社会科〉実践全体のなかでの「日生連」運動のいわゆる問題解決学習方針に基づくものであるが，それに対して歴史教育者協議会（「歴教協」と略称。1949年創立）と教育科学研究会（「教科研」と略称。戦前1937年5月創立，戦後1951年再建創立）という団体における〈民間社会科〉実践の指針は，いわゆる系統学習方針（科学と教育の結合）に基づくものであった。ただし後者の系統学習方針においてはこの当時誕生した「日本作文の会」（日本綴方の会，1950年）の創立に象徴される〈生活綴方的教育方法の重視〉という実生活と教育との結合も重要な指針として位置づけられていた。

後者の系統学習方針を踏まえて生活綴方的教育方法も併せて重視する典型的実践記録として「歴教協」の相川日出雄著『新しい地歴教育』（国土社，1954年）がある。

2 〈民間社会科〉実践展開期と「生産労働を軸とした社会科」構想

戦後社会科実践史は1947年版学習指導要領において「社会科」という教科

が位置づけられたことを契機として成立し今日に至っているが，その社会科学習指導要領の枠組みに基本的には依拠しながらも，それとは相対的独自な位置を占めて展開されてきたものが〈民間社会科〉実践史であることは先にも述べた通りである。

　とりわけ 1958（昭和 33）年の改訂学習指導要領は，それまでの 1947 年版と 1951 年版においてはその表紙に「試案」という文字が明示され，学校現場の創意工夫とその相対的独自性が担保されていたのに対して，従来までの「試案」という文字が削除され，代わって「文部省告示」という文字が明示されてその〈法的拘束力〉が明確化され，それゆえに〈民間社会科〉実践はその〈民間〉的独自性をさらに強く押し出すことになる。併せてこの改訂学習指導要領ではそれまでのいわゆる「経験主義」重視・「問題解決学習」重視の立場から，いわゆる「系統主義」重視の立場に転換されたことによって，その「系統主義」の立場とは何かについてもその後広く論議されていくことになる。

　この 1958 年版改訂を契機として，その学習指導要領に対置していわゆる教育課程の自主編成運動が展開されていくことになるが，その民間レベルの教育研究運動を束ね支えるセンターとして「日本民間教育研究団体連絡会」（略称「民教連」，1959 年）が結成されて，民間レベルの教育課程の自主編成運動が展開され，その一環としての〈民間社会科〉実践も新たな段階の実践として展開していくことになる。

　「上越教師の会」と「日生連」全体の運動においても，それまでの「問題解決学習」重視の立場からこの新学習指導要領にどう対処し，そして「系統主義」の立場に対して自らの独自性をどう打ち出すかが重要な課題となってきた。

　江口武正は改訂された新しい 1958 年版に関して次のように述べている[6]。

・改訂時における「上越教師の会」の到達点と課題

　「私達の共同研究の成果は……既に世に問うた『村の五年生』……など，問題解決的思考や能力を高めるための学習がそれに当たる。そしてこれらの学習においては常に児童の問題意識を大切にしながら，日本社会の基本問題と取り組みつつ科学的な思考力を育てるよう努力を払って来たと言えよう。けれども私達の実践をきびしく反省し合うなかから『いったい私達は子どもの科学的な認識を筋道をたて順次性にもとづいて指導して来で

あろうか』という問題がうきぼりにされて来た。このようなことを強く考えはじめた矢先に登場して来たのが，三三年度版指導要領（1958年版—引用者注）であった」。

・1958年版の問題点とその改善方向

「私達は早速この新指導要領の検討を行なったが子どもたちの科学的認識を育てる順次性とは，およそ程遠い矛盾的存在ではないかということを確認し合った。とくに生産労働という視点からみつめた時そのことをしみじみと感じた。そこで私達は過去の共同研究の弱さと，指導要領の持つ矛盾を克服するために，社会科学習の中核として『生産労働』の問題をすえ，これを満足させるための内容の順次性と，これに伴う方法の統一を計る努力をしようということにした。『生産労働』を中核にすえたというわけは『生産労働』こそ人間をして他の動物と区別するばかりでなく人間生活，社会生活の成立と発展の基調であり，原動力であるという歴史的事実をより重視したからに外ならない」。

以上に述べたように「上越教師の会」は，この1958年版の問題点は「子どもたちの科学的認識を育てる順次性とはおよそ縁遠い矛盾的存在ではないか」と捉えて，同時にその改善方向を「生産労働」を社会科学習の中核にすえることによって前進しうると考えた。

そして改善方向を具体化すべく「日生連」機関誌の『生活教育』1960年11月号において，「農業地帯という地域性の上に立って」「農業という角度から，この『生産労働』の科学的認識の順次性と，これに伴う方法を明かにすべく」[7]，「共同研究低学年の農業学習」という研究報告を発表した。この共同研究報告は「上越教師の会」のみならずその所属する「日生連」全体のなかにおいても大きな位置を占めるものといえる。

ただし上記の共同研究報告はその前に公刊された，同じく「日生連」所属の「香川県社会科教育研究会」（「香社研サークル（青年グループ）」と略称。1953年設立）が刊行した著書『社会科の基本学力』（明治図書，1960年5月）における「社会科における認識の系列」提起を視野に入れているものである。なお以上の二つの提案に加えてさらに東京サークルの提案を含めて「日生連」においては〈香社研プラン〉，〈上越プラン〉，〈東京プラン〉という「三つのプラン」として位置

づけられる[8]。

そして上記の「共同研究低学年の農業学習」(1960年11月号)の発表を皮切りにしてこの〈上越プラン〉は徐々に練り上げられ、『生活教育』第14巻第1号 (1962年1月号)には「上越教師の会」の「生産労働の科学的認識の順次性とその実践」報告が掲載された。まさに〈上越プラン〉の成立である。その後このプランは更に練り上げられ2冊の著書として刊行されてその存在を世に知らしめることになる。まさに江口の言う「日本社会科教育界に、その独自な存在が認められ、市民権を獲得」するわけであるが[9]、その2冊の著書とは『生産労働を軸にした社会科の授業過程』(明治図書、1965年3月)と『生産労働を軸にした社会科教育の現代化』(明治図書、1971年5月)である。

それではこの〈上越プラン〉とはいかなるものであり、そのプランは「上越教師の会」および〈民間社会科〉実践史においていかなる位置と意義を有するものであろうか。

まず第1に〈上越プラン〉の特徴と内容であるが、「労働の認識の深め方」が提案されているところに特徴があり、その内容は「生産労働の科学的認識の発展段階」として練り上げられて、第1段階「事実認識」、第2段階「問題認識」、第3段階「条件認識」、第4段階「法則的認識」(後に修正されるもの)、第5段階「科学的認識」(後に修正されるもの)という五段階をもつもので、それぞれの内容が「1－生活は労働によって支えられている」、「2－労働の現実はきびしい」、「3－それは条件によって変えることができる」、「4－それらの条件は、みんなの努力で作り出さなければならない」、「5－値うちのある労働によって、われわれの生産を高め、生活を豊かにすることができる」となっている。

第2に当初は主に「農業学習」を事例と検討されていたが、他のサークルなどの研究成果にも学びながら、広く生産構造という視点から生産労働の科学的認識の基本系列(順次性)を明かにするなかで上記の五段階の内容が修正され、第4段階「法則的認識」と「第5段階「科学的認識」が入れ替えられ、そして「第5段階」は「主体的認識」とされたことである。その点では著書『生産労働を軸にした社会科の授業過程』では前者の段階規定(「法則的認識」は「主体的認識」と修正)、『生産労働を軸にした社会科教育の現代化』では後者の段階規定となっている。

第3に〈上越プラン〉は「日生連」における「三つのプラン」の一つとして1950年代のいわゆる問題解決学習方針を新たな段階に進めるものといえるが，「三つのプラン」はそれぞれあえていえば，「香社研プラン」は「客観的な科学的知識に重きをおき」，「上越プラン」は「地域の社会・経済構造にたちむかう子どもの主体的意欲を重視し」，「東京プラン」は「両者の中間にあって，子どもの認識の発達に配慮している」と特徴づけられる(10)。

　「上越プラン」の特徴は一方ではそれまでの「日生連」再出発期（1953年）の「日本社会の基本問題につらなる子どもと地域の問題に関する学習を，子どもと教師が父母・地域住民の協力によって進める」という方針をいわばコア部分として位置づけ，いわばかつての「社会問題」領域（「融合社会科」領域—臼井命名）といえるものが社会科学習の土台部分として重視され，他方で他の2プランおよびそれにとどまらない他の民間教育研究団体の研究成果にも学びながら「地理」「歴史」「政治」「経済」「社会」すなわち社会諸科学の窓からその順次性を位置づけて検討が加えられていることである。

　第4に1960年代における〈民間社会科〉実践全体における位置と意義にかかわることであるが，この時期は「日生連」の「三つのプラン」とともに，「歴教協」「教科研」における全体像プランが提起されている。まず重要なことはこの時期に「教科研」の勝田守一が「小学校からの社会科の組み立てをどう考えたらよいか」という問題で二つの道すじがあるとして一つは「経済的な学習からつみ重ねていくという考え方で，いままでの社会科の組み立て方を一応とりながらこれを改善していく道」「しかもその時は政治・経済の側面を同時に考えるべき」というもの，もう一つは「地理・歴史学習からはじめるという構想」でこの構想の利点は「伝統的な蓄積をもっている」ことである。その点では「歴教協」の〈久坂プラン〉（1961年，個人的提案にとどまったもの）と「教科研」プラン（1966年）は，その「地理・歴史学習からはじめるという構想」に位置づくが，〈上越プラン〉は「経済的な学習からつみ重ねていくという考え方」に位置づいている(11)。

　なお「教科研」プランの小学校歴史教育は，5・6年に「人間の歴史」として構想されているが，ここでは「生産労働」の史的展開を歴史教育におけるいわば縦軸として「生産様式に規定された社会体制」＝「原始共同体的，ドレイ

制的，封建制的，資本主義的，社会主義的な各生産様式」の展開として「人間の歴史」の内容が編成されている。

3 〈民間社会科〉実践としての「地域に根ざす社会科教育」

　ここに2冊の「地域に根ざす社会科教育」の著書がある。一つは上越教師の会編『地域に根ざす教育と社会科』(あゆみ出版，1982年8月) と，もう一つは京都府奥丹後社会科教育研究会編『地域に根ざす社会科の創造―奥丹後の教育―』(あゆみ出版，1982年12月) である。奇しくも同じあゆみ出版からほぼ同時期に刊行されている。

　「地域に根ざす社会科教育」は1970年代の教育実践として広く実践されていたものであるが，〈民間社会科〉実践史においては，1960年代の「教科内容の現代化」方針を一方ではその科学化・構造化の積極的側面を継承しつつも，他方ではややもすると軽視されがちになった生活や地域の変化および子どもの実態に根ざした教育の創造を中心課題として設定したものである。

　また1977年版の学習指導要領が「地域素材の教材化」を重視することに伴って「地域に根ざした教育や社会科教育の在り方」が見直されるきっかけを与えた面もあり，そのなかで「上越教師の会」においても自らの「地域に根ざす社会科教育」を整理し，共同研究を集約していくことになる。その成果が1982年8月刊行の上記の著書である。

　本著書は，かつて「『現代化』の問題に取り組んでいる時期，つまり1960年代後半から70年代にかけて日本の高度経済成長は私たちの生活を大きく変え」「とりわけ農業社会の変貌」のまっただ中で実践を続けるなかで，「私たちの実践の基本となったことは，教育はあくまで地域に根ざさなくてはならぬ」ということが認識されたことを踏まえて刊行されたのである。

　そしてそれまでの「認識発展の五段階」である，事実認識―問題認識―条件認識―主体的認識を踏まえた授業過程を継続して構想しつつ，「特に，事実認識段階では数多くの事実の中から典型的事実をえらび出し，地域性に立脚したイメージ豊かな学習が展開されるように配慮」し，そして「地域性に立脚し，地域現実をしっかりふまえるために」，「典型的事実を選ぶ視点」として次の3

点—「ア　教材の本質にせまることのできる事実」「イ　現代社会の課題性が含まれている事実」「ウ　子どもが実感をもって対象を把握できる事実」が新たに提起された。高度経済成長の過程で子どもたちの目や耳もまた地域現実からはなれている状況を踏まえての提起である[12]。

　ところで以上の「地域に根ざす社会科教育」に関する問題提起は単に1970年代の実践というよりも，「上越教師の会」にとっては「社会科発足当時の基本的な考えを原点としながら，今までの実践研究の遺産を十分生かし」，まさに今後の「再創造をめざす社会科」教育という位置づけをもつものといえる[13]。

　その点ではこの「地域に根ざす社会科教育」は単に1970年代の実践と限定しないで戦後一貫して蓄積されてきたものすべてを総括することによって，〈民間社会科〉全体の実践史のみならず，戦後社会科実践史全体における今後の「再創造をめざす社会科」のあり方をさし示すものという位置づけのもとで本格的な総括をしていく必要がある。

　本節冒頭で2冊の「地域に根ざす社会科教育」に関する著書を紹介し，それらは同じ年に同じ出版社から刊行されたと述べたが，この著書作成において中心的役割を果たした江口武正と渋谷忠男の二人を支えた〈民間社会科〉サークルについて次に比較対照のために整理してみる。

　まず新潟県上越地域では1954（昭和29）年1月に集まった若い教師たちが地域と子どもの生活と結びついた教育への試みを始め，そのメンバーの一人である江口武正が『村の五年生』（新評論社，1956年1月）を刊行し，今日までその「上越教師の会」そして全国レベルの民間教育研究団体「全青教」「日生連」の一員としてその実践と研究を積み重ねている。

　また京都府奥丹後地域でも1954（昭和29）年1月に久美浜町を中心にして熊野（郡）社会科研究会が青年教師によって結成され，各校下のフィールド研究活動や郷土資料集作成・教科書研究等活動が展開され，そのメンバーの一人である渋谷忠男が『郷土に学ぶ社会科』（国土社，1958年12月）を刊行し，今日まで奥丹後社会科教育研究会そして全国レベルの民間教育研究団体「郷土教育全国連絡協議会」「地域と教育の会」の一員としてその実践と研究を積み重ねている。

　以上の比較対照されたものからうかがえることは，両者とも戦後社会科実践史における1950年代半ばころに民間教育研究サークルが結成され，地域に根

ざす教育研究活動が展開されるなかでそれぞれ著名な社会科実践記録が刊行された。そして上記の地域に根ざす社会科教育に関する著書も刊行されている。まさに地域において日本全体の社会科実践史を構成する教育研究活動が組織的に展開されていたのであり、おそらくは日本の全国各地において更に多くのこのような教育研究活動がそれぞれ組織的に展開されていたのであってその典型的事例がこの二つのものであった。

この「地域に根ざす社会科教育」を捉えるうえでのポイントは二つあり、一つは地域の主体性と地域における教育創造という観点、もう一つは地域における問題・矛盾を子どもを通してどう捉えどうその問題・矛盾に切りこんできたのかという観点である。

特に今、改めて強調すべきことは後者の観点であろうが、そのことに関して江口は次のように述べている[14]。

「地域の生活には問題や矛盾があまりにも多い。そしてこの問題や矛盾は、日本社会の基本問題に深くかかわっている。この問題や矛盾に子どもの目を向けさせ取り組ませる時、子どもの社会認識が深まり、正しい判断力が形成されるといえよう。そのことは、思えばあの『村の五年生』以来私たちが執拗に追求してきた原理的な立場であるのだ。」

「地域に根ざす社会科教育」における、「日本社会の基本問題につらなる地域の問題や矛盾に子どもを目を向けさせ取り組ませ」ながら「子どもの社会認識」を深め「正しい判断力」を形成させるという実践は、〈民間社会科〉実践史における1950年代半ばに成立して以降進められてきた教育研究運動そのものにおける原理的立場でもあった。このことを、上記引用の江口武正の述べていることを踏まえて確認しておきたい。

おわりに——戦後社会科実践史における「上越教師の会」の位置と意義

(1) 学習指導要領の基本的立場と「上越教師の会」——二つの「公民的資質」論を踏まえて——

学習指導要領の基本的立場とはここではそこにおける社会科の目的・目標の

ことをさしているが,この目的・目標を概観すると二つの「公民的資質」論として整理することができる[15]。

すなわち二つの「公民的資質」論のポイントを整理すると次の通りとなる。

・1948年版のポイント(文部省『小学校社会科学習指導要領補説編』)
　① 基本的人権の主張にめざめさせること,個性を重んずべきこと
　② 社会生活を正しく理解すること
　③ 社会生活における自己の立場を自覚すること
　④ 社会に適応しそれを進歩させること

・1968年版のポイント(文部省『小学校学習指導要領「社会」』)
　① 家庭の役割,社会および国家のはたらきなどの正しい理解と家庭および国家に対する愛情
　② 自他の人格の尊重が民主的な社会生活の基本であること
　③ 人間生活と自然環境との関係の理解と郷土や国土に対する愛情
　④ 社会生活や日本文化・伝統の歴史についての理解と愛情を深め正しい国民的自覚をもって国家や社会の発展に尽くそうとする態度

以上二つの「公民的資質」の相違点は,1948年版の公民的資質は「基本的人権の主張にめざめさせる」「個性を重んずべきこと」をベースとして社会生活の理解および社会生活における自己の立場を自覚しそして社会に適応してそれを進歩向上させることが位置づいているのに対し,1968年版の公民的資質は1958年版における目標設定において「道徳的判断力の基礎を養い,望ましい態度や心情の裏づけをしていく」ということが重視されたことをベースとして,いわば「望ましい態度や心情」の裏づけとして家庭の役割,社会および国家のはたらき,そして社会生活や郷土・国土および日本文化の伝統や歴史の理解を位置づけ,「正しい国民的自覚をもって国家や社会の発展に尽くそうとする態度」が図られるというものになっている。

すなわちこの相違のポイントは,一方の1948年版は〈基本的人権の主張にめざめさせる社会認識形成〉の方法論であるのに対し,他方の1968年版は〈望ましい態度や心情に閉じられる社会認識形成〉の方法論であるというところにある。そして1968年版は1958年版の内容をベースとして確立しているので事実上1958年版において成立している。

以上の戦後社会科実践史における学習指導要領の立場としては，1947年版から1955年版までは比較的1948年版の「公民的資質」論の立場（〈基本的人権の主張にめざめさせる社会認識形成〉論の立場），1958年版から現行の1998年版では比較的1968年版の「公民的資質」論の立場（〈望ましい態度や心情に閉じられる社会認識形成〉論の立場）といえる。ただし，ある意味では戦後社会科実践史においては上記の二つの立場は両方とも存在し，二つは重なったり対立したりして今日に至っているといえる。
　「上越教師の会」における社会科教育実践の立場は，一貫して1948年版「公民的資質」論の立場に立ちつつ今日までその教育研究活動を継続し，その実践内容と研究内容を創造してきた。

(2)〈民間社会科〉実践史における「上越教師の会」

　戦後社会科実践史において，民間教育研究運動を担ってきたのは地域レベルでは多くの地域サークル，そして全国レベルでは多様な立場の民間教育研究団体であり，それらの地域サークルと民間教育研究団体によって多くの〈民間社会科〉実践が創造されてきた。
　〈民間社会科〉実践を担う民間教育研究団体は「民教連」(日本民間教育研究団体連絡会，1959年結成)に加盟している団体だけでも次の9団体である。
　　「歴教協」(歴史教育者協議会，1949年設立)，「教科研」(教育科学研究会，1952年再建)，「日生連」(日本生活教育連盟，1953年コア連改め設立)，「地教研」(地理教育研究会，1957年設立)，「商教協」(全国商業教育研究協議会，1969年設立)，「全民研」(全国民主主義教育研究会，1970年設立)，「全農研」(全国農業教育研究会，1971年設立)，「同授研」(同和教育における授業と教材研究協議会，1974年設立)，「地域と教育の会」(1976年設立)。
　なお「民教連」に加盟していない団体として，たとえば「郷土教育全協」(郷土教育全国協議会，1953年設立)，「初志の会」(社会科の初志をつらぬく会，1958年設立)，「授業をつくる会」(社会科の授業をつくる会，1973年設立)などがある。
　「上越教師の会」はもともと「全青教」(後に「日生連」に組織統一)・「日生連」の一員としてその教育研究活動を進めていることは述べてきたことであるが，その点でいえば「日生連」の，1953(昭和28)年の再出発期の立場である，い

わゆる問題解決学習重視，実生活と教育の結合重視を踏まえてその教育研究活動を進めてきたといえる。

ただしこの「日生連」の立場そのものも運動と実践のなかで，いわゆる系統学習重視，科学と教育の結合重視の立場をも自らのなかに位置づけつつ，その内実をさらに深め発展させてきていることを視野に入れると，とりわけ1970年代の「地域に根ざす社会科教育」実践以降，むしろ今までのそれぞれの立場の固有性を前提としつつも，その教育実践においては問題解決学習と系統学習の統一的立場，実生活と科学と教育の統一的立場が次第に確立されつつあるようにみえる。

そのような〈民間社会科〉実践内部の，相互交流の進行のなかで，改めて「上越教師の会」のこれまでの実践と研究をふり返ると，たとえば江口武正は初期の時期から「教科研」の勝田守一や「歴教協」の相川日出雄，山下国幸などからも多くのものを学びつつ，自らの実践を創り上げていたことが確認できる。実は「上越教師の会」という地域サークルは，そもそもその地域に根ざしつつ，全国レベルの教育研究活動の理論や実践を学びつつ，その内実を豊かにしてきたのである。

(3) 戦後社会科実践史の課題と「上越教師の会」——「憲法に根ざす」民主主義と「新自由主義」的民主主義との攻めぎあいのなかで——

戦後社会科実践史において，とりわけ〈民間社会科〉実践の立場ではその目的・目標レベルで確認されてきたことは「平和と民主主義を担う主権者にふさわしい科学的社会認識の育成」であるということであった。この点は今後の新たな実践史を創造していくうえでも重要なことである。ただその際に改めて問題にしたいことは1970年代の「地域に根ざす社会科教育」実践以降，その実践の土台にある「現代社会の基本問題につらなる地域と子どもにの実態をどうとらえ，それとどう取り組ませつつ」，その目的・目標を位置づけてきたのかということである。

この点を改めて問題にしたいのには実は理由がある。それは先に検討した「地域に根ざす社会科教育」の総括と今後の課題の設定が十分になされているのであろうかという気持ちがあるからである。筆者自身かつて「地域に根ざす

社会科教育」実践の理論化に取り組んだ経験を踏まえてかつての総括と今後の課題設定では不十分であったという反省の念が強いからである。そしてその今回の「上越教師の会」の総括を進めるなかでその念がさらに強くなり一つの確信ともなっている。

　それは「地域に根ざす社会科教育」運動が展開されていた1970年代日本社会の土台の構造的変化をいかにリアルに捉え、かつその土台のリアルな認識をいかに子ども自身のなかで自主的に形成しうるかという問題である。

　筆者は戦後日本社会を本質的に捉えるうえでの根本的問題はこの戦後日本社会は「資本主義社会」であることと、「その独占段階」であることをいかにていねいにかつ科学的に捉えるのかということであると考えている。しかもその際にその捉え方において単にそれが「独占資本主義段階」であることを一般的に捉えることにとどめないで、その段階における問題を「地域における子ども」の意識・実態を通していかにリアルに捉え、かつそれに取り組みうるのかが課題となっていると考えている。

　その点でこの「独占資本主義段階」を新たに捉え返すうえでの二宮厚美の次の捉え方は参考になる。すなわち二宮は「新自由主義的国家改造のもとでの現代公共性の変質」という論文のなかで、1970年代半ば以降の日本社会の「独占資本主義段階」を、「第三世代の新自由主義」段階と規定し、それは「過去の自由主義（「一人ひとりの個人がどんな思想・信条を持とうが、どこに住み働こうが、いかなる生き方を選ぼうが、その一切合切が各人の自由にまかされるということ」「公権力はそのような人格的自由を守る役割を果たさなければならないということ」－引用者）が構築した『市民国家的公共圏』とは異質の『公共性』を想定している」、「新自由主義」段階と捉えている[16]。

　この捉え方を踏まえて、「地域に根ざす社会科教育」において、先述のような「上越教師の会」の原理的立場として確認されている「(地域社会の)問題や矛盾に、子どもの目を向けさせ取り組ませるとき、子どもの社会認識が深まり、正しい判断力が形成される」ということを実践するなかで、このような「新自由主義」段階であるという現実を踏まえた認識がどれほどリアルになされているのかが問題なのである。はたしてこの「新自由主義」段階のもとでの「市場社会」では、「格差社会が進行」し、そのなかで「格差社会の底辺におかれた

人々は，不平等を味わうばかりか，生き方の根本にかかわる数々の自由を奪われる」ようになっているという問題認識をどれほど共有化されているのであろうか。かつての江口らが 1950 年代において「貧農の子と地主の子」[17]というように子どもをリアルに捉え，子どもたち一人ひとりの内面にまで配慮するような問題認識の共有化がなされたことは，現在においてもまさに緊急の課題なのである。

　また二宮はこの「第三世代の新自由主義」＝「現代の新自由主義」の今後の展開における問題として第 1 に「グローバリゼーション下の新自由主義の利害がからんで」「(憲法) 第九条二項を全面的に改正して自衛軍の創出とその国際協調活動における活用」が打ち出されようとしていること，第 2 に憲法にある「公共の福祉」を「公の秩序」の文言に切りかえ，一つは「公の秩序」を維持する名目で自衛軍に出番を与え (憲法第九条改正)，もう一つは「公の秩序」のために自由および権利は制限される場合があること (憲法第一二条改正)，第 3 に「福祉国家の分権的解体を意図して地方自治の条項がほぼ全文にわたって修正されること (①福祉国家的公共圏は自治体にまかせる，②自治体に受益者負担主義を義務づける，③受益と負担をできるだけリンクすることを意図した新自由主義的財政均衡論に立脚する) をあげている。この問題はまさに戦後日本国憲法そのものの「改憲」問題であるが，この問題は戦後日本における「憲法に根ざす」民主主義の充実・強化に対する「新自由主義」的民主主義からの挑戦でもある。

　「上越教師の会」と民間教育研究団体における〈民間社会科〉実践においてその原理的立場を踏まえて，この「新自由主義」的民主主義 (これがはたして民主主義の名に値するかどうかも問題であるが) にどう取り組むのかは依然として今日の課題であり，当面の緊急課題である。

注

(1) 臼井嘉一『社会科カリキュラム論研究序説』学文社, 1989 年 12 月所収「第Ⅱ部第 1 章・第 2 章」参照。
(2) 江口武正「高田市と社会科」『教育技術社会科指導 1958 年 9 月号』小学館, 84 頁。
(3) 江口武正「村の五年生―農村社会科のあゆみとその検討―」『教育技術社会科指導』1959 年 8 月号, 小学館, 95 頁。
(4) 同上, 94-95 頁。

(5) 同上，96，97-98，101-102 頁。
(6) 「生産労働の科学的認識の順次性とその実践」『生活教育』1962 年 1 月号，33-34 頁。
(7) 同上，34 頁。
(8) 日本生活教育連盟編『子どもの生活をひらく教育』学文社，1988 年 11 月，71-75 頁。
(9) 江口武正「上越教師の会」『現代社会科教育実践講座第 1 巻　新しい社会科教育への課題と実践』ニチブン，1991 年 4 月，241 頁。
(10) 前掲 (8)，74 頁。
(11) 臼井嘉一『戦後歴史教育と社会科』岩崎書店，1982 年 4 月，143-144 頁。
(12) 『地域に根ざす教育と社会科』あゆみ出版，1982 年 8 月，25 頁。
(13) 同上，25-26 頁。
(14) 同上，26 頁。
(15) 臼井嘉一「〈日本社会科〉の目的・目標と『公民的資質』」『福島大学総合教育研究センター紀要第 2 号』2007 年 3 月参照。
(16) 二宮厚美「新自由主義的国家改造のもとでの現代公共性の変質」『経済№135』新日本出版社，2006 年 12 月，93 頁。
(17) 江口武正「貧農の子と地主の子」『カリキュラム』1954 年 2 月号，誠文堂新光社，74-75 頁。

第2章　新潟県上越地方における郷土教育の源流と派生する三つの流れ

後藤　清代

はじめに

　わが国の教育制度は，1872（明治5）年の学制発布により，近代教育制度の基礎が整った。その後，何回かの改正・廃止を繰り返してきたが，郷土を土台にその理念は一貫していた。

　そこで，新潟県上越地方の「郷土教育」に注目したが，上越地方に現存する明治以来の資料，ならびに先行研究によると，その流れが必ずしも明確にはされていなかった。

　具体的な郷土に足場をおき，そこに教材を求め，そこからどのように発展していったのかを明らかにしようとした折，国立国会図書館の蔵書のなかに，1903（明治36）年発行の新潟県高田師範学校附属小学校編『最近小学校教授細目，尋常科』[1]が存在することを知り，検討の結果，これを上越地方の郷土教育の源流と認めた。以下，次節において調査，収集して知りえたことを述べ，2節にて，上越地方の郷土教育実践を内容分析し，源流より派生した三つの流れ（①高田師範学校附属小学校の流れ，②高田市内の公立小学校の流れ，③江口武正氏の実践に大きな影響を与えたと考えられる津有村立戸野目尋常高等小学校を中心とする流れ）があったことを示したい。

1　上越地方における郷土教育の源流

（1）1903（明治36）年に「郷土科」を加設した高田師範学校附属小学校

　1900（明治33）年，文部省令第14号により「小学校令施行規則」が改正された。

内容的には高等小学校にのみ、教則第6条「地理ヲ授クルニハ成ルヘク實地ノ観察ニ基キ」や第7条「理科ヲ授クルニハ成ルヘク實地ノ観察ニ基キ」の記述中に、わずかに直観教授の意義を残したのみで、尋常小学校においては、日本歴史・地理・理科の教授を認めず、「郷土に関した教授によりて、その教科の初歩教授をなす」という主張はまったく述べられていなかった。

尋常小学校において、以前教授されていた歴史・地理・理科的郷土教材は、わずかに国語の讀方の読本中に「配慮すること」[2]となっていたが、1903（明治36）年4月の文部省令第22号「小学校令施行規則の改正」による教科用図書の国定化で完全に姿を消し、1891（明治24）年の「小学校教則大綱」以来、全国に広がっていた郷土中心の教授思想は、大きく後退していった。このような状況のなか、全国的な動きに逆らうかのような動きが存在した。それは、開学2年目の新潟県高田師範学校附属小学校の実践であった。

高田師範学校附属小学校は、1889（明治32）年に新潟県高田師範学校が創設された後、1902（明治35）年4月1日に開校したが、誕生の翌年である1903（明治36）年11月に、開学の精神を主張すべく資料2.1の「最近小学校授業細目、尋常科」を発刊した。その趣意によると、教科書改正を期に、尋常科における教育の重要性を訴えたものであり、内容は、1900（明治33）年の新小学校令に逆らうかのごとく、尋常科1，2学年に実科初歩教授を、尋常科3，4学年に「郷土科」を加設したものであった。

当時、刊行された棚橋源太郎著による『尋常小学校に於ける実科教授法』[3]を参考に立案したとはいえ、全国的にみて、この時期に「郷土科」らしき科目を特設していたのは、東京高等師範学校附属小学校しかなく、同校の第一部小学校[4]において、「尋常小学校地理歴史理科」[5]の名称で独立した教科実践を行っていたのみであった。

以上の状況のなかで、地方の一附属小学校である高田師範学校附属小学校が「郷土科」を独立教科としておいたわけであり、「郷土と教育を接触させよ」との訴えとともに、新潟県下はもとより

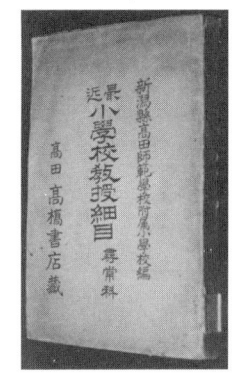

資料2.1　「最近小学校教授細目尋常科」

全国に放った主張は，当時としては異色のものであった。

■**高田師範学校附属小学校における実科初歩教授の意義**　高田師範学校附属小学校における実科に対する考え方は，資料2.1のなかの「郷土科教授細目」によると「其初歩，特に児童の経験界，交際界を発点とする程度に於いては，地理，歴史，理科とも密接なる関係を持って居るのであるから，寧ろ混一して教授する方が實際上，利益が多く，且つ趣味がある。」[6]として，実科初歩教授の必要性を述べている。

運営上，尋常科1，2学年において，実科初歩を独立した教科としては加設せず，一応1900年の「小学校令施行規則」にのっとり，国語科の読本中にて考慮することとしているが，内容的には，「尋常科最初の二学年間の程度に於いては，国語科正面の目的とする所の形式教授と，半面の目的とする所の内容教授とは，殆ど，平行して行く者で，我国の法令の如く国語科に於いて凡ての智識を授けんとするには，材料の如何に依って，寧ろ，内容に重きをおいても然るべき事であると思ふ。……直観教授を行って観察力を養ふ事も出来るし，談話を練習する余地もある。」[7]との文面より，明らかに文部省の考えている以上に，直観教授を取り入れた実科初歩教授を重視していたかが読み取れる。

言い換えれば，実科初歩を尋常科1，2学年にあえて独立させなくても，実科初歩と国語科との合科のような取り扱いで，国語科本来の目的である形式教授の比重を軽くしようとしていたことは間違いない。このことは，1902（明治35）年の文部省主催夏季講習会にて，東京高等師範学校訓導，棚橋源太郎の講義中の「直観教授は，我国現行の教則に於けるが如く，其の位置を国語科中に置き，之と相結合して教

資料2.2　「国語科教授細目」

授し，若し其の教材上に於て欠くる所あらば宜しく其の学校郷土等の事情に向ひて適切なる教授細目を編纂し」(8)の主張に同調したものであり，国語科を補うものとして各地の各学校が独自な裁量をもつようにとの訴えに答えたものであった。

このことは，資料2.2の高田師範学校附属小学校「最近小学校教授細目尋常科」の「国語科教授細目」を見ても明白である。第2学年の第1学期，14週目の題目「ヒライタ，ヒライタ」の讀方で，開いた歌中「見るまにつぼんだ」等の花の生態を観察に校外に出ていることが，綴方や話方の欄を見ても理解できるのである(9)。このような箇所は，国語科教授細目の尋常科1，2学年に多く見られる。

以上のことにより，高田師範学校附属小学校では，尋常科1，2学年において，国語科のなかに直観教授を取り入れて，観察力を養おうと努力していた姿は読み取れるのである。

■高田師範学校附属小学校における「郷土科」加設の趣旨　高田師範学校附属小学校における郷土科加設の必要性については，前掲書「最近小学校教授細目尋常科」の「郷土科教授細目」によると，次の2点(10)より述べられている。

① 欧米各国は，武装の時代を脱して日々経済の振興に力を入れ，実科的知識の必要性を感じて尋常科の初歩に実科，しばらく進んで郷土科を加設している。しかるに我が国では，近年ようやくその動きが出てきたが，中等以上を対象としたものであり，広く国民一般の実科思想を養成するには，小学校時代より実科の知識を授け，実業を奨励しなければならない。

② 地理科，歴史科は想像的推理的教科であるため，正当なる基礎的な心力を欠くと空談虚想に陥ってしまう。故に郷土科において具体的に地理，歴史に関する事項を授けて，初歩の基礎的な観念を養成し，実地により実物を研究することにより実科的な知識を得させる。

さらに，校内の実践研究の結果より，従来の郷土科は郷土的地理科であり，郷土の地理を覚える狭い意味のものであったとする反省から，実科初歩教授の研究を進めるうちに，郷土の意味が徐々に広がり，ついには実科初歩となり，郷土科となっていったいきさつを，「實科初歩教授は實物観察を主とするが故に，其材料の如きは児童の日常，目撃交際する事物より得ねばならぬので，自

然と其範囲が制限されて，謂ゆる郷土の研究といふ事になったのである。即ち，實質的智識を受與するという方面から見て實科といひ，材料を供給する範囲から見て，郷土科と称する。……尋常一二学年の程度に於ては實科初歩といひ，三四学年の程度に於ては郷土科と名付け，従て本細目を郷土科といふた」[11]と述べている。このことは，尋常科1，2学年の国語科において実施している実科初歩教授は，尋常科3，4学年の程度となると国語科本来の目的とする形式教材の比重が増し，内容教授や郷土的教材を取り入れる余裕がないため，実科の基礎的準備的観念を養成するために，郷土で得られる教材を集めて一定の順序に教授細目を編成せねばならなくなり，ここに尋常科3，4学年に郷土科を加設したわけである。

　以上のような外部要因（社会的・理論的必要性）と内部要因（実科初歩の必要性）の両面より，高田師範学校附属小学校では，尋常科1，2学年に実科初歩教授を，3，4学年には郷土科を加設したのである。

■**高田師範学校附属小学校における郷土科の目標**　郷土科の目標は三つある[12]。児童周囲の自然現象（土地，動植鉱物，気象の相互関係）と社会現象（社会的主従の関係，歴史）等の簡易な事物を攻究理解させることによって，

① 　地理，歴史，理科に関する基礎的観念を養成する。
② 　郷土を知り，利害関係の密なることを悟ることより愛郷心を起こさせ，愛国心の基礎的観念を養成する。
③ 　談話を練習し，鋭敏なる観察力と緻密なる推理力とを修練させる。

との三つの目標が達せられるとした。この時点では，教科教授の方法原理としての郷土が，目的原理としての郷土より重く考えられていた。

■**「郷土科」教材の選択，配列，実施上の注意**　「郷土科」の時間は，資料2.3のように尋常科3，4学年とも毎週1時間ずつ，計88時間を当てている。郷土の素材が多いなか，毎週1時間ではすべてを取り上げられないため，次の5つの選択基準[13]を設けた。

① 　身近な事物に限り，地理，歴史，理科等の諸教科に向かって同時に共通の基礎的知識となるもの。
② 　初歩的基礎的知識を養成する方法は，直観的具体的でなければならないので，家庭，学校，教室，学校の周囲を出発点として，次第に郷土全体に

第2章　新潟県上越地方における郷土教育の源流と派生する三つの流れ　33

拡張するもの。
③　児童の心理的発達要求に促して，具体的直観的な第3学年においては，地理的，理科的方面に重きをおき，第4学年で歴史的方面を多くするもの。
④　教授の際に一事物を地理的，理科的，歴史的に3方向より並進して追求することはいうまでもないが，この3科を統合して有機的な関係を作らなければならない。そのために地理的教材を中心にするもの。
⑤　近距離遠きに及び，易より難に進み，常に児童の思想界を出発点とするもの。

以上の選択基準をもとに，高田師範学校附属小学校の位置[14]が頸城平野の中央にあり，当時の高田町や各村落に接する好位置であることを利用して，その教材の配列を学年ごとに下記のように設定[15]した。

尋常科第3学年　(家庭および学校)→(学校付近)→(高城村)→(金谷山)→(高田町および付近村落)とし，地理的事項を授けながら四季の気象上の変化や動植鉱物を教え，名所，旧跡，建物等に出会ったときは，沿革を説話することとした。

尋常科第4学年　(学校)→(春日山)→(直江津)→(中頸城)→(高田町および高城村)とし，動植鉱物は前学年と同じであるが，地理歴史的な教材を増加させ，特色としては各所で地図との調和に配慮した。学校から順に中頸城全郡まで範囲を拡張して高田に戻る理由は，冬の大雪を考慮したためであった。

この時期，高田師範学校附属小学校のほかに，全国で郷土科

資料2.3　「郷土科教授細目」

らしき科目を実施していた唯一の学校である東京高等師範学校附属小学校では，「尋常小学科地理歴史理科」において，尋常科第3, 4学年ともに週3時間，計192時間を実施していた。教材の選択，配列をその教授細目[16]よりみると，尋常科第3学年では，(学校)→(学校付近)→(市内)の工業地，商業地，交通機関であり，尋常科第4学年では，第1学期で東京市を終わり，第2学期より汽車等により，横浜，鎌倉，横須賀，小田原，箱根と観察旅行を行っている。さらに，汽船利用の房総半島一周後，第3学期は，日光，前橋，小山を旅行して，学習の範囲が東京市から関東地方にまで広がっていた。このことは，多分に高等科での日本地理，歴史を意識したものであった。

　これに対して，実施時間数で半分以下の高田師範学校附属小学校では，少ない時間のなかでも，当時開通していた汽車を利用せず，ひたすら徒歩による範囲にての直観学習を行っていた。実施上の注意は12項目あり，その概要は次の通りである[17]。

① 　教授は直観を主とするため，その教材が最もよく発展した時に行う。
② 　教師は事前に実地調査をしておく。
③ 　毎時の教材は多いので，時間の都合や教授方法によって取捨してよい。
④ 　教授日時は，天候によって随時変更できるよう固定せず，また休講しない。
⑤ 　校外教授の時は，常に鉛筆，経緯線付手帳を持たせて観察，現場にて文と絵を書く。
⑥ 　実地観察後に模型図をつくり，それに基づく地図を書かせ，実地と模型と地図との比較を重視する。
⑦ 　地図は床上より始め，次第に高く掲げる。
⑧ 　校外教授時には，教授すべき教材が多いので，観察後に必ず実物を採取してくる。
⑨ 　本科は直観教授により，事前観念を理解させるものであるから，定理，理法の発見，推究に勉る必要はない。五段教授法の総括の段階は行わなくてよい。
⑩ 　榊原家，上杉謙信等は講堂修身教材なので簡単に復習すればよい。
⑪ 　学期の終わりの復習は，教授が進行しなかった時の予備である。

⑫ 地誌的事項の記入例を19記号示す。

以上のように実施上の注意をみるかぎりにおいては，高田師範学校附属小学校での「郷土科」加設の意図は，あくまで直観を主とした郷土事物の事実観念を理解させるものであり，愛郷心の換気など，郷土を目的原理のみとみていなかったことが明確に示されていた。「郷土によりて」の方法原理を補強すべく，地図を重視して，実地・模型・地図の繰り返しのなかから，具体から抽象への道筋をめざしていたことが読み取れる。

■**教授細目立案の意義**　高田師範学校附属小学校において，1903（明治36）年5月に脱稿した『最近小学校教授細目尋常科』の原稿は，同年11月12日に高田町の高橋書店より発行されている。同書に付記してある通り，「郷土科」の実施は，1903年からであり，当然，実践後の経験を踏まえて発表されたものではない。こうありたいとする願いのもと，広く県下に公表したものであり，目下のところ，当時の実践記録も残っていない。

しかし，本細目の立案にあたり東京高等師範学校訓導，棚橋源太郎著『尋常小学校に於ける実科教授法』を参考にしたとはいえ，1900（明治33）年に定められた新小学校令により，全国的に郷土中心の教授思潮が大きく後退して行くなかでの行動であったことを評価したい。

児童募集1年目にして，学校としての基礎もないなか，あえて郷土中心の教授の必要性を訴え，「郷土科」を加設した事実は，これ以降，脈々と流れる新潟県上越地方の郷土の事実に根ざす教育の源となったことは間違いない。

2　源流より生ずる郷土教育の三つの流れ

(1) 高田師範学校附属小学校を中心とした郷土教育の流れ

前節で述べた方法原理中心の「郷土によりて」を前面にした，高田師範学校附属小学校の郷土に根ざした教育は，日露戦争勝利後の時代の流れによって徐々にその内容を変容させていった。全国的にこの時期，ヘルバルト派の定形的教授法に対する批判や，心理学を重視する思潮，そして，1908（明治41）年10月14日付の内閣総理大臣の「戊申詔書」等により，教育の面では，児童の個性を尊重しつつ自力で学ぶ教授法が広がっていった。

■**明治後期における「力行主義」教授法**　開校間もない高田師範学校附属小学校においては、明治後期の全国的な児童の個性を重視する教育の流れのなかで、自校の郷土に根ざした教育の補完部分に気づき始めていた。つまり、「郷土科」加設による直観教授では、実質主義への偏りや、教材の増加が生じ、児童の主体的な発見、理解が保障されないことであった。

そこで、「戊申詔書」の趣旨に添うため、堅実で忍耐強く、主体的に行動する児童の育成をめざして、1909（明治42）年12月、高田師範学校附属小学校にて開催された、第1回冬期講習会にて、独自の「力行主義」教授法を生み出し発表した。

『全国附属小学校の新研究』[18]によると高田師範学校附属小学校のいう「力行主義」とは、「方今人文日に就り月に將み、徒に空理空論を弄して實行の之に添はざるものを忌み、形式上實質上着實なる研究と之が實行とを要求し来れり。……単に興味を云々して児童をして楽学せしめんとする従来の教授法のよくなし得る所ならんや、之力行主義の唱導せられたる所以なり。」[19]と記載され、これからの教育は、実行を要求していると明言している。

また、そのための教授法は、意志教育と活動教育とが両輪として調和せねばならないとしながら、「吾人は茲に力行という。勤倹力行の意にあらず、努力實行の意にして」[20]と力行主義は、努力と實行であると述べている。

この「力行主義」を発表した前年の1908（明治41）年には、高田町に第13師団が入城した時期であり、まさに、町をあげての力行主義全盛期であった。さらに、導入の契機となったのは、1907（明治40）年3月改正された小学校令[21]である。尋常小学校は6カ年、高等小学校は2カ年となり、義務教育年限が6カ年に延長されたことにより、1903（明治36）年5月に作成された「最近小学校教授細目尋常科」は、大改訂しなければならなくなったことである。

小学校令の改正により、以前の高等小学校の内容が尋常小学校第5、6学年に編入されるや、たちまち尋常小学校は、その教授において、より知識、論理、系統を重視させることになった。その結果が、高田師範学校附属小学校における教科課程の改訂（1910年）であり、「郷土科」の消滅であった[22]。

■**昭和初期における郷土教育**　昭和初期において文部省が郷土教育を奨励政策として掲げたが、高田師範学校附属小学校においても強力な郷土教育が実践

されている。資料2.4の『吾が校に於ける郷土教育』[23]によると，当時の高田師範学校附属小学校が，郷土教育を充実しようとした意図は二つある。

一つは，社会の現状より主張したものであった。すなわち，「教育は，社会の形態に即して生まれ直接働かなければならないのに，事実は全く反し役に立たない教育となっている。社会に即し，生活に接近した地方独自の文化内容に立脚した生ける教育でなければならず，教育が不況で苦しむ社会を改革しなければならない。」[24]というものであった。

資料2.4 「吾が校に於ける郷土教育」

二つは，教育本来の意義より主張したものであった。すなわち，「教育は当然，児童の個性を考える上からも特殊化されねばならず，この個性は生活環境である社会，自然，文化を離れたものであってはならない。」[25]という教育の地方化，特殊化の主張であった。

さらに，地方化を含んだ教育の実際化については，「教育は生活，生存を教えるものでなければならず，今までの理論的，抽象的な教育に対して，心理的，具体的で実際の生活と直結した郷土化の教育の必要が急務である。」[26]と強く述べている。そのため，すべての教科で郷土意識を確立すべく，体験教育や作業教育が重視され，児童の実生活のなかに公民教育，職業教育をも含み込んだ郷土教育が構想された。

(2) 高田市内の公立小学校を中心とした郷土教育の流れ

源流から派生する高田市内の各校の実践は，郷土読本，郷土資料集の作成を中心とする郷土教育の流れであった。1902（明治35）年4月，高田師範学校附属小学校開校とともに結成された上越教育会（代表，武井悌四郎高田師範学校長）によって，初の教科用図書『最新新潟縣地誌』[27]がつくられた。高等小学校地理科教科用図書であったが，文部大臣の検定を経た後，県内の小学校図書審査委員会の審査を経て，新潟県知事が採定したものであり，郷土的内容を十分

網羅したものであった。

　しかしながら，前述した通り1903（明治36）年4月13日に「小学校令」の改正が行われ，従来の制度を廃して小学校教科書は，原則として国定に限るとし，特に修身，日本歴史，地理，国語讀本は国定のみとなったことは，これ以降，教用用図書中に各地の郷土的内容が消え，全国画一の内容となることを意味していた。上越地方では，この時期より郷土教材を教科用図書で教えることが不可能になったため，各小学校ごとに教授資料としての教科用図書副教材集や副読本づくりの流れが生まれていくのである。

■**郷土読本の流れ**　「郷土のために」を目的原理とする昭和初期の郷土教育が広がるとともに，高田市内の学校では，次々と組織だった郷土読本の作成が開始された。まず，上越地方で最初の副読本となった，高田市第三小学校[28]編『市民讀本』[29]は，教材として郷土の地理的歴史的内容を含んではいたが，全体的に児童生徒の愛郷土心を涵養する修身，公民の副読本であった。

　これを参考に，1933（昭和8）年，高田市教育会編『高田市民讀本』[30]が，一般市民向けに発行され，郷土を知るとともに家庭人としての公徳を尊ぶ内容は，郷土を愛し，郷土国家の建設に立ち上がる市民を育てるものであった。同じ流れで，1937年〜40年にかけて，高田市初等教育研究会編『高田讀本』[31]全4冊の発行がある。尋常小学校3〜6学年児童を対象として，郷土の地理的，歴史的教材を自治的，公徳的記述で編集したものであり，「郷土によりて」で郷土を知ることと同時に，目的としての「郷土のために」が徹底強化されたのであった。

　以上のように，昭和初期における上越地方の郷土読本の流れは，時の教育思潮に対して，読み物を通して編集者の意図が自然に合致し，そのまま児童生徒に伝わるものであった。

■**郷土資料集の流れ**　編集者の主観の入る郷土読本に対して，郷土の姿をそのまま図表にまとめ，歴史的事実のみを記載した資料集が1934（昭和9）年，高田市大手町尋常小学校編『郷土教育資料』[32]であった。

資料2.5　「郷土教育資料」

この手法は，市町村郡誌のなかに多く見られるものであるが，大手町尋常小学校の主張は，「郷土教育実施の第一歩は，郷土調査である。本書は知識の集録ではない。郷土の統計でもない。本書をつくるまでには直接郷土の懐に飛び入り，郷土の生命をつかまんとする非常なる努力であった。」[33]というものであり，教師自身がまず正しく郷土を知らねばならないという信念のもとに，自らが郷土を調査した結果集まった各種資料類を一冊の資料集にまとめあげた「郷土によりて」を重視するものであった。

　同じく「郷土によりて」を重視した組織が，上越郷土地理研究会や新潟県郷土研究会である。県下に広く会員を擁し，県内各地の研究資料を交流し合っていたのである。以上，郷土資料集の作成を中心とした郷土教育の流れは，源流としての教科教授の方法原理としての郷土に根ざした教育の「郷土によりて」の精神を，資料集という書物の発行過程と活用において具体化しようとしたものである。

(3) 津有村立戸野目尋常高等小学校を中心とした郷土教育の流れ

■ 高田師範学校附属小学校とをつなぐ三崎文四郎　第二次世界大戦終了以前の上越地方において郷土に根ざした教育実践校は数多く存在するが，そのなかでも特に，施設設備や研究体制が確立し，教師の人材，研究発表，出版物等で特出していたのが，高田師範学校附属小学校と戸野目尋常高等小学校であった。この戸野目尋常高等小学校の郷土教育を創始，推進した中心人物が，22年間学校長（9代目と11代目の2回）を勤めた資料2.6の三崎文四郎であることは，「戸野目風土記」[34]の記述や，当時の訓導，小林潤治[35]よりの聞き取りでも明らかであった。

　三崎は，1872（明治5）年に生まれ，1895（明治28）年3月に新潟県尋常師範学校を卒業し，4月に中頸城郡豊原尋常小学校訓導に新任。その後，1902（明治35）年7月に高田師範学校附属小学校訓導に任ぜられている。この当時の高田師範学校附属小学校は，第1節でも述べたように，開校が1901（明治34）年4月10日，授業開始が翌1902年4月10日であり，三崎の着

資料2.6　「三崎文四郎」

任は，まさに授業開始の年であり，着任と同時に，1903（明治36）年に高田師範学校附属小学校が発表する『最近小学校教授細目尋常科』の執筆作業に着手するという慌ただしさであった。

その後，三崎は1907（明治40）年4月に津有村立戸野目尋常高等小学校訓導兼，第9代目学校長となって栄転する。三崎の1902（明治35）年7月より1907（明治40）年3月までの4年9カ月間の高田師範学校附属小学校での，上越地方郷土教育の原点である『最近小学校教授細目尋常科』の研究完成および実科初歩教授や郷土科加設による直観教授を重視する実践経験が，以後の戸野目での教育理念に多大な影響を及ぼしたことは大いに推察できる。

■**大正期における『郷土誌』と「自治自営の教育」**　1907（明治40）年4月より戸野目尋常高等小学校長となった三崎文四郎は，1909（明治42）年4月に南蒲原郡視学となって，一端戸野目を離れるが，3年後の1912（大正元）年8月再び戸野目尋常高等小学校，第11代学校長に任ぜられ，以後1931（昭和6）年3月までの20年間を戸野目の教育一筋に打ち込むのであった[36]。

ここでの三崎の教育理念は，自己の体験，直観を重視する自治自営の教育であり，自己の確立向上を郷土社会のなかで養うことをめざしていた。1932（昭和7）年に戸野目尋常高等小学校においてまとめられた「我が校の自治自営教育施設」[37]によると，その冒頭に「殊に切迫せる生活相をみつめるとき，急迫せる時代相に立つとき，特に自治自営の力を尊重せずにはいられぬ。而してこれも一朝にして鍛へ得るものではない。ここにその胚胎期ともいふべき基礎時代の児童への萌芽を伸々と，しかもがっしりと植え付けたい。」と述べ，胚胎期の開始を三崎学校長着任後の1908（明治41）年より1923（大正12）年までと記していることをみても，三崎の実践が脈々と流れていたことがわかる。

この戸野目尋常高等小学校の自治自営の教育胚胎期と同時期に，高田師範学校附属小学校では力行主義教育が全盛であった。どちらも自修をめざしていた点は似ていたが，高田師範学校附属小学校が，やや児童の精神心理学の理論を重視した自修だったのと異なり，戸野目尋常高等小学校では，直観主義を重視したうえに児童心理を加えた自学の態度養成に努力するものであった。

そのため，1915（大正4）年以後，自習室ならびに研究自修時間を特設しながら主旨の徹底をはかり，1917（大正6）年には，上越地方で最初の児童用，郷土

学習作業誌『郷土誌』を作成している。現存するものは，資料2.7の1929（昭和4年）の改訂6版[38]と，昭和8年版[39]，1936（昭和11）年の改訂11版[40]である。改訂6版をみると，第1章の村では，1ありばしょ　2地のなり……9道まで，すべて調査記入方式であり，児童は，この『郷土誌』を持って主に研究自修時間（週1単位時間特設）を中心に郷土を歩いたことがうかがえる。戸野目尋常高等小学校独自で作成した『郷土誌』は，数年ごとに改訂作業が行われていたが，次第にその意義に共鳴する近隣校が現れた。まず，同村内の上雲寺尋常高等小学校とともに津有地方教員協議会として改訂出版したのを始め，1933（昭和8）年改訂版では，戸野目校が中心となり，中頸城郡中部地区各校から委員を出しての中頸城郡中部教員協議会編『郷土誌』となったのである。内容的には，自身で調査記入する伝統的な部分と，カラー地図や写真，グラフ，年表等の資料部分とで構成されていた。これら戸野目校を中心とする実践後に，前述の高田市内での読本作成機運が起こってくるのである。

　学校長，三崎文四郎は，当時の新潟県教育会副会長の要職をこなすいっぽうで，「大地に足をふまへ偏してとらわれない。心身鍛練の児童を育てるには，教師自身がまず生活面，学習面での模範を示すことが必要であると訴え，自ら

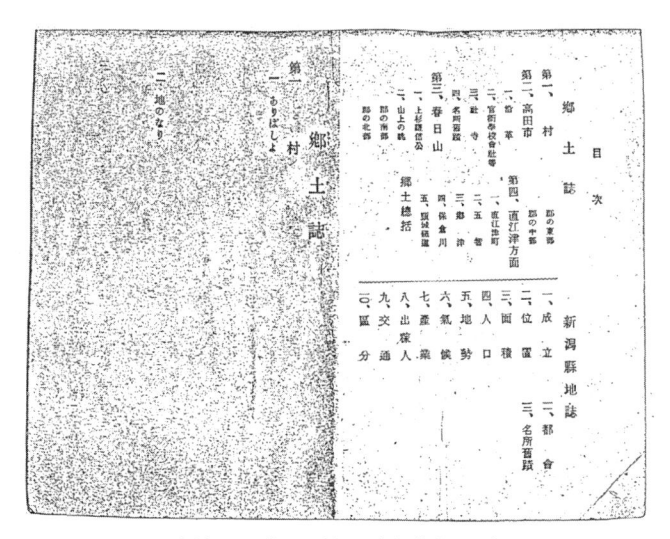

資料2.7　『郷土誌』目次と内容の一部

率先して実行した⁽⁴¹⁾」。このことは，三崎退職後も戸野目の伝統として引き継がれ，1933（昭和8）年新採用訓導によると，「師範で地理学と歴史学を習ったのみ。地元のことは何一つ習っていなかったので，夢中で児童と共に津有地区を探し回った。校内では，独学ではなく，先輩の校内講義を聴いて学び，学校全体で児童と教師を育てていた」⁽⁴²⁾と証言する校風となっていた。

「自治自営の教育」は1924（大正13）年より成長期に入る。この成長期は4期よりなり，まず第1期は，1924年の自由教育，プラグマチズムを背景とした学校における自習の徹底と自習に基づく学習の推進であった。第2期は，1925（大正14）年からのダルトン案を背景に自習室を学習室とした個人学習と郷土的内容の共同研究を特設時間に実践した時期であった。さらに，1928（昭和3）年以降は，第3期に入り，個性，人格，体験，直観を尊重した児童作業の合理化，個人統制を推進し，ついに1932（昭和7）年よりの第4期で，生活体としての自学自習としての郷土教育の推進へと変容していった。

■昭和初期の郷土教育　三崎文四郎に代わって1931（昭和6）年4月より戸野目尋常高等小学校第12代校長となった小黒俊治は，同年11月に広島高等師範学校附属小学校主催による全国郷土教育協議会において，新潟県の推薦により戸野目尋常高等小学校における郷土教育の実際を発表している。このときの報告を「郷土教育の新提唱」⁽⁴³⁾として県下に紹介している。内容は，郷土教育の目的達成のためにも直観や体験，労作等の有力な諸方法を統括すべく，学校経営全体での知育，訓育，養護の総合的学校経営が必要であると主張したものであった。ここでは，郷土教育と国民教育との関係は一致の道を進むものとされ，学習方面，訓育方面，養護方面が有機関連して目的へと邁進していった。

■「郷土科」の特設　郷土学習の精神は，生活全体のなかで学習体験をしていくことであり，個性的関連的実態を認識し，郷土精神の拡充拡大を図り，郷土の開発に努力する人格養成を目標として学習のかたちをとるため，その中心を貫く総合的一貫の学習姿勢が必要となり，郷土科を特設した。資料2.8の『郷土誌指導要覧』⁽⁴⁴⁾が，1935（昭和10）年に戸野目校を中心に，中頸城郡中部教員協議会18カ校により発行されているが，各学年ごとの内容と時間は次のようであった。

尋常科第1，2，3学年　入門前期と捉え，心身の発育より全科的学習とし，

20時間を総合的に生活させ，自然文化事象を未分化状態のなかで趣味的に体験させる。

尋常科第4学年　入門期と捉え，前掲『郷土誌』第1部，其の1（家，校区，村，高田市）を活用して40時間を特設する。ここでは，未分化状態を一歩進めた程度で，内容に自然科，郷土地理，郷土史をもつ学習をさせ，社会的公民的方面と関連して自然文化総合の生活的学習へと導き，郷土の第1次体験を進める。それには，実地調査，調査研究を第一歩として進め，実科への基礎ともし，郷土愛を深め，郷土啓培の力を養う。

尋常科第5，6学年　第5学年は，前掲『郷土誌』第2部，其の2（新潟県，郷土の博物，生活，祖先）を活用し，第6学年は，同第3部，其の3（郷土の人物，我家，自分）を活用して，各10時間を特設した。ここでは，新潟県全体へと拡張しながら，普通科の国民的素養と相まって再び郷土を追体験して，社会科学的（文化，産業，行政，経済，思想，芸術，宗教等）公民的教材を地的史的の上に総合的に見させ，国民的郷土観をもたせて郷土愛を喚起するとともに生活の向上を図った。

以上のように，特設「郷土科」の学習では，戸野目尋常高等小学校が1917（大正6）年に作成し，継続使用してきた作業誌『郷土誌』が基本となっているところに，長い歴史の上に立つ戸野目の教育の流れを感じる。1936（昭和11）年の改訂11版『郷土誌』では，資料として載っている地図，表，絵画，統計の他は，各章ともほとんどが，調査記入するための項目か余白であり，方眼紙や白紙が随所に挿入されている文字通りの作業誌であった。使用の注意[45]には，『郷土誌』に依る学習はあくまで総合的で体験的，具体的で決して高次や理的な要求をしてはならぬと書かれ，児童用『郷土誌』は，①郷土学習体験の指針となること，②郷土研究の道しるべとなること，③郷土学習の体験記録となること，④郷土教育の参考となることとの文面より，児童一人

資料2.8　「郷土誌指導要覧」

ひとりの体験や作業活動を重視した郷土教育であったことが読み取れるのである。

■**教師で編集した『津有村誌』** 村誌の編集委員は，戸野目・上雲寺尋常高等小学校長を筆頭に，両校の訓導があたった。校務の合間に会合を重ね，資料の聞き取り調査に奔走し，1931（昭和6）年11月に『新潟県中頸城郡津有村誌』[46]が完成した。村誌の内容は，村の沿革，行政，神社寺院，古跡，風俗，教育，軍事，衛生，産業，交通運輸，地理，災害，人物等であり，その活用は，学校教育では，教師の郷土教授資料となり，一般家庭では，郷土の実情を知り郷土建設の手引き書となるものであった。

『津有村誌』編集の最大の特色は，学校の教師が日々の教育調査活動の延長として村誌をつくり上げたことである。尋常高等小学校の教師達が村誌を執筆編集するということは，教師各自がそれぞれ郷土史家や研究者の力をもっていたことを示している。

おわりに

新潟県上越地方の郷土教育の源流と，そこから派生する第二次世界大戦終了以前の三つの流れを明らかにし，そのめざしていたものを分析整理した。明治以来，まず教育の目的は人間生活・社会生活の姿，人間生活と自然や歴史との関係に目を開くことにあるとしたうえで，そのための手段として身近な郷土の具体的事象を基盤とした，郷土に根ざした教育を開始するという方法原理を重視するものであった。そこでは，「郷土によりて」で学ぶうちに自然に郷土を愛する心も育つと考えられていた。

これが，昭和初期に入ると，教育の目的が自らの生活の改善や自らの住む郷土の開発，発展に立ち上がる意欲をもたせることに変わり，その目的を達成するために郷土に対する深い認識をもたせ，そこから愛郷心，愛国心を育てようとする方向へと進んでいった。

しかし，第二次世界大戦終了後は，国家主義教育に利用しようとした目的原理の部分を除いた郷土教育が「地域に根ざした教育」として展開され，新潟県上越地方では，江口武正氏を中核とした「上越教師の会」の教育実践等に改善，

発展しながら受け継がれていくのである。

注

(1) 新潟県高田師範学校附属小学校，伊野宮茂長代表：最近小学校教授細目尋常科，高田高橋書店，1903　本書は，国立国会図書館に1冊現存。
(2) 文部省内教育史編纂会：明治以降教育制度発達史，第四巻，1964年，62頁。
(3) 棚橋源太郎：尋常小学校に於ける實科教授法，育成會，1902年。
(4) 中学校に連絡する多数編成の高等小学校（修業年限2年）と尋常小学科を併せた部。1学級の定員40名男子のみ，卒業生は附属中への入学が義務づけられていた。
(5) 東京高等師範学校附属小学校：小学校教授細目，第一部教授細目，1903年。
(6) 高田師範学校附属小学校：最近小学校教授細目尋常科，郷土科教授細目，1903年，3頁。
(7) 同上，4頁。
(8) 棚橋源太郎：尋常小学校に於ける實科教授法，育成會，1902年，68頁。
(9) 高田師範学校附属小学校：最近小学校教授細目尋常科，国語科教授細目，64頁。
(10) 前掲(6)，1-2頁。
(11) 同上，3頁。
(12) 同上，3-4頁。
(13) 同上，5-6頁。
(14) 現在の上越教育大学附属小学校と同位置であるが，地籍は中頸城郡高城村であった。
(15) 前掲(6)，6-7頁。
(16) 東京高等師範学校附属小学校：小学校教授細目，第一部教授細目，204-216頁。
(17) 高田師範学校附属小学校：最近小学校教授細目尋常科，郷土科教授細目，9-11頁。
(18) 全国附属小学校の新研究，金湾堂書籍，1910年。
(19) 同上，509頁。
(20) 同上，510頁。
(21) 明治40年3月21日勅令第52号により，尋常小学校の修業年限が6カ年となった。
(22) 新潟県高田師範学校附属小学校規則及内規，第一号表，時間配当，1910年。
(23) 高田師範学校附属小学校：吾が校に於ける郷土教育，1930年。肉筆原稿を製本。
(24) 同上，37-38頁。
(25) 同上，47-48頁。
(26) 同上，62頁。
(27) 上越教育會，武井悌四郎代表：最新新潟縣地誌，高橋書店，1902年。
(28) 現在の上越市立大町小学校，昭和5年大町尋常高等小学校に校名変更となる。
(29) 高田市第三小学校：市民讀本，東亜商工印刷，1929年。
(30) 高田市教育會，川合直次代表：高田市民讀本，1933年。
(31) 高田市初等教育教育會：高田讀本3・4・5・6年生用，1937-1940年。
(32) 高田市大手町尋常小学校：郷土教育資料，1934年。
(33) 同上，序頁。
(34) 上越市立戸野目小学校：創立百周年記念戸野目風土記，あかつき印刷，1973年。
(35) 昭和5～20年の間勤務，郷土教育の研究を推進　(1985,3,7, 1985,3,18 聞き取り)。
(36) 三崎文四郎氏の経歴は，上越市立戸野目小学校保存の履歴書による。
(37) 12代校長小黒俊治氏が昭和7年執筆，全15頁の冊子，戸野目小学校が1冊所蔵。

(38) 前戸野目尋常高等小学校訓導，小林潤治氏所蔵。
(39) 上越市立戸野目小学校所蔵。
(40) 前戸野目尋常高等小学校訓導，小林潤治氏所蔵。
(41) 当時，三崎校長に仕えた小泉孝訓導より聞き取り（1985,3,8）。
(42) 旧姓，加藤ユキ氏。現，小泉ユキ氏より聞き取り（1985,3,8）。
(43) 小黒俊治：郷土教育の新提唱，越佐教育，第470号，1931年。
(44) 中頸城郡中部教員協議会：郷土誌指導要覧，1935年，上越市立高士小学校所蔵。
(45) 同上，編纂の方針頁。
(46) 津有村教育會：新潟縣中頸城郡津有村誌，1931年。

第3章　コア・カリキュラム運動と戸野目プラン

二谷　貞夫

はじめに

　この小論で取り上げる時期は，江口武正氏の『私の年譜』(私家版，1994年刊，以下『年譜』と略す)によれば，1947(昭和22)年から1954(昭和29)年，梅澤勤・山賀昭治両氏らと「若い教師の会」(1957年上越教師の会と改称)を結成するまでの時期である。取り上げる資料いわゆる「戸野目プラン」が完成するのが，1952(昭和27)年であり，コア・カリキュラム運動が最もさかんな時期である。『年譜』では，1952年の欄に「コア・カリキュラムを推進し『地域性に立つ戸野目の教育』(通称，戸野目プラン，以下「戸野目プラン」略称)の完成の中心的役割を果す。」と江口氏自身が記している。小論では，この戸野目プランを紹介しながら，当時の教育情況のなかでどのような意味をもっていたのかを上越教師の会誕生との関連とともに考察してみたい。

1　戦後新教育とコア・カリキュラム運動

(1) 敗戦直後の戸野目小学校—農村コミュニティ・スクールとして出発

　昭和20年代前半を東京で過ごした筆者自身の通った小学校の教師たちは，戦後新教育をどう捉えて教育実践に取り組んでいたかをふり返っておきたい。
　東京の池袋にある第二師範学校男子部附属国民学校(卒業時，東京学芸大学附属豊島小学校。現在，統廃合されて，東京学芸大学教育学部附属小金井小学校)に1946(昭和21)年4月から2年生に編入し，卒業するまで通った。
　「空襲の池袋に残ったこの母校は，遠く長崎(筆者注：現在の池袋西武線の東

長崎駅付近) の辺りから見ることができた。軍は児童が疎開した後を兵舎として使用した。しかし，20年8月15日を以って悪夢は去った。子どもも教師もなつかしい池袋へ帰ってきた。しかし教育をするというには，あまりにも灰色に乾ききっていた。子どもの心も，教師の心も，まず今日の食うものから心配しなければならなかった。……どうしたら児童の心に灯をともすことができるのか。どうしたら児童の心に緑の芽を育てることができるのか。これが研究の主眼になったことは当然であった。

　土曜日を復興活動と称し，掘り返された校庭の防空壕の整地をした。校舎内外の整美が回を重ねて行われた。一方で文化活動と称し乏しい資材を集めて，各児童の欲するクラブに所属しての自由な活動が展開された。子ども達は登校によろこびを感じてきた」[1]。

　こうして，廃墟と化した都会の学校における教育実践研究が始まった。1947 (昭和22) 年の春，クラブ活動をそのまま公開して，都会で同じ悩みをもつ教師たちに感銘を与えた。しかし，教育のバックボーンがなく，デモクラシーの教育というが，「まさに群盲の象に触れるのたとえの通りで，教師の各自が，それぞれ違った考え方でこれを解釈しているのであった」とある。「教科とは，このように考え，このように指導すべき」ということを1日もはやく確立する必要があったと回顧している。東京教育大学井坂行男教授や米軍のフェファナン女史の協力をえて，1947 (昭和22) 年秋「新しい各科学習指導の研究」が発表され，当時の教育界の動向とは距離をおいている。

　デモクラシーにふり回されながら，苦悩した都会へ復員した旧師範の教師たちに囲まれながら筆者は学んでいた。卒業する時期には，「問題解決をするに当たって，始めは意欲的に立ち向かうが，その実際は安易な道をえらんだり，途中で投げ出したり，くじけたりする場合が多い」「学習したことがらが，知識的理解，および技能の収得に止まり，その実践に欠けるものがある」などの反省項目があげられ，「児童の発達の再検討と，指導法の研究」という報告が1952 (昭和27) 年に発表された[2]。この反省項目は筆者の小学校時代の被教育体験のすべてにつきよう。

　では，こうした筆者の小学校時代に，新潟県上越地方の戸野目小学校はどのような状況であったのだろう。新教育指定校戸野目小学校では，すでに，1948

(昭和23)年研究実践報告第二輯『農村コミュニティスクールとしての我が校の教育』が5月に刊行された[3]。池野倬二校長はその序の冒頭でつぎのように述べている。

「新教育を訪ねての旅は楽しいものではあるがなかなか苦しいこともある。ある時は茫然と行方をみつめたままたたずんだり或時は知らぬ間にわき路に外れているのに気付いてあわてて後もどりしたり新教育の姿をチラと見つけたように思っていきなり捉えようとすれば忽ち遠退いてしまってその正体がはっきりしなくなってしまったりして全く厄介なものであるようである」。

この発言は，偽らざる校長としての述懐であろう。戦災で焼土となった東京の小学校とは異なり，戸野目小学校は学校教育を戦中から戦後へと継続し，新教育への取り組みが行われていた。

指導援助に当たった牛島義友教授は敗戦後の日本の都会と農村とを対比しながら，「日本文化は農村文化の向上にまつことが極めて大きい。……更に質の点から言えば郷土に即した教育が重視されなければならない。今日の農村文化はただ都会化，都市模倣の傾向があるがかかる方向に進むかぎり，いつまで行っても，都会の後塵を拝するだけである。農村の優れた特質を生かしながら，新しい文化を創造することによって，文化国家を建設しなければならない」と結んでいる。

本報告は，「第1章　我が校教育のゆくべき道」では，「一，我が村に於ける学校活動の反省」「二，我が校教育のゆくべき道」とあり，村民のアンケート調査を行い集計処理と分析考察を行い，わが校の描くコミュニティ・スクールを提言している。その提言は「戸野目校は天下の戸野目校であったかもしれないが津有村の戸野目校でなかった。私達は村の学校がほしい」という村民の言葉が引き金になっている。このことは，次のような反省にたっている。「国家の学校が自分たちの子供達に国民としての教育をしている間に，村では家又は字内に於いて近代的学校教育から孤立し徒弟的修練によって農村としての教育や，技術の練磨が行われてきていたのではなかろうか。それがため熱心に行われた，学校の教育も児童が一歩外に出ると直ちに消え失せ村は近代性のよさを拒否してしまったのではなかろうか。津有村一つにとどまらず，近代日本の脆弱性の因はこんなところにひそみ，今そのみじめさを味わっているのである。

これを再びくりかえさせたくない」というのである。まず実態を調査するということで村の教育観，児童の郷土観，生活実態を調査して，農村コミュニティ・スクールのあるべき姿を求めている。

その際，戦前の伝統ある「土に生き，土を生かす教育」という郷土教育の教育観をまとめ，その軍国主義・超国家主義的側面を反省している。そのうえで，郷土教育の伝統を継承しながら，当時全国的に行われていた地域教育計画，地域社会学校などと共通する地域調査を実施し，農村コミュニティ・スクールとしての学校教育活動を提示している。

あるべき農村コミュニティ・スクールの姿として「1. 郷土社会の資源を用いる学校 2. 児童に主体性を置く学校教育（以上，1. 2. は，実態調査と教育目標の確立) 3. 厚生文化開発の主導性をもつこと（教師の活動圏）4. 民主的生活の実践場たらしめる努力（自治組織の強化，村の民主化）5. 社会改善の自覚と責任（教師，父兄，児童，社会）があげられるが，1，2は地域を問わず学校教育目標樹立及びそれが運営には十分に綿密，細心，科学的であるべき事項であるが特に農村に於ける学校活動として3, 4, 5が大きな開拓分野であると思われる」と掲げている。

焼土となった都会で再興される学校と異なり，戦前からの教育基盤の上に戦後の民主化に伴って[4]，新教育への対応を進めていたということになる。それが，農村コミュニティ・スクールであろう。

(2) 新教育課程づくり

筆者が通った戦後の新教育で始まった小学校は先述のように，教科を中核とした旧教育課程にこだわっていたが，新教科「社会科」の発足に伴って新しい教育課程づくりに取り組む学校が多かった。それは，経験主義と総合主義によるもので，東京都西多摩村西多摩小学校（西多摩プラン），東京都港区桜田小学校（桜田プラン），埼玉県川口市立本町小学校（川口プラン），兵庫師範女子部附属明石小学校（明石プラン），奈良女子高等師範附属小学校（奈良プラン），広島県本郷町本郷小学校（本郷プラン），福岡県久留米市久留米小学校（久留米プラン），千葉県館山市北条小学校（北条プラン），神奈川県足柄上郡福沢小学校（福沢プラン）など次々と学校それぞれの新しい教育課程が発表された。

埼玉県川口市立本町小学校「川口プラン」は，学校のプランとなっているが，いわゆる「川口プラン」と呼ばれるもので，戦後のカリキュラム改造運動である「地域教育計画」の日本で最初にして最も大規模に展開された先駆的なプランである。1946年から47年にかけて行われ，スコープに生産・消費など8つの「社会的機能」をおき，シークエンスに学年（子どもの発達段階）をおいて，その交差するところに学習課題を設定した。その特色は児童生徒，地域住民がかかわってでき上がった教育計画である。しかし，社会適応主義に陥るとの批判も受けるが，教育課程づくりにとっても，また，カリキュラム改造においても，その先駆的な役割をはたした。1981年に『戦後社会科の復権』（岩崎書店刊）をまとめた田中武雄は「カリキュラム改造運動の展開―「新教育」批判の前後―」という一章のなかで，「桜田プラン」を学習指導要領型社会科，「明石プラン」をコア・カリキュラム型社会科，「本郷プラン」を地域教育計画型とに系譜的な分類を試みている。さらに，山形県の「大石田プラン」を取り上げてカリキュラム運動の一つ発展型として論証している(5)。

(3) コア・カリキュラム連盟の結成

1948（昭和23）年10月，戦後の日本におけるカリキュラム改革運動の推進体であり，理論的支柱となったコア・カリキュラム連盟（のちに日本生活教育連盟と改称）が結成された。結成にあたっての趣旨の招請状には，当時の新教育の状況を研究が本格化するなかで，「現在の教科組織をそのまま維持して，その枠内で新教育を推進すべきか，或は更に根本的に教科組

1949年3月現在

都道府県	団体数	個人数	都道府県	団体数	個人数
北海道	3	2	滋 賀	3	2
青 森	1	1	京 都	6	3
岩 手	2	1	大 阪	33	56
宮 城	2	4	兵 庫	5	11
秋 田	1	0	奈 良	3	4
山 形	2	3	和歌山	4	3
福 島	6	8	鳥 取	0	4
茨 城	8	13	島 根	4	2
栃 木	1	5	岡 山	5	30
群 馬	1	4	広 島	2	8
埼 玉	9	4	山 口	0	2
千 葉	8	17	徳 島	1	0
東 京	14	67	香 川	3	2
神奈川	8	7	愛 媛	1	4
新 潟	8	14	高 知	1	4
富 山	3	2	福 岡	7	3
石 川	2	1	佐 賀	1	0
福 井	1	7	長 崎	1	4
山 梨	4	7	熊 本	1	5
長 野	2	1	大 分	5	0
岐 阜	2	4	宮 崎	1	1
静 岡	5	6	鹿児島	0	1
愛 知	7	9			
三 重	2	7	〔計〕	190	339

資料3.1 コア・カリキュラム連盟への加盟団体（学校・研究室等）数と個人加盟者数

織そのものに再検討を加え，いわゆるコア・カリキュラム方式によるべきかということは切実な問題となっている」という問題意識で呼びかけている。

この呼びかけに応えて，コア連に加盟した学校や研究所は約 60（小学校 46，中学校 6，高校 1，教育研究所 7）であり，あとの参加者は発起人および若干の個人会員であった。そして，委員長に石山脩平，副委員長を梅根悟，重松鷹泰，和泉久雄とし，事務局は東京文理科大学教育学研究室におかれ，機関誌『カリキュラム』(1949 年 1 月創刊，誠文堂新光社) を発行して，その精力的な活動が始まり，半年後には，加盟校および研究所は 400 団体に達し，個人会員も 1000 名を超えた。集会では 2000 名を超えたといわれる[6]。

なお，西村誠氏の研究によれば，コア・カリキュラム連盟への加盟団体数と個人加盟数は，1949（昭和 24）年 3 月段階で，前頁に掲げた集計表（資料 3.1）である。まさに燎原の火のようにコア・カリキュラム運動が全国に広がっていったのである[7]。

しかし，1950 年前後には，コア・カリキュラム連盟による教育課程の自主的編成をめざす運動に対してさまざまな批判が寄せられた[8]。

2　江口武正とコア連

(1) 江口武正のコア連参加と「若い教師の会」結成

コア・カリキュラム運動に対して，戸野目小学校の江口武正はどう捉え，対応したのだろうか。『年譜』では，1948（昭和 23）年は空欄である。

江口がコア連の会員になったのは，1949（昭和 24）年 8 月のことである[9]。この年，コア連が開催した 8 月の夏季大会に参加して会員となった。しかし，コア連とのかかわりは，新卒 2 年目の 1948（昭和 23）年に江口氏は 4 年生の社会科単元「収穫」に力をいれ，まとめて「コッソリとコア・カリキュラムへ投稿し」入選したという報告もある[10]。

この「収穫」という実践は，「戸野目プラン」に指導実践記録として，4 年生の生活単元「収穫」の展開と指導の実際として収録されている。

江口は，個人会員として，毎年，夏冬に行われるコア連の集会に参加したと回顧している[11]。コア連の機関誌『カリキュラム』への投稿も積極的に行っ

ていた。上越教師の会を結成する時期に雑誌等への投稿をみると、「中江用水をめぐって」(『四年のカリキュラム』1950年7月)、「日常生活学習の一分野として」(『カリキュラム』1951年7月)、「表面を美しく滑べる前に」(『カリキュラム』1952年6月) がある。

1953 (昭和28) 年、コア連の若い会員による「全国青年教師連絡協議会」の結成会に戸野目小学校に赴任した新卒の梅澤勤氏と参加して、教育研究サークルの必要性を認識し、学校へ戻ると、隣校の山賀昭治氏らの賛同を得て、1954 (昭和29) 年1月、7名でサークル「若い教師の会」が結成された。コア連を充実・発展させるのは、「全国青年教師連絡協議会」に集う教師がそれぞれの地域に教育研究サークルをつくることだった。

(2)「若い教師の会」結成の背景

1950年前後コア・カリキュラム連盟による教育課程の自主的編成をめざす動きに対して、内外からさまざまな批判があった。この時期は、米ソ冷戦体制のもとで、アメリカの対日政策が変更され、日本が極東戦略のなかに組み込まれていった。1950 (昭和25) 年6月、朝鮮戦争が勃発し、翌1951年にはサンフランシスコ講和会議で日本をふくむ49カ国で対日平和条約が調印され、さらに日米安保条約が締結された。国民の間には日本の平和と独立への危機感が漂った。しかし、特需景気による経済不況からの脱出はある程度国民の経済生活を安定させた。こうした状況のなかで、コア・カリキュラムを含めて新教育全体が批判の対象となった。一つはコア・カリキュラムと学習指導要領との関係であり、学校教育施行法規則第24条と54条における教科に関する基準に抵触しないかという問題が議論をよんだ。また、いわゆる学力の低下をもたらすのではないか、教科の系統的学習を軽視していないかという批判であった。さらに日本民主主義教育協会 (民教協) による、「日本の民主主義革命の現実的課題」のために「何を、いかに教え、あるいは学ばせるか」を重視する教科研究活動が投げかけるものがあった[12]。こうした課題は、全国の青年教師を刺激し、特にコア連に参加していた青年教師は危機意識をもって集会をもち、地域にサークルをつくろうとしたのである。江口が戸野目小学校にもどって、サークルを結成する背景があったといえよう。決して戦前の教育に逆行せず、「子

らと地域をみつめての教育実践」をめざすサークル結成であったといえよう。

3 「戸野目プラン」の成立とその内容

　江口は，戸野目小学校の教育実践研究の中心メンバーであり，コア連に参加していたので，コア連の理論に強く影響を受けると同時にコア連運動自体を支えていた。

　ここで取り上げる資料は1952（昭和27）年新潟県中頚城郡津有村立戸野目小学校刊行の『地域性に立つ戸野目の教育―教育課程篇』A4判で，自由詩2題に始まる194頁の報告書である（以下『報告書』と略す）。目次を掲げておく。

　一，改訂以前の歩みはどのようになっているか
　　1．自主性を目ざす学習計画　2．新しい教科課程をたずねて　3．地域性を求めてのなやみ　4．生活経験の統一を目ざして
　二，改訂はどのようにして進められたか
　　1．国や地域の課題をどのように目標に生かしたか　2．経験領域や学習系列をどのような立場から考えたか　3．たしかな単元計画のための問題系列をどのようにおさえたか　4．生活経験の統一を目ざす全体構造をどのように組立てたか　5．実践しやすい学習計画
　　　・日常生活の実践計画・生活経験を拡充するための実践計画・系統を生かす基礎学習計画
　三，教育目標……（村の課題）
　四，経験領域
　五，学習系列
　六，問題系列（学年目標）
　七，単元一覧表
　八，教科時間配当計画
　九，学年別学習計画
　十，各科別要素能力一覧表（国語，社会，算数，理科，音楽，図画・工作，家庭，保健体育）
　附　単元展開実践記録　田植　二年，収穫　四年，越後米　五年

(1)「戸野目プラン」成立の背景

目次の最初にあるように，改訂以前の歩みとして，前述したように，1946（昭和21）年に戸野目小学校は新潟県の実験学校に指定されて，新教育の研究に踏み出している。地域教育計画型と言ってよいだろう。小学校を取り囲む地域の農村である戸野目村の地域の特質に則り，協力なしには新しい学校は動かなかったのである。戦後の民主化を反映して，自主性をめざす学習計画がつくられ，自由研究が毎週2時間設定された。低学年の発表意欲の助長，中学年の発問および討論的態度の馴致，高学年の自律的生活への馴致などがめざされた。1947（昭和22）年新学制の実施に伴い，学習指導要領の理論的研究を手がかりとして新しい教科課程を構想している。考え方として「新たに児童の生活から出発し，その生活経験を教育的に指導することによって，知識，技能，能力，態度を身につけさせようとする」総合的な学習観に立とうとしている。教科カリキュラムでは，「各教科を絶えず全一的な人間生活にかえすという方法上の総合的取扱いが必要になってくる」としている。このような考え方から1947年度以降，生活学習コースのカリキュラムに取り組んでいる。戸野目プランの基本線はすでに走り始めていた[13]。

(2) 戸野目の教育目標

日本国憲法や教育基本法を学び，全教職員によって導き出された教育目標は以下のものである。

 恒常的目標（一般的）
  ◎歴史的現実の社会に処して民主的に物事を解決し，強く生き抜く実践的な人間を育成する
   ○ 身体的再生産……体力，健康維持，種の保存
   ○ 物質的再生産……経済的領域（自然資源の利用，物質生産）
   ○ 正しい人間関係の秩序維持能力……集団生活
   ○ 観念的原理的生産力……文化的領域面
 歴史社会的目標（現実的）《の国家的課題》
  《1. 生産の高度化と経済自立　2. 窮乏よりの解放と生活水準の向上　3. 平和愛好と国際協調　4. 前近代性の払拭による民主主義の確立》

1. 健康で明るい子供　2. よく考えよく工夫する子供　3. 働くことを好む子供　4. 協力する子供
◎村の課題　○健康生活の向上　○農業経済生活の向上　○集団生活の民主化　○文化的生活の向上　　　（筆者注：《　》は，最終報告から省かれたもの。）

さらに，地域社会に具体的にどのように現われているかが論議されている。米食一本の食生活，井戸水の汚濁，渇水期の伝染病，単作地帯の零細農業，赤字農家の労働力不足，時間観念の乏しさ，用水争い，醜い人間関係，非科学的な迷信の横行，公共物の破損，低俗趣味と娯楽などが指摘され，現実の姿から村の課題が◎健康生活の向上，◎農業経済生活の向上，◎集団生活の民主化，◎文化生活の向上の4つに整理されている。さらに，子どもの立場からの目標も整理された。「1. 健康で明るい子供　2. 働く事を好む子供　3. 協力する子供　4. よく考え，工夫する子供」というものにまとまった。

そして，「いま挙げた四つの目標は，たしかに，どの地域いや日本のどの都市，農村の学校へ持っていってもあてはまり，津有村いや戸野目校としての独自なにおいがないではないかと一応いい得るかも知れない。だが，しばしまて，国家的課題と関連する。地域社会の具体的な現実と問題，そして課題の網の目をくぐり，その基盤から生み出されたというその過程と，背景をこそ重視しなければならない。全職員が，この目標に安定感がもてたという事実を否定できない。この目標が決定された時は，北国特有の厳しい寒さで，ひしひしと五体をおしつつみ始めた昭和25年の12月であった」と結んでいる[14]。

朝鮮戦争が起こって，半年間，しかもコア・カリキュラム批判もある時期に，おそらく深夜にわたる議論の末，出された目標であることをうかがわせる。この四つの目標を実現していくためのカリキュラムはどういうものになったのか。

(3) 戸野目プランの考え方とつくり方

社会機能法への批判的検討から，戸野目プランの構想は始まっている。「社会機能法による経験領域では具合がわるいとの結論に達した。その主な理由としては，(1) 社会機能法は，非常に平面的にして，静的な感じがつよく，特に立体的構造的な面，さくそうし且力動的な人間関係がはっきりと出て来ない。

(2)歴史現実的な社会課題に答えてはくれず，私達が先にあげた目標を真に満足させてくれる様なスコープとはなり難い」(15)と総括し，校内カリキュラム委員会からの提案である「生活領域法」をもとに，「健康生活」「集団生活」「経済生活」「文化生活」の四つの領域が構想された。次いで生活領域に相応する学習系列（シーケンス）が，経験発展の方向，成長，学習について検討されたものがまとめられている。その3点の検討経過は以下のような内容説明である。

　◎経験発展の方向……学年別に指導要領に於て一般的傾向として示してくれているものに，本校児童の実態を照し合すと共に，更につっこんで研究され，これを要約した形で表したものである。学習指導要領が，手垢で黒くなる程になったのをながめて，皆顔を見合わせて日頃の不勉強を反省しあった。

　◎成長……第1次試案の時に調査された本校児童の歴史的関心，地理的関心，知的能力，情緒性の発達，身体の発育等の基礎調査が基にされて，其の後の絶えざる調査と観察の結果がつけ加えられ検討された。ここに於ては学年別にはっきり区別しかねるとの立場から一，二年，三，四年，五，六年の三区分にした。そして身体的発達，知的発達，情緒的，社会的発達について具体的な姿に於て決定された。

　◎学習……だがこれだけのものでは，どうも不安定である。それで「今一つの角度として学習面から押さえてみたら」という事になり，（学習の動機，学習活動，行動の形式）の三面から学習系列をはっきりさせた（別表参照）。これによって，後に来る単元の展開計画や又学習活動がより確かなものになるとの見通しを持った。

そして，これらの学習系列の完成は1951（昭和26）年2月半ばと記している。いわゆる「逆コース」という教育の反動化の進むなかで，導き出されたものである。

こうして学習系列を整えるいっぽうで，単元計画を

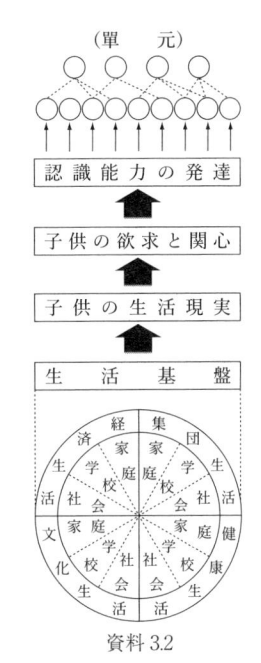

資料3.2

いかに構造的に捉えるか，その系統性とともに理論化を求めた。その結果つくられたのが，次のような図解であった。集団生活，健康生活，経済生活，文化生活の四つの問題系列は，それぞれの生活領域を家庭・学校・社会の三つの角度づけしている（前頁資料3.2）。

さらに，全体構造については，生活経験の統一をめざして，四つの領域と①日常生活課程，②生活の拡充課程，③基礎課程の三層との組み合わせを構築している。当時，コア連でも三層四領域論が提唱されている。コア連では，1951年3月に開催された春日井合宿集会で討議され，8月の新潟合宿研究集会でさらに討議され，内容的に煮つめられ報告（雑誌『カリキュラム』臨時増刊『生活教育の構造と運営』―「生活教育の前進」第2章に掲載された海後勝雄「コア・カリキュラムの構造と方法への発展」）となったという[16]。

この海後報告における三層四領域論の具体的な内容と「戸野目プラン」における三層四領域論はほぼ同じである。戸野目プランの「本校教育課程の全体構造」と海後報告の「基本になる全体構造」とはほぼ同じであるが，説明に若干の違いがある。基礎課程は同じであるが，コア連の中心課程を「生活拡充課程」としたところが異なると江口はのちに述べている[17]。

「コア連」

		表現	社会	経済（自然）	健康
基礎	表現	(C) 基礎 （科学と技術の基本）			
	基本的知識				
経験	生活の拡充	(B) 生活拡充 （研究・問題解決）			
	生活実践	(A) 生活実践 （実践）			

「戸野目プラン」

三層＼四領域		文化（表現）	集団（社会）	経済（自然）	健康
基礎	技能	基	礎	課	程
	基本的知識				
経験	生活の拡充	生活	拡充	課程	
	生活の実践	生活	実践	課	程

特に重要な「(2)生活の拡充課程」をみるとまったく同じ性格の項目説明になっている。戸野目プランでは，社会科を中心とした全教科の統合教科学習である。

さらに教育現場で実際にどう教師が組織し，動いていくのかという観点から，実践しやすい学習計画が，これまでの諸活動とともに整理されている。行事プロジェクト，運営プロジェクト，奉仕プロジェクト，生産プロジェクトの四つ

「コア連」	「戸野目プラン」
B　生活の拡充 　1　経験と基礎との統一 　2　反省的思考による経験の発展 　3　より高度な生活への綜合的な問題解決 　4　歴史的社会的視野にたつ問題解決 　5　協同的思考による計画的な問題解決	(2)　生活の拡充課程 　・経験と基礎との統一 　・反省的思考による経験の発展 　・より高度な生活への綜合的な問題解決 　・歴史的，社会的視野にたつ問題の解決 　・協同的思考による計画的な問題解決

にまとめられた。それらをさらに学年別にまた系統的に生活歴，実践単元名，主な活動内容と当学年に決定記入するという方法でカリキュラムとして固められている。改訂のあゆみが終止符を打たれたのは，1952（昭和27）年6月末で，「この仕事をはじめてから足かけ三年，じつに1年7ヶ月，18名の職員の絶えざる営みと共同思考によって生み出された」とふり返っている。

おわりに——戸野目プランの特徴と歴史的意義

　でき上がった教育課程は，三層四領域論を展開しつつ，地域の現実を重視したものであり，村の課題が教育目標の(2)歴史社会的目標（現実的）に組み込まれている。村の課題と四つの経験領域すなわち三層四領域論の四領域を意味しており，学習系列の経験発展の方向として基礎・生活拡充・生活実践の三層に組み込まれている。

　歴史的現実を踏まえた学習指導計画は，実践的内容をもってつくられている。こうして戸野目プランを検討してみると，戸野目村の課題と戸野目小学校の課題とがともに掲げられている。学校教育の役割が村の歴史的現実の諸課題を解決しなければ，実は学校教育の目的や目標を達成することができない。つまり，戸野目プランは，コア連の運動とともにつくられた教育課程であるが，同時に地域の諸課題を解決するためにつくられている教育課程でもあった。

　さらに，「戸野目プラン」の作成は，江口武正氏をキーパーソン[18]として，村の改善，学校の改革，コア連とサークル活動などが連鎖して進められている。

『村の五年生』という教育実践史上欠かすことのできない所産の基盤は，この戸野目プラン作成を通じて培われた「村の教育力」に支えられたといえよう。また，この活動過程を通じて教師間の研鑽努力が上越教師の会という教師の実践研究サークルを誕生させたといえよう。

注

(1) 研究部（文責伊藤一郎）「研究校「豊島」の歩み―戦後十五年間―」（東京学芸大学附属豊島小学校『学報　創立50年記念誌』245-253頁。
(2) 前掲(1)。
(3) 本報告書は98ページの小著で，江口武正蔵書印があり，上越教育大学附属図書館に収められている。
(4) 民主化について年表風に見ると，1945年9月，文部省「新日本建設の教育方針」，11月公民教育刷新委員会設置。1946年2月日本教育家委員会発足，3月第1次米国教育使節団報告。1947年1月東京桜田国民学校にて社会科実験授業（9月より全国で授業開始）3月学習指導要領一般篇試案―12月までに各科編刊，3月教育基本法公布。
(5) 田中武雄『戦後社会科の復権』82-108頁。
(6) 西村誠「生活主義の教育課程論」『教育学講座7　教育課程の理論と構造』学習研究社，1979年，49-63頁。
(7) 西村誠「戦後『新教育』の展開とコア・カリキュラム連盟」日本生活教育連盟篇『日本の生活教育50年―子どもたちと向き合いつづけて―』学文社，1998年，52-75頁。
(8) コア連が誕生してわずか3年後に，矢川徳光のコア・カリキュラムは，適応主義の教育という批判があり，コア連内部から広岡亮蔵が「牧歌的カリキュラム」だと批判した。江口は1983年『教育創造』84の「戦後のコア・カリキュラムをふり返り，対比する中で―新しい時代の子どもを育てる珠玉の実践編―」（上越教育大学研究プロジェクト研究成果報告書『江口武正「上越教師の会」教育実践資料（第2集）』(104-106頁)）で「戸野目プラン」にいて回顧している。
(9) 「梅根悟先生を偲んで」上越教育大学研究プロジェクト研究成果報告書『江口武正「上越教師の会」教育実践資料集（第2集）』255頁。
(10) 昭和62年11月2日上越教育大学「大学祭」講演「大学生君ならどう学ぶか―教師として学びとる目と心の大切さ―」上越教育大学研究プロジェクト研究成果報告書『江口武正「上越教師の会」教育実践資料集（第2集）』210頁。
(11) 前掲(8)。
(12) こうした当時の教育事情についての回顧は，前掲(7)の日生連の50年史によった。
(13) 同上，6頁。
(14) 同上，8-9頁，「国や地域の課題をどの様に目標に生かしたか」でまとめている。
(15) 同上，9頁。
(16) 『社会科教育史資料4』（東京法令，1977年，308頁の編者注）
(17) 前掲(8)。
(18) キーパーソンであることを立証するものとして，『報告書』の単元展開実践記録の4年『収穫』(1948年)，5年『越後米』(1951年)は，いずれも江口氏の実践記録である。

第4章　初期社会科の実践
　　　──『村の五年生』の分析を中心に──

山本　友和

1　『村の五年生』の社会科教育史における位置

（1）農村社会科の実践

　1956（昭和31）年1月に発刊された江口武正著『村の五年生−農村社会科の実践−』[1]は，新潟県津有村立（現在は上越市立）戸野目小学校において，5年1組担任の江口が1954（昭和29）年の9月より12月にかけて行った単元「こうちせいり（耕地整理）」の実践記録である。『村の五年生』すなわち単元「こうちせいり」の実践は，戦後社会科成立期の重要な資料を収集した『社会科教育史資料』に，初期社会科実践展開期の代表例9編のうちの一つとして掲載されている[2]。また，この「こうちせいり」の実践について日比裕は，「農村部における反封建社会科の典型である」と評し，「都市部における封建的意識構造の変革をテーマとした反封建社会科の代表例である」とした永田時雄の「西陣織」（日本の工業）の実践と対比している[3]。

　江口武正は，1948（昭和23）年3月に新潟第二師範を卒業し，同年4月，新潟県中頸城郡津有村立戸野目小学校（当時は国民学校）に赴任し，その後の10年間を同校に勤務する。

　当時の津有村は，郡内でも有数の米作地帯にあり，農地改革前は県下第二の大地主である保坂家一族が農地の大部分を所有し，全農地のうち，8割以上が小作地であったという地域である。『村の五年生』の「まえがきにかえて」において江口は，「村の大事なとりきめは，すべてこの保坂家の承認がなければ出来なくなっていた」という状況は，農地改革によって大きく変わったはずであったが，保坂家支配の「しみ（保守性であり，封建的な物の考え方）」は，「つよ

くふかく村自体に，そして村人の心についてはなれようとしません」と述べている。

また，「教師は戦後の農村をどう分析するか」[4]という論考において江口は，「戦後農村では，農地改革によって古い共同体の秩序がくずれ去ったかというと，決してそうではない」と捉えたうえで，戦後農村に残る封建性の支柱として，家長中心の家族制度と用水支配をあげている。

「こうちせいり」の実践は，こうした江口の問題意識，すなわち農村に残る封建性に真っ向から取り組んだものであり，それが農村社会科，反封建社会科と称されるゆえんである。

(2)「収穫」「越後米」の学習から「こうちせいり」の学習へ

江口は，『村の五年生』について，「単なる教室学習にとどまらず，教室から一歩抜け出て，人間の壁と，社会の壁に具体的にしかも本質的に取り組んだ生産教育を中心とする，農村社会科の実践の一つの方向を示すものである」と評価されているとしたうえで，そこに至るまでには，8年間にわたる実践の歴史があるとしている。そして，実践がどのように深まってきたか，どのように反省的思考をめぐらしてきたかについて，次のように自問自答している[5]。

最初に受けもった子どもたちが4年生のとき（1948年の10月～12月）に「収穫」[6]の実践がなされた。それは，「稲を良く育てるにはどうしたらよいか」というテーマを手がかりに，実態調査や見学を行い，最後に「米の一生」の紙芝居をつくってまとめるといった学習であった。

江口は，この学習の問題点と欠陥としてまず，「子ども達は村の実態を単に知っただけでここからは何らの実践性も出て来なかった」ということをあげ，その原因が「日本社会の基本問題の一つとして」収穫の問題を捉えなかったことにあるとしている。また，「学級の中だけの学習に終わってしまい，父母への影響力，地域への影響力などほとんどなかった」とも反省している。そして，このような反省と自己批判が，「日本社会の縮図である農村津有の壁に真正面から取り組んでいった」学習である「越後米」の実践を生み出すことになる。

「越後米」[7]の学習は，2回目に受けもった子どもたちが5年生のとき（1951年の10月～12月）に行われた。この学習の活動展開を雑誌『教育』[8]に掲載さ

れているものから抜き出すと、それは「台風による稲作の被害を調べる」「津有村の米の生産をめぐる問題には、どのようなものがあり、どのように考えねばならないか」「越後米は日本の食糧事情に、どのように役だっているか」「米の生産様式は、土地によってどのように異なるか」「『これからの津有村の生産をあげ、農家の生活を楽にするには』のレポートを書く」という5段階で構成されている。

この「越後米」の実践の評価についてであるが[9]、江口は、「日本社会の基本問題につらなる子どもと地域の問題に対し、子どもの調査を主とした学習が、地域の人たちにまで影響を与えた」としている。日本社会の基本問題の一つとして地域の問題を捉えたことと、地域に影響を与えたことを評価しているのである。

しかしその一方で、江口はこの学習について厳しい自己反省もする。それは、「結果的に見れば、新しい村づくりに参加した、いや役だったといえよう」が、「教師の意識過剰が、子どもたちをある程度ごういんにひっぱった感が深い」「だから、この学習が、子ども達の家庭の生活にまでしんとうせず、……正しい姿で親たちに影響を与えていくという所まではいけなかった」というものであった。この内省は、「結果的には、いかに成果が挙がったように思われる実践も、人間の形成（引用者注：「生活の中で親たちとの結合の仕事を新しいものにしていったかということ」を指す）と結ばれないかぎり、ほんとうにいのちあるものにはならないし、且つ一般化される条件をもたない」という勝田守一の批判と対応している[10]。

そしてこの勝田の批判に答えるべく生み出されたのが、『村の五年生』こと、「こうちせいり」の実践であり、そこには、日本の基本問題にまでつながる子どもにとって、村にとっての切実な問題を見つめる眼差しが存在している。

(3) 初期社会科と江口武正の実践

ところで、江口がめざした社会科は、初期社会科の理念とどのようにつながっているのであろうか。学習指導要領との関連で考察してみよう。

1947（昭和22）年に刊行された「学習指導要領社会科編（Ⅰ）（試案）」は、「民主主義社会の建設にふさわしい社会人を育て上げようとする」ための中核的

教科として社会科を位置づけたうえで，教師に対して，「民主主義社会の基底に存する原理」についての十分な理解と「真実を求める熱意」を求めている。また，「今度新しく設けられた社会科の任務は，青少年に社会生活を理解させ，その進展に力を致す態度や能力を養成することである」と，新教科としての社会科のねらいを説明している。日本国憲法のめざす平和で民主的な社会を築き，それを支える主権者を育てるための教科として，社会科は誕生したのである。江口が，農村社会における封建性の打破を問題意識としていたことは，このこととつながっている。

　こうした社会科の使命からして，初期社会科の学習で重視されたのは，経験主義に基づいた問題解決学習であり，主体的な学習であった。戦前の修身・公民・地理・歴史・実業等の科目が，ともすれば諸知識を青少年に教え込むばかりで，それらの各種知識が一つに統一されて，実際生活に働くことがなかったとの反省に立ち，学問の系統による知識の注入主義は排除された。社会科の学習は「青少年の生活における具体的な問題を中心とし，その解決に向かっての諸種の自発的な活動を通じて行われなければならない」とされたのである[11]。すなわち社会生活を理解させる意義が，社会の進展に力を致す態度や能力の育成にあるとし，そのために，能動的な学習活動のなかで，反省的に思考しながら主体的に知識を習得していくということが社会科授業の基本とされたのである。「こうちせいり」の実践でいえば，調べ学習，話し合い学習，詩や作文にまとめながらのふり返りといった活動がそれにあたる。

　社会科発足の際，文部省内にあって学習指導要領の作成に携わっていた上田薫は，子どもの具体的な環境における子どもの自発的な活動を重視する立場から，社会科で行われる問題解決を立体的にするように提言し，そのための方策として，①関係をたどっていくこと，②比較と推論とによること，③具体的な問題解決の体験に基づいて生きた眼を培うこと，の3点をあげた[12]。このうちの③について上田は，「子どもが具体的な問題に直面し，これを動的に解決して行くこと自体が，すなわち，なまの現実のなかにとびこみ，そこに自主的な一つのまとまりを求めて行く体験が，未知なるもの，一般的なるものに対処してよくそれを動かすことのできる能力と態度とを形成していくのであろう」[13]と，その意義を強調し，問題解決学習で得たものが実際生活において

生きて働くことの可能性を示唆した。

　つまり，初期社会科では，具体的な問題の解決に向かって営まれる児童生徒の活動において習得できる社会的経験こそが真の知識であり，その追究を通してこそ社会科でねらう社会的態度・能力が育成できるとしたのである。児童生徒の社会的経験を豊かにし，身近な社会問題，切実な生活問題の追究と解決に向けて尽力できる能力と態度を培うこと，すなわちよりよき社会づくりに貢献できる市民の育成を社会科はねらったのである。農村社会に残る封建性に目を向け，よりよい生活，よりよい社会のために，家庭や地域の人々を動かしていくという「こうちせいり」の実践は，社会改造科としての初期社会科のこうしたねらいとつながっている。

　社会科が誕生してから，日本各地において，カリキュラムの作成や地域の生活問題を取り上げた実践がなされた。1947年版と1951年版の学習指導要領が文部省の「試案」にすぎなかったこともあり，各地域，各学校，各教師によりさまざまなカリキュラムの作成や創意・工夫にあふれた社会科実践がなされた。江口武正の「こうちせいり」の実践は1954年になされたのであるが，先に述べたその源流である「収穫」や「越後米」の実践にまで遡れば，まさに初期社会科のすべての時期を網羅している。

　初期社会科には，児童生徒の自発的活動を通して，生活のなかから生じた切実な問題の解決を指向する統合的な学習を行い，よりよい社会づくりに寄与できる能力や態度を育成するという使命が課せられていた。非能率，重労働，機械化の妨げの元凶としての「田んぼが散らばっていて困る」という問題の主体的な追究を通して封建性に着目させ，その打破に向けて父母や村人を巻き込んでいったという「こうちせいり」の実践は，まさにこうした初期社会科の典型例として捉えられる。そしてまた，初期社会科，「こうちせいり」の実践における究極のねらい，「よりよい社会づくりに寄与できる能力や態度の育成」は，公民的資質の育成という今日の社会科のねらいともつながっている。

　以下，「こうちせいり」の実践の分析をもとに，そこから何が学べるかについて論究していくことにする。

2 単元「こうちせいり」の分析的検討

(1) 公民的資質育成と「こうちせいり」の実践

　社会科の授業は，社会認識の育成と公民的資質の育成という二つの大きなねらいにしたがって組織される。社会認識の育成とは，社会生活のなかで見えなかった事物・事象を見えるようにしてやること，さらには，見ていると思っていた事物・事象の裏にある意味を探究させ，今までとは違った見方を獲得させることと捉えられる。公民的資質の育成とは，公民（国民・市民）たるに必要な知識・理解を踏まえて，社会生活のなかで正しく判断したり行動したりできるようにすることと定義される[14]。

　これら両者の間のつながりは本来的には不可分の関係にあり，社会科の授業では社会生活の理解（社会認識）を通して公民的資質を育成するということが意識されねばならない。しかしながら，わが国の社会科教育においては，この前段に位置づけられる社会認識の育成をはかるという点については多くの論争がなされてきたものの，究極のねらいであるはずの公民的資質の育成，換言すれば公民としての実践力・行動力の育成をはかるという点については，あまり追究されてはこなかった。それは，こうした実践力・行動力の前提に位置づく判断力，換言すれば具体的な問題追究の結果とされる解決策そのものに対しては，常に，一面的ではないか，無理ではないかとの危惧の念がつきまとってきたからである。

　たとえば，問題解決学習の代表的な実践例として評価されている永田時雄の「西陣織」[15]の実践に対しても，「いわゆる解決策なるものがかなり一面的であることも否定できない。企業の合理化という解決策や，政治姿勢をただすというような解決方法は，じつは解決策でもなんでもない」[16]とか，「大人（教師もふくめて）でさえ，なかなか解決できない問題を，子どもに解決させようとすることが，どだい無理というもの」[17]といった批判がなされたのである。

　つまり，問題追究を通して解決策を提示すると，「それがやれない現実そのもの，その現実を変える力の認識」[18]の分析へとまた立ち戻ってしまい，評価の観点が社会認識の内実を検討するものへと向かい，判断させることの大切さ，実践・行動する能力・意識を育成することの大切さを追究することが途中

で止まってしまうという傾向が見られるのである。

　実践力・行動力を育成するためには，社会認識の検討は前提として不可欠であるとの論は，両者の密接不可分の関係からして確かに正当ではある。だがそれゆえに実践力・行動力を育成する授業への取り組みがなおざりにされてはならない。社会認識の育成と公民的資質の育成が同時に達成されてはじめて，社会科の授業は成り立つからである。

　江口武正の「こうちせいり」は，社会科の究極のねらいである公民的資質の育成，換言すれば公民としての実践力・行動力の育成を実現した優れた実践である。次に，その学習の内実と，社会科本来のねらいを達成できた要因について分析的に考察してみよう。

(2)「こうちせいり」の学習過程

　単行本『村の五年生』の「まえがきにかえて」において江口は，この学習における願いとして，「『こうちせいり』という，村の現実の問題を直視させることによって，正しい思考力を身につけさせ，自分の力，みんなの力で，家庭や村の現実をおしあげながら，夢の実現について力強く努力していける子どもを作る」ことをあげている。つまり，「こうちせいり」ができないでいるという現実社会に内在している矛盾を教材とし，できないでいる理由の追究と理解（問題解決学習による社会認識の育成）を踏まえて，どうすれば解決するのかの判断とその結果としての家庭や村への働きかけ（公民的資質の育成）を実現させようとしているのである。

　「こうちせいり」の実践は大きく，以下の①〜⑨の学習内容・過程で組織されているが，そこには地域の現実問題に対する理解と認識だけではなく，地域を改良していこうとする意識と行動力の育成がみごとに達成されている。

① 田んぼのひろがり　「田んぼのこと，お米のことで困っていることは何か」という課題を出す。話し合いや実測調査を通して，12カ所に散らばっているサチ子の家の田をはじめ，多くの子どもたちの家の田んぼがあまりにも分散し，距離が遠すぎるということが明らかになる。そして，散らばっている理由としての歴史的視点，すなわち小作制度について考え合う。

② 恵子の家の田　田んぼがかたまっている恵子の家の田に着目し，そのわけを

恵子に調べてもらう。恵子の家では，先人が田んぼをかためる努力をしたこと，田んぼがかたまっているとよい点，分散していると困る点，1924（大正13）年にアメリカから自動耕運機を購入して能率化をはかっていたこと，などが明らかになる。そしてそのうえで，村の生活をよいものにするためには，散らばった田を交換分合し，さらに耕地整理へと進めなければならないということを確認する。

③**村の耕地整理** 村で行われている耕地整理が停滞しているわけについて，子どもたちが勝手な意見を出し合った後で，耕地整理に対する村人の考えを調べ，賛成するわけ，反対するわけを明らかにする。次に，土地改良の仕事に当たっている役場の佐藤さんから話を聞き，耕地整理の大切さ，その効果などについて確かめ合う。そしてさらに，佐藤さんの話から，30年前の大正13年にも耕地整理が計画され，測量までなされたが，実現しなかったということを知る。

④**30年前の耕地整理** 30年前に計画された耕地整理が実現しなかったわけを，役場に聞きにいく。その結果，村人の封建的な考えや地主の反対にあってできなかったということを知る。次に，話し合いによって，地主，水の権利を握っていた水上部落，家で財布を握っていた年寄りが反対したので，賛成と思っていても，そう言えなかったということがわかる。そしてそのことが，根づよい封建性であり，子どもの言葉で言えば「古い考え，おくれた考え」であると捉えていく。

⑤**古い考え，おくれた考え** どんなものが「古い考え，おくれた考え」かを確認したうえで，それが自分の家にどのように残っているかを調べ（詩に書き），発表し，話し合う。そして，迷信しらべをした後で，「古い考え，おくれた考え」について家の人と話し合ったり，直してもらうように働きかけたりし，その様子を作文にしてまとめる。

⑥**さかいわ村の耕地整理** 30年ほど前に耕地整理を実現した新潟県坂井輪村の話，さらには東京都西多摩郡の村と岡山県興除村の話を取り上げて，その様子について話し合い，「私たちはこれらの話から，何を学びとることが出来るか」をまとめる。

⑦**農民のあゆみ** 「農業のはじまり」「日本農業物語」「昔の農業」「義農作兵衛」

「農業の発達」という5本の幻灯を見て，「『耕地の分散』はどのような歴史の中で生まれて，どう今日まで生きながらえて来たか」，「今日の農業でさえ苦しい農業であるといわれているが，私たち農民の祖先は，どのような苦しい，きびしい歴史と生活の中を歩みつづけてきたか」をつかませる。
⑧ 学習のまとめ　学習をふり返り，まとめとしての社会科の文集「こうちせいり」をつくる。
⑨ この学習によせる父母や村人の意見　父母に「こうちせいり」の学習についての感想や意見を書いてくれるように依頼し，学級PTA機関誌「わかくさ」にそれらを掲載する。児童数44名のうち31名の父母が意見を寄せる。

(3) 社会認識の育成と深まり

　この実践を通して社会認識はどのように育成されたのであろうか。前述した社会認識の定義をもとに，前記の①～⑨の学習内容・過程，実践プロセスに沿って考察していく。
　社会認識育成の第1段階は，社会生活のなかで見えなかった事物・事象を見えるようにしてやることにある。①のプロセスにおいて，子どもたちは父や母の田んぼでの仕事の苦労，自分たちの手伝いの苦しさについての話し合いによって，田んぼのちらばりが問題なのだと気づく。そして②では，田んぼが3カ所にかたまっている恵子の家の話をもとにして，その利点を確認し，話し合いを通して，「田んぼをかためなければならない，こうしなければ機械も入れることは出来ないし，また，耕地整理をすることも出来ない」との結論に達する。ここにおいて，今まで何気なく見過ごしていた事実・問題点を認識し，見つめるようになりはじめるのである。
　社会認識育成の第2段階は，見ていると思った事物・事象の裏にある意味を探究させることにある。田んぼをかためねばならないとの結論に達した子どもたちではあるが，利点を考えれば誰でもが賛成すると思われた耕地整理が，実は村民の非協力と抵抗にあって中断していること，しかも同様のことが30年前にもあったということを，③において知る。ここから子どもたちは一転して耕地整理に反対する原因の追究へと移る。そしてその結果，④において，耕地整理を阻んできた現象的な原因の裏に，「心の中では賛成の人があっても，口

で賛成できなかった」という村の封建性（古い考え・おくれた考え）の存在があることに気づく。江口は④のプロセスの最終場面において，次のように自問自答している。

「この学習の場合も，あまりに賛成，不賛成という現象的な面にひっかかりすぎたようにも思われる。……だがもっと大事なことは，このような考えを生じさせる生活の根拠，このような考え方を肯定し，温存させている生活の根拠にこそ，子どもの目を向けさせ，そいつをはっきりと子どもにつかませ，これを毎日の生活の中から，なくしていくようにしむけるべきではないだろうか（傍点は引用者）」[19]と。現象面の裏に潜む真の意味を追究させることの意義を江口自身も意識しているのである。

社会認識育成の第3段階は，今までとは違った見方を獲得させることにある。⑤において子どもたちは，耕地整理を阻んできた古い考えやおくれた考えが村や家庭にどのように残っているかを調べはじめる。食事・風呂・よめさん・子どもに関して，またさらには迷信にもそうした考えが見られることを見つけ出す。たとえば，食事ではいつも母親が一番貧弱なおかずを食べていること，風呂に入る順番は男の人が先で，母親はいつも最後の汚れた湯に入っていること。子どもたちは，こうした今まで意識していなかったり，当たり前だと考えていたことに対して疑問をもち，その疑問を詩（作文）で表す。そしてさらに，「それはおかしい」と思った気持ちや考えを日常生活のなかで表出させ，行動に移すようになる。江口は，「私たちの食生活」という学習をしてからの子どもたちの考え方の変容ぶりの事例として，次のことをあげている。

「恵子の母の話によると，『お母さんのが小さいねかね。今日はお母さんが一番働いたんだから，栄養とらんからいけん』といって，大きめな魚をやっておいたのを，私の方へよこしたり，また，『みんなで同じくわけようさ』といったりして，ずいぶん考えさせられることもあるし，またうれしくなることもある，とのことだった」[20]。

この段階において子どもたちは，従前の見方とは異なる，新たな見方を獲得し，自らの判断に基づいて，それを行動として示したのである。ここにおいて，社会認識と公民的資質が一つのつながりをもって，密接不可分に結びつけられ始めたといえる。

(4) 実践的態度の育成

　新たな見方を獲得し，それを行動で示した子どもたちは，⑥⑦のプロセスにおいて，再び耕地整理そのものの追究へと戻る。⑥では，耕地整理のうまくいった他の村の事例をもとに，収量の増大，労働時間の短縮，機械化の進展といった耕地整理による効果・利点を確認し，⑦では，①のプロセスで話し合ったままにしてあった小作制度と耕地の分散とのかかわりの学習を発展させ，耕地の分散の歴史的背景について追究する。そして⑦の最後の話し合いにおいて，次のようなまとめをするのである。やや長くなるが，思考のプロセスがわかるのみでなく，社会認識がいかに公民的資質へと結びついているかが端的にあらわれているので，そのまま引用する（a～fの記号は引用者）[21]。

　a．けれども，市野江部落のように部落に進んだ考えの人が多くいたり，またあまり中江用水に関係のない部落では，田んぼをかためることができた。

　b．いま「村で耕地整理をしよう」という考えが出てきて，やりはじめようとしているが，耕地整理をすれば，どんなによくなるかということや，耕地整理のほんとうの良いところがわからなかったり，また，江戸時代からの古い考え，おくれた考えがつよく残っていて，これをじゃましている。

　c．だけど，このあたりではやくやらないと，進んだ村々に，どんどんとり残されておくれてしまい，いつまでも苦しい農業のやり方や，苦しい生活をつづけなければならない。

　d．私たちは少しずつでもよいから，この耕地整理のじゃまをしている古い考え，おくれた考えをまず自分の家からでもなくしていくように，いまがんばっている以上に，がんばらなければならない。

　e．耕地整理に反対している家では，こんきよくお父さん，お母さんにお願いして賛成してもらうようにがんばろう。

　f．少しくらいの苦しみもまけずほんとうに，みんなで手を取り合ってつとめよう。

　aとbは事実の確認と追究を経ての社会認識の育成，cはそれらを踏まえての判断力の育成，dとeとfはそうした判断力を実践力・行動力にまで高めた成果として捉えられる。

　前述したように，初期社会科における問題解決学習においては，その学習で

得たものが、実際生活において生きて働かねばならないとされていた。前記⑦の最後の話し合いにみられる子どもの姿は、まさにこのことを実証している。実践力・行動力の育成という社会科の究極のねらいがいかに達成されたかという点については、⑧のまとめの文集と⑨の「こうちせいり」の実践に対する父母や村人の意見を引用すればより明確になるが、繰り返し述べてきたことなので、ここでは省略する。ただ、「こうちせいり」実践の後日談として、村では耕地整理の仕事が再び始められたことには注目したい。

村での生活現実を見つめ、そのなかから村に根づいていた封建性（古い考え・おくれた考え）を見つけ出し、改良の方策を考え、そしてついには父母や村人をゆり動かしていくという学習のなかで江口が求めたもの、それはまさに、社会認識と実践的態度が一体となった社会科そのものであったと評価できる。

3 「こうちせいり」の実践の優れた点

「こうちせいり」の実践において社会認識と実践的態度が結合しえたのは、いかなる理由に起因するのであろうか。その要因とのかかわりで以下、「こうちせいり」の実践の優れた点をあげてみることにする。

(1) 地域社会に内在する問題や矛盾の掘り起こし

第1は、子どもが現実に生活を営んでいる地域社会に視座をおいて「こうちせいり」の実践がなされたという点である。

社会科の成立期において、社会科の授業の多くが、地域社会と深く結びついて展開されてきたのは周知の通りである。それは単に埼玉県川口市の「川口プラン」に代表される地域教育計画運動や、新潟第一師範男子部附属小学校の「新潟プラン」をはじめとするコア・カリキュラム運動の高まりに影響されたからだけではない。具体的な問題と直面し、それと動的に対決し、解決を指向しながら、よりよい生活者たらんことを追究していくという初期社会科の問題解決学習のあり方からすれば、地域社会こそが学習の場として最適であったからである。

地域社会には、社会の諸機能が内在しているだけではなく、現実的かつ具体

的な問題状況を見つめ，追究しつづけることを可能とする生活そのものが存在している。戸野目小学校の学区域内には，農村社会に内在するさまざまな問題や矛盾がみられた。田んぼのちらばりやそれに伴う苦労や不便さ，さらにはそうした現実をそのままにしている村人の封建性といったものが，地域社会における子どもの生活を支配していたのである(22)。

現実社会を改善・変革していこうとする実践的態度を培うためには，現実生活に内在している問題や矛盾に目を開かせることが不可欠である。子どもが生活している地域社会の現実を学習の主軸にすえた「こうちせいり」の実践の優れた点の第1は，ここにある。

(2) 親も子も一緒に考える

第2は，こうした地域社会に内在する問題や矛盾を掘り起こしたり追究したりするにあたって，「こうちせいり」の実践では，親や地域の人々を巻き込んでいるという点である。

「こうちせいり」の実践を行うにあたって江口は，「学習を通して培われた子どもたちの民主的な進んだ考え方が，封建的な家庭の中で板ばさみとなり停止してしまう」という今までの学習の反省に立って，「家庭や地域の民主化を進めるため親も子もいっしょに考えていける方法を考える」ということをあげている(23)。そして，こうしたことを本気になって考え実践しないと，「社会改造科としての社会科を正しくおしすすめなければならない」ということが，単なるかけ声に終わってしまうと指摘している(24)。

「学校は学校，家庭は家庭」というように考えていては「教育は学校から一歩も外に出ない」との問題意識から江口は，地域社会を改造していくための方策として，子どもだけではなく，父母や村人がともに考えていける学習を設定しているのである(25)。父母や村人からの聞き取りといった調査活動や，子ども一人ひとりがもった問題や悩み，さらには意見といったものを詩や作文にあらわすことを通して，学校での子どもの学習は地域社会の人々と結びつけられていった。父母や村人は調査活動や子どもの詩や作文を目にすることによって否応なく，自分たちの日常生活に内在する問題や矛盾を自覚せざるを得なくなった。子どもから多くの点を学ぶことによって，よりよい地域社会づくりと

いう方向へと大人もゆり動かされていったのである。

(3) 解決策の根底にある封建性の追究

　第3は、「こうちせいり」という問題の解決策そのものについての結論を早急かつ短絡的に求めるのではなく、解決策の根底にある封建性の追究に主眼をおいて実践がなされたという点である。

　「こうちせいり」の実践では、家庭や地域に内在している「ふるい考え、おくれた考え」について調べさせ、その改善策について考えさせることに多くの時間をかけている。この点について江口は、「実は耕地整理の実現や農村の民主化をはばんでいるものこそ、家庭や地域にいまだに根づよく残り、農民の生活を規定し支配しているこの"古い考え、おくれた考え、そしてそれにもとづく秩序"なのではないか、だからこれをつきくずしていくことが、耕地整理や、新しい村づくりの仕事を推し進める大切な要素なんだ、と思ったからです」[26]と述べている。

　「こうちせいり」の学習の本筋、すなわち耕地整理の実現という解決策の追究からはずれたように見える封建性についての学習こそが実は、父母や村人をゆり動かし、ついには耕地整理が再開される原動力となったのである。

　耕地整理の利点を声高に訴えてもそれは実現しない。よいとわかっているのにそれができないでいるという現実そのものがまさに問題だからである。直截的に「こうちせいり」に対する解決策を出すのではなく、できないでいるという現実の根底にある封建性に眼を向けさせ、家庭での生活における封建性を取り上げながら、父母との対話を通して大人の心をゆり動かしていったという学習展開は、問題解決学習に対して向けられる一面的ないしは短絡的との批判をのりこえるための優れた方策である。この点からして、「こうちせいり」の実践は、前述した永田時雄の「西陣織」実践と比べても、より優位性があると評価できる。

(4) 子どもへの信頼感

　そして第4は、この実践の根底に、子どもでも地域社会を変えていけるのだという信頼感が脈打っているという点である。自分自身の頭で物事を考え、考

えたこと (主張) を堂々と大人にもぶつけていくという子どもの姿に,「一人ひとりの個というものを自立したものとして扱っていく」という教育の原点が見いだせる。

4 『村の五年生』から受け継ぐべきこと

(1) 今日的状況と四つの視点

誕生期の社会科, 初期社会科は, 基本的な人権の確立, 知と行との結合, 生活のなかでの切実な問題を中心とした学習展開などを, その基本的性格としていた。そしてこれらの基本的性格を追究できる場や対象として, 何よりも「地域」すなわち地域社会が重視され, 地域社会に内在する問題・矛盾を鋭く見つめ, よりよき社会に改造していける主体的な生活者としての子ども像をえがいていた。

『村の五年生』は, こうした初期社会科の端的な例であり, 前述した第1の「地域社会に内在する問題や矛盾の掘り起こし」, 第2の「親も子も一緒に考える」, 第3の「解決策の根底にある封建性の追究」, 第4の「子どもへの信頼感」という四つの視点から, 高く評価できる実践である。

こうした四つの視点は, 今日の社会科学習でも見のがしてはいけないことだと考える。社会改造科としての社会科の精神は, 学習指導要領の幾多の変遷を経ても今なお不変であるからである。ただ, 今日の学校や社会には, こうした実践が行われにくい以下のような状況も存在する。

一つは, 子どもを取り巻く切実な問題が見えにくくなっているということである。初期社会科が実践された当時, 封建性や貧困といった問題は, 子どもたちの実生活 (地域社会での生活) において実感できる切実な問題・矛盾であり, そしてまた, 日本社会全体の問題・矛盾でもあった。

たとえば江口は, 1956 (昭和31) 年1月発行の論考において, 「特に私達農村の子どもは問題の中にうずもれている場合が多いのです。だから, 教室の中でいねむりをし, 体操の時, 腰が痛くてまがらない程の過重労働の生活の中にあっても, 『なぜ, どうしてそんなになるまで私達ははたらかなければならないのだろうか』とか, 『どうすればいいのだろうか』という疑問や, 問題意識

が出てこないのです」[(27)]と述べ，子どもにとって切実に感じられる問題の存在を示唆している。

　しかしながら，「こうちせいり」の実践からおよそ50年を経て，物質的に豊かになった今日においては，地域社会に内在する問題・矛盾を鋭く見つめ，よりよき地域社会に改造していくという子ども像をえがくことは難しくなってきている。子どもが生活している地域社会には，今日もなおさまざまな問題や矛盾が存在している。だが，地方自治ないしは地域社会の主体性といったことが確立するどころか崩壊しつつあるという現状のなかで，地域社会の生活者としての切実な問題がみえにくくなっているのも事実なのである。

　二つは，「学歴社会」「受験競争」のしわ寄せが親をも巻き込み，「受験知」信仰に走らせている風潮が，今の日本を蔓延しているということである。「日常知（生活知）」を「学校知」として親に認めさせ，理解してもらうことは，日本の受験体制の大胆な改革がないかぎり，きわめて困難である。

　そして三つは，農村社会科の実践として『村の五年生』をみた場合には，今日の地域社会における農業問題は，国の農業政策や世界経済・食糧問題とのかかわりなど，地域社会の人々の努力だけでは解決しようもない大きな問題をかかえてしまっているということである。

　こうした現状を踏まえたうえで，では，『村の五年生』から何を受け継ぎ，何を新しく付け加えるべきなのか。

(2) 受け継げるもの

　受け継ぐべきこと，そして受け継げるものとして，先にあげた四つの視点のうち，特に第2と第4の視点があげられる。

　第2の視点は，子どもと大人の連帯ということにいきつくが，地域と学校，家庭と教室の連携は，学校教育の普遍的使命だからである。第4の視点は，教育の原点であるというだけでなく，多くの教師が実践していると信じてやまないことだからである。もしこの視点に基づいた学習が実効をあげていないとしたら，それは，「学習したことが子どもたちの生活やまわりの社会とどのようなかかわりを持つのか」を問いかけない，あるいは自覚していない教師の姿勢や，そうした問いかけを追究する「学習の場」を設定せずにすましている学習

方法に問題があるのだと考える。

(3) 新しく付け加えること

　新しく付け加えることとしては，地域社会の問題から日本へ，日本の問題から世界へといった遠心的な社会認識観だけではなく，逆に，世界・地球的規模の問題から日本へ，日本の問題から地域社会へといった求心的な社会認識観の育成をもはかるべく，教材や学習展開を考えることをあげたいと考える。地域社会に内在する問題を追究するという点，すなわち先にあげた第1の視点で両者は同じなのだが，学習の広がり方やしぼりこみ方が違ってくるということである。

　初期社会科で取り上げられた問題・矛盾は，子どもにとって切実な生活問題であり，それは子どもが生活している地域社会，さらには日本社会の問題でもあった。換言すれば，初期社会科では，地域社会の問題から日本へ，日本の問題から世界へといった遠心的な社会認識観が採用されていた。

　だが，地域社会に内在する問題がみえにくくなった今日，マスメディアの発達によって遠くの世界からの情報が満ち溢れている時代にあっては，世界の問題は地域の問題以上に身近になってきている。ましてや今日の世界の情勢は，日本が自国中心の考え方で行動することを容認していない。自国の利益のみを考えてなりふり構わず働き，経済成長を遂げたが，地球的規模での環境破壊の問題をはじめ，多くの問題を生じさせている。さらに地域社会の問題といっても，たとえば「こうちせいり」の実践で見られた農業問題一つを取ってみても，国の農業政策や世界とのかかわりなくして解決できなくなってきている。

　とすれば，これからの社会科授業においては，世界・地球的規模の問題から日本へ，日本の問題から地域社会へという求心的な社会認識観の確立が不可避である。学習内容を「問題」という視点で構成するという点を初期社会科から学びつつ，問題追究の方向性を，「世界・地球的規模で考え，地域社会で深め，実践する」ということにおいていくことが大切となってくる。そしてまた，こうした遠回りにみえる接近の仕方が，実は「学校知」と「生活知」を近づけ，合致させる方向へと導くとも考える。

注

(1) 江口武正『村の五年生―農村社会科の実践―』新評論社，1956年。
(2) 上田薫編集代表『社会科教育史資料4』東京法令，1977年。
(3) 日比裕「村の封建的な生活意識の変革を求める昭和二十年代農村社会科の典型1」『社会科教育』1976年11月号，明治図書，112頁。
(4) 江口武正「教師は戦後の農村をどう分析するか」『カリキュラム』1959年3月号，誠文堂新光社，83-84頁。
(5) 江口武正「村の五年生―農村社会のあゆみととその検討―」『社会科指導』1959年8月号，小学館，94-102頁。
(6) 同上，95-96頁。
(7) 同上，96-98頁。
(8) 江口武正「越後米の展開と指導の実際」『教育』No.35，国土社，1954年，63-79頁。
(9) 前掲(5)，97-98頁。
(10) 前掲(5)の98頁において江口は，雑誌『教育』の教師の実践記録特集号に取り上げられた勝田の批判を紹介している。
(11) 文部省『学習指導要領社会科編Ⅰ(試案)』1947年，第1章第1節「社会科とは」および第1章第4節「社会科の学習指導法」より。
(12) 上田薫「社会科の構成」『教育科学』第4号，同学社，1947年(上田薫『上田薫社会科教育著作集1』明治図書，1978年，114頁所収)。
(13) 同上。
(14) 文部省『小学校指導書社会科編』1969年。2頁に記載されている公民的資質についての，「具体的な地域社会や国家の一員としてみずからに課せられた各種の義務や社会的責任があることなどを知り，これらの理解に基づいて正しい判断や行動のできる能力や意識をさす」との見解は，今日に至るまで変わっていない。
(15) 1953(昭和28)年10月より本格的に実践がなされ，日本生活教育連盟の機関誌『カリキュラム』1954年2月号に「単元『西陣織』〈中小企業(5年)の研究〉」として所収された。
(16) 川合章『社会科教育の理論』青木書店，1979年，160頁。
(17) 桑原正雄「問題解決学習と系統学習」『教育』1954年4月号，国土社。
(18) 前掲(16)，166頁。
(19) 前掲(1)，112頁。
(20) 同上，135頁。
(21) 同上，217頁。
(22) 新潟県上越教師の会『子らと地域を見つめて―サークル20年の歩み―』山田商会(自費出版)1977年，46頁において江口氏自身が述懐しているように，この実践では日生連の「日本社会の基本問題」が，地域の現実に取り組む学習の基本的な視点となっている。
(23) 同上。
(24) 前掲(1)，21頁。
(25) 同上，20頁。
(26) 同上，21頁。
(27) 江口武正「問題解決学習の問題点」『学校教育』1956年1月号，広島大学附属小学校学校教育研究会，46頁。

第5章　生産労働を軸とした社会科実践・
上越プランを中心に

木全　清博

1　1960年代「民教」社会科実践論

(1) 1950年代の二つの社会科論

　日本の社会科において，1955 (昭和30) 年は大きな分岐点であった。文部省は，社会科だけを改訂した1955年版学習指導要領を発行して，1947 (昭和22) 年版，1951 (昭和26) 年版の「初期社会科」からの転換を図った。子どもの問題関心や経験領域をもとに学習内容を構成する社会科から，地理，歴史，政治・経済・社会などの学問領域に基づく社会科に変えようとした。1955年 (昭和30) 版学習指導要領では愛国心育成を組み込む内容は明確ではなかったが，1958 (昭和33) 年版学習指導要領ではそうした意図をもって地理・歴史を重視する系統的知識を学習させる社会科への転換を図ったのであった。

　他方，1950年代は「民間教育研究団体」(「民教」と略す) が誕生した時期であり，全国的な教科別の「民教」や，地域の「民教」がたくさん創立された。「民教」は文部省の学習指導要領やこれに忠実な教育実践に対抗して，批判的な教育実践の展開を図った。社会科関連の「民教」では，1948 (昭和23) 年にコア・カリキュラム連盟 (コア連)，1949 (昭和24) 年に歴史教育者協議会 (歴教協) が創立されていた。1952 (昭和27) 年に教育科学研究会 (教科研) が再建され，1953 (昭和28) 年に郷土教育全国連絡協議会 (郷土教育全協) が設立され，同年にコア連は日本生活教育連盟 (日生連) と改称し，1957 (昭和32) 年には地理教育研究会が，1958 (昭和33) 年には社会科の初志をつらぬく会が設立されている。

　1950年代から1960年代の初頭にかけて，これら「民教」各サークルは教育二法，勤務評定，学力テストなどの反対闘争や，道徳特設，第1次「社会科解

体」への反対運動に共同して取り組んでいった。文部省は戦後直後の教育改革の政策を，サンフランシスコ講和条約を契機にして転換させようとした。これに対して「民教」は，文部省の教員政策と教育内容政策の両面での統制化に抵抗して，戦後改革の成果を発展させる方向をとったのであった[1]。

(2) 教育課程の自主編成と「生産労働」論の提起

1960年前後のこうした教育をめぐる情勢は，戦後の日本社会の大きな曲がり角と意識された。1960 (昭和35) 年安保闘争をめぐる政治的運動とも連動して，文部省は1958 (昭和33) 年版学習指導要領を法的拘束力あるものとして告示したが，これに対して「民教」社会科の諸団体は結束して反対し，各教科の教育内容の自主編成運動で対抗しようとした。

日本教職員組合 (日教組) は結成以来，教員組合運動として教師の労働条件の改善や向上とともに，教師の専門職として教育研究の深化，教育実践力の向上を掲げて，教育研究全国集会 (教研集会) を開催していた。当時の「民教」の各研究サークルは，教研集会で互いのサークルでの教育実践や教育研究を論議し合う場とした。「教育課程の自主編成」は，日教組の第六次から第八次の教研集会において，文部省の1958年版学習指導要領の基準性強化への抵抗運動として，各教科の教育内容の自主的編成を進める運動であった。

日教組『国民のための教育課程──自主編成の展望』(1960年1月) で，「総論」(大槻健執筆) は，「国民がそのもっとも人間らしい生き方をもとめている本質に立ちかえって，何とかそれを教育実践の上に具現化していこうとするところに，自主的編成の大切な視点がある」とした[2]。自主的編成を進めていくうえで，第1の視点として「教科の本質をみきわめ，各教科の体系にかなった指導の順序をみいだしていくこと」，第2の視点として「子どもの発達の可能性をほり起こしていくこと」が重要であり，これを可能にする職場の条件をつくり出す必要性を提案した (27-35頁)。

1959 (昭和34) 年1月の日教組第八次教研集会の社会科部会で，学習内容の配列が論議され，子どもの社会認識の形成にとってどのような内容の系統性・順次性が有効かが焦点となった。低学年からつみあげていく「本質的な社会科学的法則に接近していく認識」を探究すべきであるとの議論が行われ，農業,

工業，政治などの領域ごとの系統プランが提案された。現代社会の現実を捉えるためには，「何よりも歴史を動かす基本的な力として生産労働のおかれている現実を明確につかまえなければならない」，「人間労働の現実と本質という観点から，学習内容の系統を考えていく」ことが大切であるとして，社会科の内容編成の中軸に生産労働論をすえることが焦点とされるようになった（117-118頁）。

　1960年代の「民教」社会科の各サークルの教育実践は，教育内容の自主編成を積極的かつ大胆に試みていく。社会科学の成果を社会科の学習内容に取り込むという問題意識が，最も先鋭に自覚された時代であった。戦後社会科教育史において，社会科学と社会科との結合が強く意識されて，自覚的に結びつける試みがなされ，歴教協や日生連，教科研社会科部会などの「民教」社会科サークルが，互いに異なる教育実践を提起して，建設的な論争を行った時代でもあった。

　1960年代前半期に「生産労働」による内容の系統性・順次性が探究され，「民教」の各サークル間で熱い論争が行なわれた。日教組の第八次〜第十二次（1959〜1963年）の教研集会での各府県の生産労働プランと実践や[3]，日生連の香川県社会科教育研究会（香社研）青年グループ[4]，上越教師の会，東京社会科サークルの3サークルの生産労働構想，歴教協では北海道歴教協の生産労働プランと実践が報告された[5]。

2　上越教師の会の「生産労働」プランの成立過程

(1) 若い教師の会から上越教師の会へ

　上越教師の会は，若い教師の会から1957（昭和32）年4月に改称した。若い教師の会は，江口武正，梅澤勤，山賀昭治ら上越地域の青年教師たちが結集して1954（昭和29）年に結成したサークルであった。同会の中心であった江口は，1956（昭和31）年に『村の五年生』（新評論）を発表して，農村社会科実践の典型として全国的に大きな反響を呼んで注目された。

　若い教師の会はコア・カリキュラム連盟（コア連，のち日生連に改称）に参加し，『カリキュラム』に実践論文を投稿して全国の青年教師たちと交流しながら，上越地方の地域にねざした教育実践を地道に探究していた。この会は，青

年教師たちが自らの実践の悩みを出し合い，解決する方向を討論し合い，教師としての実践力をつけるサークルであった。「最初は作文教育・社会科・学級会等幅広く各教科のねらいや内容について例会で論じ合ってきたのであるが，やがて社会科に研究の中心がむけられるようになってきた」[6]。

1950年代から1960年代にかけて全国の地域「民教」サークルの多くが，上越教師の会と同じく，生活綴方や学級づくりの教育実践から，社会科はじめ教科指導の教育実践に力点を変えている。上越教師の会は，実践の舞台である農村地域を正面にすえて，社会科指導のあり方に取り組んだ。会では，農村の貧困さとそれにつながる農村の封建的な条件が農村近代化を遅らせていることを確認して，この地域社会の課題克服のために，社会科教育で農業学習を中心にすえていった。

(2) 生産のしくみと生産技術を結びつけた農業学習

日生連は，1960（昭和35）年1月より機関誌名を『カリキュラム』から『生活教育』に改めた。上越教師の会は，改名後の『生活教育』に積極的に研究成果を報告していく。

江口武正「生産技術と社会認識（社会科）との関連」は，『生活教育』第12巻第2号（1960年2月）に発表された実践論文である[7]。江口は，「生産のしくみと生産技術」に関する戦後教育実践を分析考察している（9-15頁）。

「農業生産のしくみ，あるいは村のしくみを縦糸とすれば，農業生産の方法（農業技術），生活の仕方は横糸のようなものであり，この両者について，子どもたちの目を開かせる実践がなければならない」との農村問題研究者松丸志摩三の言葉を引用して，この見解に賛同している。無着成恭の『山びこ学校』実践を，子どもの作文を引いて「社会のしくみ，生産のしくみいわゆる農業生産の縦糸」に迫り，社会認識を深めたものとして高い評価を与えつつも，生産技術に関する横糸において十分ではなかったと批判する。

他方で，東井義雄の『村を育てる学力』実践を，子どもとともに学校園での麦づくりのなかでの生産教育の試み，子どもに調べさせた農業技術の「ひとりしらべ」ノート学習を学ぶべきものとしながらも，「生産のしくみというたて糸に対する取組みの不充分さ」を指摘した。江口は東井の生産教育に強い共感

を示しつつ，結論として両者の実践を統一することを真剣に考えなければならないとした (11-12頁)。

続いて江口は，自らの農業学習実践を三期に分けて検討して，単元「収穫」(1948年度)，単元「越後米」(1951年度)，単元「こうちせいり」(1953年度) を縦糸，横糸の視点から分析した。そのうえで，「生産技術と社会認識の見事な結晶体」として戦前の生活綴方運動のなかの大関松五郎の詩「ぼくらの村」をあげて，これをモデルとして「生産的労働における，たて糸，横糸論，言葉をかえていえば，社会科と理科の関連を科学的，実証的に，研究していかねばならない」と結んでいる (13-14頁)。

(3) 低学年の農業学習実践

このような江口の問題意識をもとにして，上越教師の会は1960年6月，7月の定例研究会，8月の合宿研究会で，低学年の農業学習をテーマに集団研究を行った。この成果は『生活教育』第12巻第11号 (1960年11月) に，「低学年の農業学習」として新潟大学高田分校の中村辛一・宮川貞昌，江口・梅澤・山賀・大浦・下村ら会員12名の連名で発表された[8]。最初に会の問題意識を述べている。1958年版学習指導要領への批判を進めるなかで，「子供達の科学的な認識の順次性が，あまり考えられていない」こと，その克服のために「社会科学習の中核に『生産と労働』の問題をすえ，これを満足させるための内容と方法の統一を図る」こと，「『生産と労働』こそ，人間をして他の動物と区別するばかりでなく，人間生活，社会生活の成立と発展の基調であり，原動力であるという歴史的事実をこそ重視したい」としている (41-42頁)。

梅澤勤の2年生「田植学習」実践の指導例が提出されている。この授業は6時間扱いで5月から6月にかけての時期に，① もうじき田植 (2時間)，② 田植と近所の人 (2時間)，③ 田植と農機具 (2時間) の内容で展開した。梅澤は，反省点として「2年生の子どもの労働に対する認識がうすい。それ故労働に対するたしかな認識の育て方を考えていかねばならない」，「子どもたちは『どんな道具や機械を使っているか』に大変興味をもち，よく発言している」をあげ，自分が農村に住みながら「農村の実情を知らずに，子どもの発言に教えられることが多かった」と述べている (42-43頁)。

サークル全体で梅澤提案を受けて,「① 農村の実情の把握, ② 子どもの労働と認識のおさえ方, ③ 子どもたちの苦労と喜びの学習の進め方, ④ 歴史的な観方をどう育てるか, ⑤ 都市における農業学習の進め方の明確化, ⑥ 山村における農業学習の明確化」の研究を行っていった。農村の実情把握では,教師の社会科学的研究が必要であるとの問題意識から,この実践論文で地域の農村実態(土地所有の状態,農業技術・機械化など近代化,経済状態,農民意識,農村の新しい階層)についての共同研究を紹介している。

この実践論文では「子どもの労働と認識の深め方」が注目される。のちに上越プランとして定式化されるものが,すでにあげられている。2年生の子どもの労働の実態として,梅澤は田植のときの手伝いを作文に書かせて調べている。学級児童34名のうち,「こびるもち 17名,子守 8名,おぜん出し 6名,ごはんのあとかたづけ 4名,ちゃわん洗い 3名,火たき 3名」で,2名以下が「おつかい,家畜のえさやり,花の水くれ,はきそうじ,ごはんの手伝,おむつ洗い,風呂の水くみ,ふとんしき,ふとんあげ,なえはこび」の手伝いをしていた(45頁)。

現在からみると,低学年の子どもとはいえ,多様で多彩な家事労働の手伝いがみられる。親が田植労働の忙しさに追われているなかで,作文には「仕事を苦痛と感じているものは少ない」,むしろ母親から「田んぼへこびるをもっていってくんない」と言われて,雨のなかを喜んで元気よく持って行く子どもがいるのである。本格的な田植労働の手伝いは高学年の子どもの仕事であって,親は低学年の子どもには苛酷な労働を強要していない。しかし,会では労働認識の深め方に関して,「苛酷な労働から,なんとか機械化や仕事の共同化の方向へ目を向けさせる」ことに結論づけている。

「生産労働に対する子どもの認識の発展段階を考えるならば,次のような姿を志向することが確認された」として,次の仮説を提案した(45-46頁)。

1 生活は労働によって支えられている。
2 労働の現状は厳しい。
3 酷(ママ 厳)しいが条件によって変えられる。
4 それらの条件のなかで値打ちのある労働の仕方を求めて行かねばならぬ。
5 値打ちのある労働によってわれわれの生活を豊かにすることができる。

この認識の発展段階の仮説的提案は，やがて定式化されていき，固定的に捉えられるようになっていった。この段階の議論を検討してみると，梅澤実践の検討からはこの把握は出てこないし，「サークルの仲間の実践を通して明らかになった」とされているが，教育実践から導き出されているとはいえない。現実の日本社会における労働の厳しさや苦痛，苦労を強調した労働観を前提にして，子どもの労働への認識形成の段階が設定されていったと思われる。

　この実践論文には，子どもの労働の捉え方に会員の率直な意見が出ている所がある。山賀昭治は，「働く喜びや苦労というものは，自らの意欲で，それ相当の抵抗感を克服した上でもつ感覚というものである時，子どもの働く苦労や喜びもこれと同じ立場で主体的に生産に参加することで労働そのものに素朴な喜びを感じさせるということが正しいと思う」として，「苦労や喜び学習は，……主体的な生産への参加ということから，低学年としての素朴な喜びを培っていく」ことだとした (47頁)。苦労や喜びの労働観の議論を踏まえて，農業学習の歴史的な側面に力点をおく案がつくられ，2年生の「田植学習」(8時間) の展開案が作成された。

　展開案は，① もうじき田植だ (1時間)，② 田植の忙しいわけ (1時間)，③ 田植と近所の人 (3時間)，④ 今の田植と昔の田植 (3時間)，⑤ これからの田植 (1時間) となっている。この展開案中に，「労働することによって賃金をえることができる」や，「労働には家事労働と直接生産労働がある」との内容が入っているが，子どもの「素朴な喜びを感じる」労働認識の実態との関連は説明されていないままに，授業過程での認識形成を図ろうとしている。低学年から苛酷で苦労が多いとして労働実態をつかませたいとする問題意識は，この時期の「民教」各サークルの実践の共通した特徴であり，資本主義社会の労働の本質把握をめざすとされた。しかし，子どもの労働認識の形成論としては低学年では労働のすばらしさや喜びに重点をかけてもよかったのではないか。

3　上越教師の会の「生産労働」プランの内容

(1) 上越プラン「生産労働の科学的認識の順次性」の提案

　『生活教育』誌上では，第13巻第12号 (1961年11月) に「研究と実践　香社

研社会科構想をどう生かすか」が発表され，香社研の社会認識の系列提案に関して，日生連では本部の大久保春秀，日台利夫，山崎林平，海老原治善，梅根悟らのコメントを掲載した(9)。香社研は，この前年の1960年5月に『社会科の学力』(明治図書)を公刊して，生産労働プランを世に問うており，香社研提案を日生連で組織的に検討しようとした。

これに続いて，『生活教育』第14巻第1号(1962年1月)に，上越教師の会は「研究と実践　社会科の内容の順次性の検討」のなかで，「生産労働の科学的認識の順次性とその実践」の提案を行った(10)。ここでは1年半におよぶ低学年の農業学習の共同研究から，生産労働の科学的認識の順次性とその方法を理論的に明らかにできたとして，次のような「生産労働の科学的認識の発展段階」の5段階を示した。

1　生活は労働によって支えられている (事実認識)。
2　労働の現状は厳しい (問題認識)。
3　それは条件によって，変えることができる (条件認識)。
4　それらの条件は，みんなの努力で作り出さなければならない (法則的認識)。
5　ねうちのある労働によって，われわれの生産を高め，生活を豊かにすることができる (科学的認識)。

この5段階の仮説は，認識の発展段階であるばかりでなく，①生産・労働における科学的認識を発展させる筋道であるとともに，基本目標でもある，②低学年から，中学校までつらぬく社会科学習内容の原則である，③学習活動の方向性を示すものである，とした。

「生産労働」プランの説明の仕方をみると，上越教師の会は当初，生産労働の認識に関する「仮説」として暫定的に構想していたものが，この段階で「発展の筋道」となり，「内容配列の原則」や「方向性を示す」との説明に固定化されていった。これは，文部省の学習指導要領批判を強めたことや，「日生連全青教案，香川案，北海道奈井江サークル案の研究」を研究したことが影響しているのではないかと考えられる。科学的社会認識の形成のために生産労働認

識の順次性が，各サークルから相ついで発表され，上越教師の会も学習内容の系列化論議に加わらざるを得なくなった。その結果，実践をもとにした地道な仮説を深める議論よりも，発展系列として定式化を急いだのではないか。

生産労働の認識の発展段階は，次のように説明された。「低学年ほど1の事実認識の線が強く，2・3の問題・条件認識が少なくなり，4・5の法則的・科学的認識がない。中学年になると，2・3の問題・条件認識が多く，4の法則的認識まで高まり，高学年になると，1の事実認識がほとんどなくなり，2・3・4の問題・条件・法則的認識からさらに5の科学的認識の段階まで高まって行く，という結果が生まれて来ている。」(35-36頁)。

基本的認識の順次性に基づく実践において，「低学年」「中学年」「高学年」「中学校」の「生産労働の科学的認識」の表が掲げられており，低学年では「田植え」と「とりいれ」の実践，中学年では「高田平野の農業の特色」実践，高学年では「私たちの生活と日本農業」実践が，それぞれ紹介されている。

ここでは「中学年における生産労働の科学的認識」の表5.1とその実践をみておく(39頁)。

この表に基づき，中学年の「高田平野の農業の特色」(5時間)実践で，杉山文雄は基本認識の4，9に主力を注いで学習を進めていった。杉山実践は，「高田平野の農業生産は，農民のもつ封建意識が強いためか，自然決定論的な傾向が強く農業生産の近代化を遅らせているところが多い。しかし，子どもたちのもっている農業生産に対する認識は実に甘い」として，子どもに具体的な事実認識をさせるために，「高田平野の農家の人々は，みんな裕福な生活をしているだろうか」という問題を投げかけて，「現実の農家の姿をリアルに見つめさせた」。テレビのある無し，耕耘機のある無し，家畜のある無しの農家の家の違いは，どうしてかについて，耕地面積や農業の実態を調べさせた。

実態調べの結果，「耕地が少ないため，農業生産のみでは，生活が苦しい」ということを学級で話し合わせた。ある地区の子どもは，お母さんが朝早くから夜遅くまで働き，足が痛い，腰が痛いといっているという作文を書いた。「労働の現実はきびしいという農業生産に対する事実認識が生まれた」。続いて，耕耘機購入の意見とこれに対して高価だから買えないという意見(経済条件)がでたり，村の人は贅沢だといっている(封建的な社会)という考えのあることや，

表5.1 中学年の生産労働の科学的認識

認識の発展段階	基本的認識
1 生活は労働によって支えられている	1 企業家は，自分の企業で生産したものを売ってもうけている。 2 企業によって賃金が違い，その賃金は充分ではない 3 商店では，生産者と消費者の間にあって，もうけを得るためにいろいろ工夫している。
2 労働の現実はきびしい	4 生産技術は進んできたが，これを取り入れることのできる農家と取り入れられない農家がある。 5 自家労働は賃金化されないため生産の近代化をおくらせている 6 さかんになっていく企業と，おとろえていく企業がある。 7 物価は需要と供給の関係で決まる。そのために働いて損をする人もいる。
3 それは条件によってかえることができる	8 農家では生産をあげるために，経営の仕方を工夫している。 9 農業生産は自然条件に影響されるが，それよりも大きく社会的，経済的条件に影響される。 10 企業の大きさによって機械や設備は大きくちがっている。
4 それらの条件はみんなの努力で作り出さなければならない	
5 ねうちのある労働によってわれわれの生産を高め生活を豊かにすることができる	

共同購入すればよいという農業近代化への認識がうまれたことを，杉山は述べている。だが，一転してこの耕耘機の購入も湿田土壌のため，暗渠排水の必要のあることが話題となっていき，こうした自然条件を変えるためには，部落全体の協力と努力が必要であることを話し合わせている（40-41頁）。

すでに述べたように，上越プランでは何よりも農家のおかれた「労働現実はきびしい」という認識を強調している点は，大きな特色である。農村の貧困さと封建的な社会条件を認識させることは，子どもの生活実感から出てきているというよりも，教師側の農村変革の視点であった。大人の考えた社会変革の視点をただちに子どもの認識形成の中心にすえることは，社会科の学習原理として性急すぎたのではないか。

さて，日生連では，上越教師の会の生産労働プランに続いて，『生活教育』

第14巻第4号（1962年4月）に「社会科の内容構造と内容系列―東京サークル中間報告」で，東京社会科サークルの提案を検討している。香社研の岡野啓が東京プランにコメントを加え，また同号には第十一次教研集会の社会科分科会について上越教師の会の杉山，香社研の中野元義，石井擁大の参加記を掲載した。

さらに，翌号の第14巻第5号（1962年5月）では，香社研，上越，東京の日生連の地域3サークルの生産労働プランを比較した特集を組んだ。3団体の生産労働を中軸にした社会科内容構造，内容系列のプランを，「社会科と生産・労働―社会科三構想の検討」として特集したのである。このように他のサークルとの比較検討会を通じて，上越プランは生産労働だけで構築されるプランから，歴史，地理，政治，経済の内容の系列化のプランへと拡充されていった。

(2) 上越プランの完成──『生産労働を軸とする社会科の授業過程』(1965年)

日生連の3サークルの比較検討や，日教組の教研集会での検討を経て，上越教師の会の生産労働のプランと実践は，修正や訂正がなされていった。『生活教育』第16巻第8号（1964年7月）では「上越プランの具体像」が報告されている。江口武正・上越教師の会執筆の実践論文において，同会の1960年代の生産労働プランと実践がいちおうの完成形態をみる[11]。この成果がまとめられて，翌年1965（昭和40）年に『生産労働を軸とする社会科の授業過程』（以下では『授業過程』とする）として明治図書から刊行されていった[12]。

「上越プランの具体像」では1960年代前半期の会の生産労働実践の歩みを，次の4期に分けて整理している（66-67頁）。

第1期……視点を農業生産労働に向け，この視点から生産労働学習のあり方を求めた。
第2期……産業学習の視点から，生産労働学習のあり方を求めた。
第3期……社会諸科学の成果を取り入れた社会科の内容構造という視点から，生産労働学習のあり方を求めた。
第4期……生産労働を軸とする統一的な社会認識のあり方を求めた。

第1期は農業学習をベースにおいて生産労働実践が構想され，第2期に産業

学習まで拡張されて生産労働の認識発展段階論として定式化された。第3期から第4期にかけては社会認識の発展系列に力点がかけられ、「生産労働を軸とする社会科の内容構造」を精力的に探究した。この生産労働の科学的認識の発展段階は、「『生産労働を軸とする社会科』のねらいに到達するための認識の方法的すじ道である。方法だけではとうていねらいに到達することができず、ここに当然認識の内容的すじ道が考えられなければならない」と結論づけている。

次のような構造を表5.2のように図示して、「目標―主題―基本的視点―具体的視点」の関係を説明している。内容的すじ道に至るには、目標に到達させるうえで主題が大事であり、主題に迫るためには基本的視点、そのもとに具体的視点がなければならないとした。この3者はひとかたまりの節を形成して、「その節は非常に密度のあらい素朴なものから、密度の高い、高次なものへと発展しながら、目標へと迫っていく」としている。この説明は、具体的な実践をぬきに語られているので、正直に言ってわかりにくく、伝わりにくい。

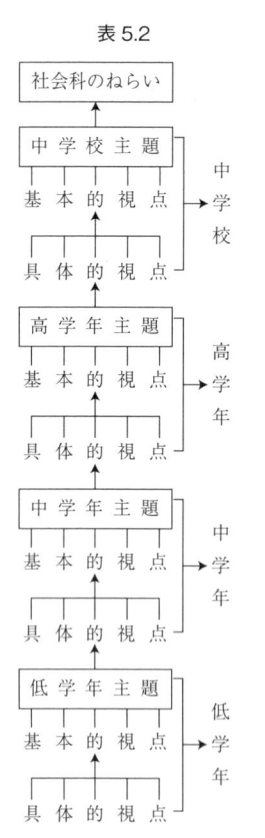

表5.2

とにかくこうした捉え方に基づいて、主題の系列が示されている。主題の系列で示されたのは、子どもの認識の発展段階、発展系列である（70-72頁）。

低学年……「生活は労働によって支えられている」
中学年……「自然の利用と改造によって生産が向上した」
高学年……「歴史の発展にともない、生産労働の価値が高まってきた」
中学校……「生産労働は正しい政治権力の行使によって、その価値が高められる」

すでにみた、生産労働の認識の5つの発展段階の説明と重なる子どもの認識把握の提案であった。低学年の子どもの認識は、事実認識の域を出ないからとされ、中学年では子どもをとりまく地域社会の生産活

第5章　生産労働を軸とした社会科実践・上越プランを中心に

動をつかませて，高学年では子どもの「平面的，現実的な認識を，より構造的，法則的なものにする」必要があるとした。そのため，生産労働の質的高まりと歴史を動かす原動力をつかませ，中学校では「社会発展の方向性を求める認識に高める」ため，政治権力の行使をもとめなければならないとした。高学年から中学校にかけての子どもの認識発展の捉え方および学習主題の設定には，かなり背伸びした提案のように思われるが，この時期の「民教」サークルに共通する捉え方でもあった。

こうした主題の設定をしたうえで，「主題に迫るための認識の基本的視点の系列」が整理されて，報告された。次の表5.3の

表5.3　主題に迫るための基本的視点の系列

地理	歴史	政治	経済	
自然と生活認識	新旧変化の認識	人間尊重の認識	生活と労働の認識	低学年
自然の利用と改造	変化と生活段階の認識	住民と公共機関の関係認識	生活と消費の認識	中学年
地域の特殊性とその成立条件の認識	歴史的発展の認識	民主政治の認識	企業資本市場の認識	高学年
地域の生産活動とその課題の認識	社会構造発展の認識	人権と政治権力の認識	資本主義経済と国民生活の認識	中学校

通りであるが，学習領域として「経済」「政治」「歴史」「地理」の4領域を横軸に，発達段階の「低学年」「中学年」「高学年」「中学校」を縦軸としている。

上越教師の会にとって，大望の『生産労働を軸とする社会科の授業過程』は，1965（昭和40）年3月に刊行にされていく。3部構成の著作は，第Ⅰ部と第Ⅲ部が生産労働論の理論編と理論仮説の意義について，第Ⅱ部では生産労働実践が小学校9本，中学校3本の計12本掲載されている。小学校1年「おうちの人のしごと」，小学校2年「田うえととり入れ」，「こうばの人たち」，小学校3年「のうかのくらし」，「高田市の道と交通」，「市役所のしごと」，小学校5年「日本の農業とわたしたちの生活」，「日本の工業」，小学校6年「わたしたちの生活と政治」，中学校1年「中国・四国地方」，中学校2年「日本の再建と新しい世界」，中学校3年「日本の農業問題」である。

(3) 小学2年「田うえととり入れ」の実践

『授業過程』所収の低学年農業学習の実践記録として，2年の「田うえととり入れ」がある（50-70頁）。サブタイトルに「町の子どもの農業学習」として

基本的ねらいは，①田うえととり入れの具体的な姿を見つめることにより，農業生産力の具体的な姿をとらえさせ，その生活は農業労働により支えられていることを認識させる，②農機具は，生産をあげ，より生活を豊かにするために作られて来たことを認識させる，であった。

単元「田うえととり入れ」の学習計画 (16時間) 　　　　　(53-54頁)
1　米のできるまで ……… 1時間　　5　とり入れ時の農家の仕事 ‥ 1時間
2　田うえの見学 ………… 4時間　　6　稲刈りの見学 ………… 3時間
3　稲作と畑作のちがい …… 2時間　　7　農機具のうつりかわり … 3時間
4　グループ観察の計画 …… 1時間　　8　農家の仕事とくらし …… 1時間

　最初は，学級の4人の農家の子どもに自分の家の春から秋までの仕事の様子を聞き取りさせることから始めた。4人の聞き取りノートのメモを発表させた。農家の1年を黒板に整理して，一番忙しい時期が田植時であることをつかませた。次に，田植の見学を通して，農業労働の実態にふれさせている。田植の順序を子どもに聞いた後，作業の手順を図示して説明すると，いろいろな質問が出た。「田を植える早さ」「どんなものを着ているか」「苗代のようす」「何人位でうえるか」「水はどれぐらい入っているか」「なえの長さはどれぐらいか」など (55頁)。

　こうした子どもからの質問を見学学習で解決していこうとした。中島たんぼに2年生全員で見学に行き，白沢さんから話を聞いた (図5.1, 2)。稲の苗をみやげにもらい帰るが，田植を見ての作文を家庭学習とした。子どもたちの作文から，次の点について実感を深めることができたことを確認した。

・田うえというしごとは本当に大へんであり，また自分の家を中心にしながらも，近所の人の助けをかりなければならない
・田うえにとって一ばん大切なのは水で，水がないと田うえはできない
・お百しょうさんはほんとうは大へんだ，なるほど，かんたんには田うえはできないんだ

　実践者は，田植の見学と作文を分析して，「大切な要素は結びついておらず，バラバラである」ので，見学後のまとめ学習では「バラバラな認識を関係的，構造的なものにしてやるのがねらい」とした。次のように授業を展開している (59頁)。

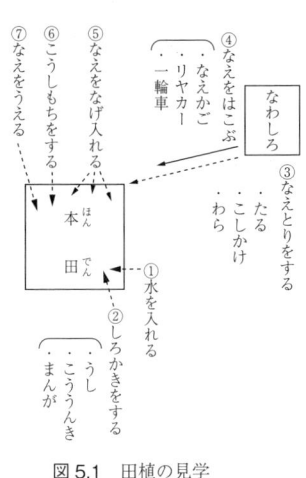

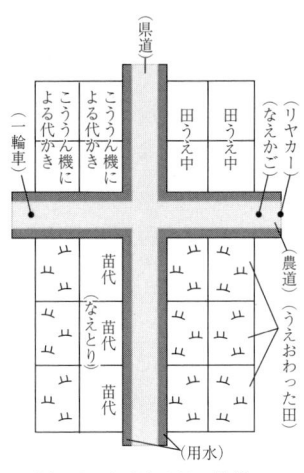

第5章　生産労働を軸とした社会科実践・上越プランを中心に　　93

図5.1　田植の見学　　　　図5.2　中島たんぼの見学

T「どうして稲のなえをもっと小さい頃うえないんだろうか？」
C「だってね，あんまり小さいと，よわいからだと思います。」
C「ぼくはね，水のためだと思います。だってさ，小さいいねだと，田んぼへうえても，水の中にもぐってしまうからだめじゃないですか？」
T「うん，いいところに気がついたね。昌彦君のいう通りで，稲の長さは，用水にかんけいあるんだよ。だがそれだけだろうか。」
（子どもたちは考えこむ。どうもわからないらしくみんなだまりこむ。）
T「しごとがしやすいか，どうか，ということとかんけいがないだろうか？」
C「先生わかった，あの長さは，丁度うえやすいんじゃないですか。」
C「そうだ，なわでなえをしばっていたけども，しばるにもちょうどいいかもしんねえな。」
T「そうそう，しごとのしやすさとも関係があるんだね。このつながりをしっかり考えておくんだよ。次に，田んぼの水と，田うえのかんけいを考えてみよう。」

続いて，稲作と畑作の違いを5班のグループ別に観察させて，絵に描いてきて説明させる学習を展開した。その後に，取り入れの学習に移っていった。前

出の4人の農家の子どもの聞き取りを発表させ，教師が「その多様性をまとめるとともに，とくに稲のかんそうは自然とかんけいが深く，天候にたよって来たが，最近かんそう器でどんどんかんそうさせる方法が考えられ，自然にしばられることが少なくなった」ことを話している．

さらに，3時間の稲刈り見学では田植のときと同じく，中島田んぼへ出かけており，その後で3時間の農機具の移り変わりの授業を展開している．農具の発達を学んでいくが，「道具や機械は生産をあげ，より生活を豊かにするために作られて来た」という認識を確かなものにしたとはいえないと，反省している．脱穀の進み具合では，教科書の挿絵を使って，「1 石の上でたたいておとした→2 竹や木のあいだへはさんでおとした→3 せんばを使ってこいた→4 手まわしだっこくきを使った→5 足ふみだっこくきを使った→6 どう力だっこくき」の変遷をつかませた．脱穀のやり方が進んだのは，「たくさんとりたかった，らくに仕事をしたい，早くおわるようにしたい」の3点であると子どもはまとめて，最後に移り変わりのようすを実践者は板書して終わった（表5.4）．

「田うえととり入れ」実践は，すでにみた「生産労働の科学的認識の順次生とその実践」『生活教育』(1962年1月)に江口武正の低学年「田うえ」と「とり入れ」実践の延長上になされたものである．江口実践では田植学習は見学学習を中核にして，見学の感想を出させ，話し合いにもっていき，「主な仕事，具体的なようす，法則的認識」を考えさせ，「作物を育てるには，なるほど多く

表5.4 脱穀の進み具合の板書図

(だっこくのすすみぐあい)	(それはいつごろか)	(人げんのかずは)	(米のとれぐあいは)	(田んぼのひろがりは)	(どうして考えたのか)
1. 石の上でたたいておとした	大むかし	○	○	○	こくものがなかった
2. 竹や木のあいだではさんでこいた	むかしむかし	○	○	○	もみがとばないように
3. せんばをつかってこいた	むかし	○	○	○	いちどにたくさんこきたい
4. 手まわしだっこくき	すこしむかし				もっとらくに，たくさんこきたい
5. 足ふみだっこくき	すこしむかし				
6. どうりょくだっこくき	いま	○	○	○	人の力をつかわないでできないものか

〈できあがった板書〉米づくりとだっこくのすすみぐあい

の苦心と労力とお金がかかるんだなあ」という認識を子どもに定着させようとした⁽¹³⁾。『授業過程』では，見学学習を中核にすえる点では江口実践を引き継ぎながら，子どもに法則的認識をもたせることや労働の苦しさを強調することを避けている。むしろ授業の流れにみるように，子どもの部分的で，ばらばらな事実を，つなぎ合わせてひとまとまりの思考になるような指導が行われている。

また，1962年江口実践では「田うえ」と「とり入れ」が切り離されていたが，1965年『授業過程』の実践では意識的に両者の有機的な関連を図っていき，子どもの農業労働における一貫した捉え方をめざす意識をもとに実践されている。歴史的な時間認識にかかわった脱穀の変遷図の書き方にも，この点の配慮が現れており，実践がより深められた。

4 　上越教師の会の生産労働実践のその後

上越教師の会の生産労働実践は，『授業過程』の公刊された1965年がピークであった。日生連の『生活教育』誌では，第17巻第3号(1965年3月)で特集「生産・労働と教育の結合」が組まれたが，その後は生産労働の議論はなされなくなり，「生活教育」の系譜に関する議論や「地域変貌」にかかわる実践に重点が移っていった。この時期には，低学年社会科のあり方をめぐって「民教」のサークル間の論争もさかんであった。低学年社会科廃止論の立場で教科研社会科部会が社会科の全体構造を提起したのに対して，歴教協や日生連では低学年社会科実践を積み重ねて反論した。

1964(昭和39)年10月に『教育科学社会科教育』(明治図書)が創刊された。創刊号の特集は「社会科学としての社会科の建設」であり，シンポジウムの提案と意見，座談会が掲載されている。同誌の第2号(1964年11月)は，特集「労働をどう教えるか」が組まれて，「疎外された労働を認識させる」「労働を教えることの思想性の問題」「人間の歴史・人間の尊厳を教えるために」など社会科で労働を教える意味についての3論文が載せられた。「労働をどう教えるか」では，斉藤孝「日生連の学年プランの構想」，山下国幸「北海道歴教協の学年プランの構想」，古川清行「指導要領を基底にした学年プランの構想」の三つ

の生産労働プランを載せて,「労働を中心にした授業展開案」には小学校1年から6年までと中学校政・経・社の,取り扱いの実践記録が収録されている。上越教師の会からは江口武正が「小学校3年の扱い方」についての論稿を寄せた[14]。岡山の高木浩朗が小学校4年を,香社研の岡野啓が小学校5年を執筆している。

『教育科学社会科教育』第4号(1965年1月)の特集「社会科の学力」において,香社研の生産労働プランを岡野啓が「社会認識の系列と社会科の学力の系統」で執筆している。第7号(1965年4月)には,江口武正が「年間プラン編成の重点をどこにおくか」に関して,「小学校低・中学年」の項を担当して,上越教師の会の生産労働プランを紹介している[15]。同誌では,ほぼこのころまで生産労働プランと実践を掲載して,関心がもたれた時期であり,生産労働実践の下限であったといえる。

上越教師の会は,1971(昭和46)年に『生産労働を軸とする社会科の現代化』(明治図書)を刊行していく[16]。「生産労働を軸とする」という名称を冠した社会科実践の著作ではあった。確かに,生産労働の科学的認識の発展段階では,修正の提案がなされている。

すなわち,次のようになっており,1964年のプランの4と5が入れ換えられた(46頁)。

1　生活は労働によって支えられている（事実認識）。
2　労働の現状は厳しい（問題認識）。
3　それは条件によって,変えることができる（条件認識）。
4　ねうちのある労働によって,われわれの生産を高め,生活を豊かにすることができる（科学的認識）。
5　それらの条件は,みんなの努力で作り出さなければならない（主体的認識）。

入れ換えられているとともに,「法則的認識」は「主体的認識」とされた。入れ換えやこの名称変更の説明は,1971年著作ではなされていないので詳細はわからない。おそらく,生産労働の科学的認識の発達段階論にはそれほど重点をおかずに,社会科学習の指導論にかかわる「典型的事実にもとづく学習の

追求」「学習課題の設定による課題解決学習」「集団によってねりあげる学習」の実践を行うことに重点をおいたからであろう (54頁)。

　最後に，上越プランを含めた生産労働プランと実践は，社会科教育史上にどのような意義をもったのかについて言及して稿を閉じたい。

　第一に，1960年前後の「民教」の生産労働論は，社会科教育史において「官」から自立した社会科論と実践を確立するうえで第一歩の役割を果たした。「民教」社会科の各サークルが小学校から中学校までの社会科カリキュラムの全体構造を展望して，社会科教育を一貫して貫く内容構造を自主編成していく思想をもつようになった。

　第二に，教科としての社会科の系統性・順次性を，子どもの社会認識の発達段階を構築するなかで考えようとした。生産労働の捉え方や把握において，この時期の社会科学の取り込み方や摂取の仕方に性急な面や生硬さが残るとはいえ，子どもの発達課題を強く意識して系統性・順次性を構築しようとした点は評価できよう。

　第三に，上越プランの独自性は，農業学習における労働認識の発達段階に重点化されており，科学的法則性の追求よりも地域性を踏まえた単元や教材づくりに力点をおくものであった。それは小学校低学年から中学校までを見通した，地域に根ざした実践を踏まえた社会科カリキュラムづくりであった。

注

(1)　拙稿「第3章　社会科教育政策の転換と民間教育運動—1950年代」日本民間教育研究団体連絡会編『社会科の歴史　上』民衆社，1988年，77-98頁，同「1960年代『民教』社会科教育論の再検討—〈生産労働〉実践をめぐって」愛知教育大学歴史学会編『歴史研究』第31・32合併号，1986年，57-73頁。
(2)　日本教職員組合『国民のための教育課程—自主編成の展望』1960年。
(3)　同上『日本の教育・社会科編』1979年。
(4)　拙稿「社会科における〈生産労働〉論—香社研青年グループの実践の検討」滋賀大学教育学部プロジェクトチーム『生活・労働の教育と人間の発達に関する総合的検討』昭和60年度文部省特定研究報告，1986年，11-32頁。
(5)　同上「北海道歴教協の〈生産労働〉実践」北海道大学教育学部『教授学の探求』第4号，1986年，35-58頁。
(6)　上越教師の会『子らと地域を見つめて』明治図書，1977年，56頁。
(7)　江口武正「生産技術と社会認識（社会科）との関連」『生活教育』第12巻第2号，1960年2月，9-15頁。

(8) 江口他11名「低学年の農業学習」『生活教育』第12巻第11号，1960年11月，41-55頁。
(9) 香社研青年グループ「研究と実践　香社研社会科構想をどう生かすか」『生活教育』第13巻第12号，1961年11月。
(10) 上越教師の会「生産労働の科学的認識の順次性とその実践」『生活教育』第14巻第1号，1962年1月，33-45頁。
(11) 江口武正・上越教師の会「上越プランの具体像」『生活教育』第16巻第8号，1964年7月，66-77頁。
(12) 上越教師の会『生産労働を軸とする社会科の授業過程』明治図書，1965年。
(13) 前掲(10)。
(14) 江口武正「小学校3年での扱い方」『教育科学社会科教育』第2号，1964年10月，67-73頁。
(15) 同上「小学校低・中・高学年(2)」『教育科学社会科教育』第7号，1965年4月，80-86頁。
(16) 上越教師の会『生産労働を軸とする社会科の現代化』明治図書，1971年。

(付記) 1985-86年に戦後社会科教育実践史をテーマに「民教」生産労働実践を研究していた折，当時上越教育大学の加藤章先生のご紹介で江口武正先生にお会いして，当時の上越プランや実践について詳細なお話を聞くことができた。その後も何度か江口先生とお手紙のやりとりをさせていただき，お教えいただいた。しかしながら，上越プランについてはついにまとめきれぬままに終わっていた。今回執筆の機会をいただき，20年ぶりの宿題を果たすことができた。関係の方々にこころよりのお礼を申し上げる。

第 6 章　社会科教育の現代化
　　　　──大手町小学校の実践を中心に──

朝倉　啓爾

1　はじめに

　筆者に与えられた課題は，1960年代，いわゆる"教育の現代化"が全国的な広がりをみせた時期における上越教師の会による社会科実践のうち，江口武正が大手町小学校に研究主任として在籍された時期のものを取り上げて，その概要や特質などを捉えることである。

　江口武正年譜[1]に拠れば，1965（昭和40）年に「高田市立大手町小学校の研究主任として（1964年より）名古屋大学教授広岡亮蔵の指導を受け，「学習指導の現代化」を推進し，全国公開研究会及び共同研究の著書の出版の準備を進める」とあり，翌1966（昭和41）年には「『学習指導の現代化』－大手町小学校－（明治図書）の出版にあたり「理論編全体」及び実践編に「典型的事実に基づく憲法学習」を執筆」，「大手町小学校の全国公開研究会「学習指導の現代化」において，全体会のパネルディスカッション「現場の教育研究をどうすすめたらよいか」の司会をつとめる」とある。なお，1969（昭和44）年には「刈羽郡北条町立北条中学校教頭として着任する」と記されており，上越教師の会編著書『生産労働を軸とした社会科教育の現代化』[2]が発行されたのは，その2年後の1971（昭和46）年のことである。

　このため，本稿では，1966年10月に大手町小学校が出版した『学習指導の現代化』[3]の理論編および社会科実践に焦点を当てて検討を加え，標記の課題に応えることにしたい。

2 大手町小学校における"教育の現代化"の概要

　"教育の現代化"について，日本社会科教育学会編『社会科教育事典』[4]は，「広義には1960年代に行われた教育内容を中心として制度，組織，方法などを改善しようとした教育改革の動向。狭義には教育内容の当時の科学の最先端のものを取り入れようとした教育改革の動向を意味する」と定義づけている。また，わが国の社会科への影響については，「社会科に関しては，数学・理科等理数系教科ほどではなかったが，やはり当時の現代的知識内容をいかに教科に取り入れるかという観点から，主として教科内容の改革がさかんに論議されるようになった。学習指導要領では公民的資質とともに内容の精選と能力の育成が重視されることになった。一方，民間教育団体においては欧米の現代化の影響を受けて，「構造化」がキーワードとして使用されるようになった」と述べている。

　江口武正を研究主任として仰いだ当時の大手町小学校は，"教育の現代化"についてどのように捉えていたのだろうか。以下には，『学習指導の現代化』の理論編（9-65頁）に基づいて，その概要を捉えることにする。

（1）"教育の現代化"への三方向からのアプローチ

　次に示すのは，『学習指導の現代化』の理論編の目次である。

```
I　学習指導の現代化をめざして ………………………… 9
　(1) 雑多な知識と指導の定型化
　　1　知識量の増大とそのこまぎれ化
　　2　廊下の授業案，黒板とチョークによる指導法
　(2) 今日の社会が学校教育に求めるもの
　　1　現代社会の課題
　　2　豊かな人間性と創造的知性の育成
　(3) 創造的知性の育成をめざして
　　1　教育の現代化とは
　　2　教育内容の現代化
　　3　教育方法の現代化
　　4　研究体制の現代化
```

Ⅱ　内容の精選をはかる教材構造 ･････････････････････････ 21
　　(1) 教材精選の視点と構造化の手順
　　　1　公教育と教材の精選
　　　2　構造化の手順
　　(2) 教材の構造化－具体例－
　　　1　国語「フランダースの犬」(四年)
　　　2　音楽「砂山」(五年)
　Ⅲ　教材の論理と生活の論理によって築く学習過程 ･････････ 32
　　(1) 静的な教材構造から動的な学習過程へ
　　　1　教材の論理と生活の論理
　　　2　思考発展のすじ道
　　(2) 学習過程の具体例
　　　1　国語「フランダースの犬」物語教材（四年）
　　　3　音楽「砂山」歌唱教材（五年）
　　(3) 学習形態のよい組み合わせ
　　　1　主体性をうながす学習形態
　　(4) 思考の高まりを求める大切な指導法
　　　1　生き生きと学習させる発問と助言
　　　2　イメージを鮮明にさせる板書
　　　3　関係的な考察を深める資料の提示
　　　4　みがき合いによって深める集団学習
　　　5　やさしくわからせる機械器具の活用

　このうち、"教育の現代化"については、「Ⅰ－(3) 創造的知性の育成をめざして」において、「教育の現代化とは、端的にいうならば、教育の現代科学化ということであると私たちは解している」と述べたうえで、「教育内容の現代化」、「教育方法の現代化」、「研究体制の現代化」という三つの柱を立て、これら三つの方向からアプローチすることが示されている。
　■教育内容の現代化　第一の「教育内容の現代化」については、「教育の現代化を指向する場合、まず着手せねばならないのが、教育内容の現代化であろう。このことは、いわゆる現代の自然・社会諸科学の水準を反映した、諸教科・諸教材の現代科学化を図ることで、それは現代社会の要求に応じて科学化するということであり、平たくいえば、何を教えるかという内容を追求し、これを明確にするということである」と述べたうえで、ブルーナーの著書『教育の過

程』の一部を引用しながら,「諸教科・諸教材の現代科学化を図ろうとする場合,最も大切なことは,その教科・教材の構造を取りだし,明確にすることが極めて重要なことであり,このことなくして教育内容の現代化は考えられない。教育内容の現代化とは別のことばで表現すれば,教科・教材内容の構造化にほかならないと考えている」と論じている。

■**教育方法の現代化**　第二の「教育方法の現代化」については,「教育方法の現代化とは,教育方法を現代社会の要求に応じこれを科学化するということである。それは,現在明らかにされている最も科学的な方法で,先に述べた教育内容（教材構造）を,どう教えどう学びとらせるかということを追求し,明らかにすることにほかならない」と述べたうえで,教育方法の現代化に努める際の基本的な考え方として次の3点を掲げている。

① 子どもたちが,学習を進める筋道ともいうべき学習過程を,動的に編成しなければならない。動的な学習過程の編成をはかるためには,教材の論理と子どもの生活の論理を究明し,そのかかわり合いを明らかにしなければならない。

② 学習のすじ道にかかわり合って,子どもの学習における主体性を基底とし,いかなる学習形態をとれば,"根深く,みんなに,やさしく,わからせることができるか"ということの究明と,学習形態の相補も明らかにされなければならない。

③ さらに一時間一時間の学習に,もっとも身近なかかわり合いを持ついろいろな指導法のうち,特に大切な指導法をとり出し,その指導法についてのあるべき具体的な姿が究明されなければならない。

■**研究体制の現代化**　第三の「研究体制の現代化」については,教育現場における従前の教育研究が「個々の教師によって,固定化された教育内容のわく内における教材研究と,それを集約した形で行なってきた研究授業,この日常的なものと特定的なものとの組合わせの上に」進められてきたことを述べたうえで,そこには次のような問題点が見られたことを指摘している。

① 授業のよさもまずさも,すべて授業者個人の責任に帰されるため,教育研究における現場教師の不安定さを露呈し,ノイローゼ気味の教師さえ出現する。

② 共通の仮説を持たないために，授業後の批評会には，形式的なほめ言葉や無価値なあげ足とりに終始する場合が多く，批評会のあとあとまで，対立的な感情やしこりを残すことが多い。
③ 研究授業が終わると，授業をした教師は，"やれやれ終わった"という解放感に大きく包まれ，今後の教育研究の足がかりになるべきはずの研究授業が，その場かぎりでうたかたのごとく消えさってしまい，少しも日常化されない。

そのうえで，これらの問題点を克服するためには，「職場における共同研究体制を確立し，教育研究を実証的に行いつつ，その日常化を図ることが大切である」との認識に立ち，従前の「研究授業」とは異なる共同研究体制として，次のような「授業研究」のシステムを提案している。

① 授業案は，教科研究部や学年・研究委員会等の，共同の責任において作成される。個人の見解でなく，共通の理解の上に立って教材内容や指導法のあり方が追求され，仮説が設定されるので，課題追求の視点が極めて明確である。
② 行なわれた授業は，よくてもまずくても，それは仮説のよさまずさによるものであるという原則に立つために，授業者個人の問題に帰せられることがすくなく，そのために公開授業をいやがらないで，進んでこれにあたろうとする雰囲気を生み育てていく。
③ 集団思考による共同研究のため，研究の質がいやが上にも高まるとともに，その研究の視点・内容・方法が日常の教育実践に生かされることが多く，研究の日常化が促進される。

(2) 教材精選の視点と構造化の手順

すでに見てきたように，"教育の現代化"のうち，大手町小学校においてまず着手せねばならいとされたのは「教育内容の現代化」であり，それは「教科・教材内容の構造化にほかならない」と考えられていた。この「教科・教材内容の構造化」については，「Ⅱ-(1) 教材精選の視点と構造化の手順」に詳述されている。以下には，その要点を示すことにする。

■ **教材精選の視点**　大手町小学校における教材の構造化の問題は，「教材構造

を考える場合，基本的には教材の精選という問題から取組まねばならない」とあるように，教材の精選の問題と不可分のものとして捉えられている。そのうえで，「教材を精選する基本的な視点は，「現代社会の飛躍的な発展に対応し，さらに未来社会を築くにたえうる創造的知性の育成という，現代社会の要求にこたえる」ことにあると考えている。この基本的視点を踏まえ，各教科においては具体的な視点が設定されなければならない」と述べ，その例として社会科と音楽科の場合を掲げている。

次に示すのは，社会科における「教材を精選する基本的な視点」である。

> ○社会の場合
> 　社会科においては，「社会を構造的・法則的に発展するものとしてとらえる社会認識を，よりたしかに発達させる」ということがねらいであり，このねらいに異存があろうとは思われない。社会の構造性・発展性を支えるもの，それは生産労働である。生産労働こそ人間をして他の動物と区別するばかりでなく，人間生活・社会生活の成立と発展の基調であり原動力である。私たちはこの歴史的事実をこそ尊重する。このようなねらいと，ねらいを支える考えに迫るものとして，つぎのような学年主題が設定された。
> 　・低学年「生活は労働によって支えられている。」
> 　・中学年「自然の利用によって生産が向上した。」
> 　・高学年「歴史の発展にともない，生産労働の価値が高まってきた。」
> そしてこの主題が，低・中・高学年の教材構造化の視点となるわけである。

なお，社会科の場合としてここに示されている「教材を精選する基本的な視点」は，上越教師の会がその著書『生産労働を軸にした社会科の授業過程』[5]において考究してきた社会認識のあり方を理論的な基盤とするものである。

■**構造化の手順**　いっぽう，教材内容を精選して構造化する手順については，次のような「三段の操作が必要である」としている。すなわち「第一段は，その教材内容をつらぬいている本質を明確にすることである。この本質（「原理」や「概念」）を中心観念と呼んでいる。この中心観念は，教材内容を照らし出すサーチライトのような存在である。第二段は，サーチライト，いわゆる中心観念に照らし出されながら，教材内容をなりたたせている，基本要素をとり出すことである。第三段は，一つ一つの基本要素の支えとなるところの具体的要素をとり出すことである。この具体的要素は，具体的な学習内容にあたるものである」と説明したうえで，その具体的な方法については，社会科の単元「日本の農業」（5年生）の例をまじえながら，次のように詳述している。

(1) 中心観念をとりだす

　中心観念のとり出し方を大まかにいえば，①学年から出発して，②本質をのぞき，③また学年にかえる，ということになる。本質をのぞいてという言葉は，よく誤解をまねく言葉であるが，より本質的なものを求める，といういい方が適切かもしれない。しかしこれだけではあまりにも抽象的すぎるので，今少し具体的にのべてみよう。

　① 学年から出発して

　まずその教材は，その学年のその教科の配列の中で，どのように位置づけされているかを使用教科書によって明らかにし，ついでその教材は，一年から六年までの同種教材の系列の中で，どのように位置づけられているかを，指導要領や教科書によって明らかにする。ここでは，児童の発達段階をふまえ，横の関係としての学年の教材の配列，たての関係としての教材の系統性とその位置づけを見ていこうとするものであり，ここでは，指導要領や教科書の分析が十分に行なわれる。

　② 本質をのぞく

　まず，教材の持つ学問的背景を考え，その背景の中から本質をとりだす。ところでここでよく問題になるのは，"小学校の現場教師として学問的背景をそんなにかんたんに究明できるか"という質問をうけたり，批判を受けることである。だが私たちがここで言おうとしていることは，学者が一つの学問に取り組みながら，問題点の一つ一つを明らかにしていくようなことと同一視するものでなく，またそのようなことは，不可欠なことだと思っている。

　たとえば，五年生で「日本の農業」という単元にはいろうとするとき，その単元にかかわるやや基本的な学習を自ら行うために『米』（福島要一著，岩波新書）『農業と農民はどうなるか』（河合悦三著，岩波新書）『農業はどこへいくか』（日本農業新聞編著，三一書房）『封建制』（江口渙著，講談社）等を読んで，日本農業の本質を学問的背景の中から取り出すということである。また現代社会がこの教材に何を要求しているか，言葉をかえていえば日本農業のもつ今日的課題を明らかにしながら，日本の農業の，具体的な教材内容をつらぬいている本質を明らかにしていくということである。

　ここではどう教えるかという立場を離れて，その教材を一個の素材としてみる時，その素材のもつ本質を，学問的性格や背景，現代社会との要求との関連において明らかにしていくことになる。最も科学的な考察が必要とされる段階であり，学年にとらわれないでそのものの本質を追求するという立場からの，考察が多いといえよう。

　③ 学年にかえる

　ここでは，本質をのぞいて明らかにされたものを今一回「学年から出発して」の立場から見直し明らかにされた本質を，その学年の子どもなりに，どこまで追究できうるかを考え，教材としての本質を学年なりに具体化するということである。このようにして中心観念がとりだされるわけであるが，この中心観念は，動的表現性を持ち，今日的課題をふくみ，イメージの鮮明に浮かび出るものでなければならない。

(2) 基本要素と具体的要素をとりだす

　中心観念のサーチライトのもとに，教材の学習内容が浮かび出てくる。こうして浮かび出てきた学習内容のうちで，基本的な地位をもつ重要な諸項目，それが基本要素である。基本要素とは学習内容を構成している重要な諸要素のことである。このようにして基本要素が明らかにされると，つぎにこの基本要素を支えなりたたせている具体的要素をとりだ

> す作業にかかる。この具体的要素は，先に述べた中心観念を取り出す第一段階の「学年から出発して」のところで，指導要領や指導書・教科書の分析を通して出てきた要素のうち，基本要素を支えなりたたせていると思われるものを精選してとり出したり，更に不足なものをおぎない充足する。ここで注意しなければならないことは，具体的要素を項目的にとり出して羅列するということではなく，基本要素を支える視点が明確になるような，的確な表現が大切であるということである。

(3) 静的な教材構造から動的な学習過程へ

　大手町小学校における"教育の現代化"の理論は，教材の構造化にとどまらず，さらに学習過程の編成へと及ぶ。この点については，「Ⅲ－(1) 静的な教材構造から動的な学習過程へ」において，「教材構造はそのままでは学習過程ではない。教材構造は，教材についてのいわば静的な構図である。その基本要素は，学習内容を構成する基本要素であり，いわば押さえるべきポイントである。だから基本要素の系列，さらに具体的要素の系列は，原則としては，教材配当の順序を示すものではない」と述べたうえで，「教材構造を認識過程にしたがって学習経過の動的過程に組みなおすときに，教材内容の配列がなりたち，学習過程が編成されてくるといえよう」，「認識過程とは一般的には，感性的認識から出発し，悟性的認識へ，悟性的認識から理性的認識へと，認識が深まる過程をいう。この認識の深まる筋道を大切にしながら，終局的には教材構造が習得されるように，学習の筋道をたてることが，学習過程の編成という仕事である」と論じている。

■**学習過程編成の具体的な手順**　その際，学習過程を編成するための「具体的な手順」については，次のように整理している。

① 　教材には教材としての論理があり，一方子どもたちは子どもたちなりの，生活の論理を持っている。教材の論理は教材構造として述べてあるので，ここでは生活の論理（生活的概念）とはどのようなものであり，それが，学習過程において果たすべき役割りを明らかにし，

② 　ついで，子どもたちの生活の論理を，認識の深まる筋道にしたがい，学習という立場から望ましい姿に発展させるには，どのような思考発展の筋道を考えなければならないかを明らかにし，

③ 　さらにこのすじ道を，各教科の領域に照らした場合に，その筋道がどう

なるかを考え，
④　これらの考えを土台として，具体的な教材についての授業展開の角度を明確にし，
⑤　この角度にしたがい，最初に述べた，教材の論理と生活の論理とのかかわり合いを考えながら，具体的な題材についての学習過程を明らかにする。

■教材の論理と生活の論理　上述の学習過程を編成するための「具体的な手順」では，"教材の論理"と"生活の論理"という二つの異なる概念が示されている。この点について大手町小学校は，「先に述べた教材構造は，その教材の本質を中心とする構造であり，その構造は，一定の論理にしたがって組みたてられているものである。このような，教材のもつ論理性を私たちは教材の論理と呼んでいる。教材の論理はどちらかというと冷たい存在であり，この教材の論理が明らかにされただけでは，学習過程となり得ない」と述べたうえで，東井義雄の著書『学習のつまづきと学力』の一部を引用しながら，「動的な学習過程に組む場合，教材の論理とともに明らかにしなければならないのは，子どもの生活の論理といえよう」と論じている。

■思考発展のすじ道　学習過程を編成するための「具体的な手順」には，続けて"思考発展のすじ道"という概念が示されている。この点については，「この子どもの生活の論理は，時に固定的であったり，時にはあまりにも具体的すぎて一般性を持たず，粘着力に欠け科学性に乏しい場合が多い。この乏しい科学性を，科学的概念にまで高めるには，教材自体がもっている論理構造を，子どもの持っている生活の論理構造に対立させ，そこに矛盾関係をおこさせるような，学習過程に組みなおすことが大切である」「この矛盾対立は，あまり複雑な要素を含みすぎてはならず，思考発展のすじ道（認識過程を基底とした）にそったものでなければならない。このように教材の論理と生活の論理とがぶつかり合い，事物や事象をより関係的構造的にとらえていく過程を通して，しだいに子どもの思考が深められ高められるものである」と述べたうえで，オコンがその著書『教授過程』において展開した初歩的概念の形成に関する説などを手がかりとして，次のような「学習指導における思考発展のすじ道」を提案している。

学習指導における思考発展のすじ道

第一段階	比較的思考	事物と事物，事象と事象のちがいを，感覚的にとらえる段階
第二段階	類推的思考	そのちがいはどうしてできたのだろうかと考え，こうではなかろうかと，予見をたてたり仮説をたてる段階
第三段階	分析的思考	そのちがいは，本質的にはどんなちがいであり，なぜそうなっているかを，色々な条件のもとで分析しながらたしかめる段階
第四段階	総合的思考	分析したことを並べ総合しながら，事物や現象を生みだしたり，それをつらぬいている一般性，法則性を立体的にとらえていく段階
第五段階	洞察的思考	そのつかみとった法則性一般性を新たな事物や事象に対して，見とおしをもって応用していく段階

3 大手町小学校における社会科実践の概要

　ここまで，大手町小学校における"教育の現代化"について概観してきたが，このような理論的枠組みのもとに展開された社会科実践はどのようなものだったのだろうか。『学習指導の現代化』の実践編(66-184頁)には全部で8教科11編の授業実践が収められているが，そのうち社会科に関するものは「魚市場」(3年)と「憲法と現実生活」(6年)の2編である。本稿では，筆者の専門分野が地理教育であることから，前者の「魚市場」(3年)の実践を取り上げ，その概要を捉えることにする。

(1) イメージ形成と典型的事実
　大手町小学校における社会科実践は，いずれも「典型的事実に基づく思考の変容」という主題のもとに位置づけられている。その冒頭において「社会科学習で大切なことは，子どもたちに，社会に対して鮮明なイメージを形成させることである。イメージ形成の際の最も大切なことは，現代の課題をどのように把握し，これに，どう対処していくかということである」「子どもたちが直接経験，間接経験で見聞している社会現象，進展しつつある社会の現実の姿，これらは，すべて社会的事実の一端である。社会を科学的に認識させることを目ざす社会科学習において，これらの社会的事実を，どのように精選して学習の対象とするか，また，その手だてをどのようにするかということが重要である。

いいかえれば，社会の姿がうきぼりにできる典型的事実をとり上げることである。典型的事実に基づくイメージ形成こそ科学的な社会認識の基礎である」と述べたうえで，「このように重要な意味をもつ典型的事実をとり上げる」際には，次のような三つの視点が必要であることを指摘している。

① 第一は，教材の本質的な立場からの究明である。すなわち，その事実を追究することにより，教材のねらいに到達できるものであるかどうかという究明である。

② 第二は，その事実は根底において，現代社会のどのような要求に基づいているものであるかということである。その事実を追求することによって，現代社会の実態がうきぼりにされ，現代社会の課題が追求できるものでなければならない。

③ 第三は，子どもたちの生活事情，生活経験からくる実態とかかわりあったものでなければならない。豊かなイメージをえがくことができるようにするためには，子どもたちに共感をもってむかえられ，その実感をよりたしかなものにするための具体的事実でなければならない。

(2) 教材構造と学習指導の実際 ——「魚市場」(3年)——

小学校3年生を対象として行われた授業「魚市場」は，単元「高田の交通」(22単位時間)を構成する題材「高田の交通しらべ」(8単位時間)のなかに位置づけられている。そこで，以下には，単元「高田の交通」の教材構造と指導計画，授業「魚市場」の構想，授業「魚市場」の実際の順に，それぞれの概要を紹介していくことにする。

■単元「高田の交通」の教材構造と指導計画　まず，単元全体の教材構造は，次のように捉えられている。なお，上述の「基本要素」は〇印で，「具体的要素」は・印で，それぞれ示されている。

　　中心観念「国道十八号線の開通によって，大きくかわってきた高田の交通」
　　〇多くなった人や品物のいきき
　　　・わたしたちのくらしと輸送
　　　・いきする人や品物
　　　・輸送量の増加と輸送網

○よくなってきた道路と交通機関
　　・交通機関の発達
　　・国道十八号線の開通
　　・交通機関の発達と生活や生産の高まり
○生産を高め，くらしを高める交通
　　・早くて安全な交通
　　・よくなる道路

続いて，単元「高田の交通」の指導計画とそれを構成する題材「高田の交通しらべ」の指導計画は，それぞれ次のように立案されている。

① 単元展開の角度

　この単元は子どもたちにとって，身近な単元ではあるが，交通に対する認識は表面的で素朴である。子どもたちの初期的なイメージを大切にしながら，人々のいききや物資の輸送の実際にまず目を開かせ，つぎに，交通の発達による生産価値の向上を理解させるために交通の今昔を考察し，最後に，これからの交通のあり方を考えさせたい。

　抽象的な学習はできるだけさけ，具体的な事実を通して学習しなければならないと考えた。

② 指導計画 「高田の交通」(22時間)
　○人々のいききや物資の輸送とわたしたちのくらし
　　・わたしたちのくらしと輸送……………………②時間
　　・高田の交通調べ…………………………………⑧時間（本時8/8）
　○交通の発達とわたしたちのくらし
　　・高田の交通の昔と今……………………………④時間
　　・すすむ道路輸送…………………………………③時間
　○わたしたちのくらしとこれからの交通…………④時間
　○学習のまとめ………………………………………①時間

③ 題材の指導計画 「高田の交通しらべ」(8時間)
　・人々のいきき ……………………………………②時間
　・品物のいきき ……………………………………②時間
　・高田駅，魚市場の見学 …………………………②時間

・交通のはたらき ……………………………………②時間（本時2/2）

■**授業「魚市場」の構想**　授業「魚市場」は，前述した「典型的事実をとりあげる際の三つの視点」を踏まえつつ，次のように構想されている。

①　前時までの指導

「人々のいきき」においては，高田駅を中心としての主要道路網をしらべたり，駅を中心としたバス道路網の学習を展開した。この学習を通して，高田市の交通網は，駅を中心として付近の市町村に通じていること，バスの運行は，地域と地域の人々の交流に役立っていることを学習した。一日のバスの運行される数を調べていくうちに，子どもたちのなかから，「直江津へは，十五分おきにバスが行ったりきたりしているのに，同じ市内でありながら，青田へは二時間に一回，上正善寺へは，二時間半に一回行ったりきたりしているだけだ。」「なぜだろう。」「工場がないからだ。」「のる人が少ないからだ。」と，利用者とバスの運行回数に密接な関係のあることに気づき，生産活動にも関係のあることを捉えていった。

「品物のいきき」では，日本通運の運送網を中心に，物資の輸送の実状に着目し，高田市を中心とするトラック運送網が付近の村や町に通じ，原料の輸送，工業製品の輸送，日常生活必需品の輸送が行なわれていることを学習した。「高田駅の見学」では，貨物の引込線の工事と，貨物ホームの拡張工事を見学した。貨物が年々ふえ，現在の広さでは，十分機能をはたすことができなくなったので，拡張工事をしているという話を聞き，鉄道輸送における輸送量の増大を知ることができた。また，駅は，生産と消費に大きな役割をはたしていることの初歩的な認識ができた。つづいて，移転前の仲町の魚市場と，国道脇に移転した新しい魚市場を見学した。

②　典型的事実としてとり上げた"魚市場の移転"

交通のはたらきを捉える典型的な事実として，魚市場の移転をとり上げた。高田市にある魚市場『一印』は，二年前に高田駅の近くの仲町から，国道十八号線の脇へ移転した。

この事実を，典型的事実としてとり上げたのは，さきにのべた三つの視点に照らし合わせた結果によるものである。すなわち，第一は，仲町では道路がせまく，また，場所もせまい。その上，人家が密集しているために，

"より早く""より多く""より安全に"という条件を満たしきれなくなったこと。陸上交通の発達により，必ずしも駅の近くでなくても，その機能をはたすことができるようになったこと，などを追求することにより，題材のねらいに到達できると考えたからである。

　第二は，現代社会が交通に要求している安全性・迅速性・低廉性・大量輸送性の条件を満たすためには，広い場所が確保でき，交通の便利のよい国道脇が，人家・商店の密集している仲町より都合がよいこと。

　第三は，子どもたちの身近な所での事実であるので，実感をもってのぞむことができる。これらのことから，魚市場の移転を，典型的事実としてとり上げることは，子どものイメージ形成にきわめて妥当であると考えた。

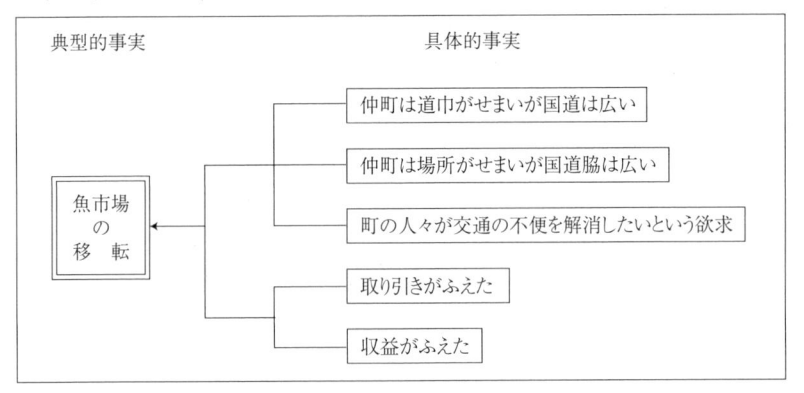

```
典型的事実            具体的事実

              ┌─ 仲町は道巾がせまいが国道は広い
              │
              ├─ 仲町は場所がせまいが国道脇は広い
  魚市場　 ←──┤
  の移転      ├─ 町の人々が交通の不便を解消したいという欲求
              │
              ├─ 取り引きがふえた
              │
              └─ 収益がふえた
```

③　典型的事実にせまる具体的事実

　さきに，典型的事実は，それ自身，単独で存在するものでなく，いくつかの具体的事実に支えられているものであると述べたが，この題材における具体的事実と，その相互の関連を，前図のように考えた。

④　本時展開の角度

　魚市場『一印』が，仲町から国道脇へ移転した事実をとり上げ，なぜ移転したのか，前時の仮説をたしかめながら展開し，移転しなければならなかった必然性を確認し，交通のはたらきを考えようとするものである。

■授業「魚市場」の実際　　上述のような構想のもとに，「魚市場」の授業は次のように展開されている。

　なお，ここでは，授業の流れをわかりやすく示すため，教師が児童に対して

発話している部分をゴシック体で示し，スライドなどの教材を提示している部分には下線を付すこととした。

「『一印』は，なぜ国道脇へ移ったのか，前の時間にグループごとに考えましたね。どんなわけがあったのでしょうか。」という，前時の復習的な発問から授業がはじまった。

各グループから一せいに手があがった。「道幅がせまかったからです。」と，久夫のグループ。「場所がせまかったからです。」と，泰子のグループ。「直江津に近いからです。」と，英史のグループから意見が発表された。「そうです。」「ぼくたちと同じだ。」と，教室の中がにぎやかになった。

子どもたちの考えを，よりたしかにするために，仲町と国道の道幅のようすのスライドを写した。「あっ，まだある。車が早く行けるからだと思います。」と勝が元気よく発言した。「そうです。」という声が，教室一ぱいにひびきわたった。車のことがでてきたのは，予想したとおりだった。「魚市場の前には，たくさんの車が集まっていたよ。でも，小がたの車が多かったなあ。」と，克がつぶやくようにいった。

小売店からの小型の車が，たくさん集まってくることをとらえさせるために，「そうだね。小型の車がたくさんあったね。小型の車で魚市場へ行くのは，どんな人たちでしょう。」と，問いかけてみた。「海べから魚をつんでくるのかな。」と，加代子がいったが，すぐ，洋子から反論が出た。「海べの村や町からは，もっと大きい車で，たくさんの魚をはこんでくるよ。だから，わたしは魚やさんの車だと思うな。」教室の中は，ふたたびにぎやかになった。

「魚市場のおじさんは，今は，汽車よりもトラックで運ぶさかながうんと多いといっていたよ。」「そうだよ。海べから，大きな車でたくさんの魚を運ぶのだよ。だから，小さい車は，魚やさんが魚を買いにのってくる車だよ。」子どもたちの話し合いは続いた。話し合いから，魚市場に集まる車の種類，大量に輸送されてくることがおさえられた。

つぎに，この車が，朝，一どにどっと集まることをとらえさせ，広い道路，広い場所との関係を追求させたいと考え，魚市場の前に，たくさんの車が集まっているスライドを見せながら，いせいのよい“せり”のようす

を聞かせた。そして,「朝の市場は,どうしてこんなににぎやかなのでしょう。」と,問いかけた。

「新しい魚を,早く売ったり買ったりしたいからだよ。」と,秀夫が目をかがやかせながら発言した。「そうだよ。きっと。」「新しい魚だと,買う人もよろこぶからね。」「うちのおかあさんは,新しい魚でなければ買わないよ。だから,さかなやさんも,よく売れるように,新しいさかなを買いに行くのだよ。」最後の久夫の意見に,みんなうなずいた。

自分たちの生活と結びついた意見が発表されたところで,いよいよ,本時のポイントである"交通のはたらき"に入ることになる。鋭角的にきりこんでいくことにした。

「これが,仲町だったらどうでしょう。」と,発問した。「車が通れなくなるよ。」と,勤が自信満々とした態度で発言したが,由美子から反論が出た。「でも,がん木があるから大じょうぶだよ。」,泰子がまた反論した。「でも,道幅がせまいから,車が集まるのにつごうが悪いよ。」「やっぱり,仲町では,場所がせまくてだめなのかなあ。」幸代のことばを最後に,発言はなくなった。

そこで,新しい魚市場の前に駐車している車のスライドを写し出した。二百台近い車が,市場の前に整然と並んでおり,大きな屋根の下で取り引きが行なわれているようすが写し出された。「たくさんの車だなあ。」「こんなにたくさんの車がくるのだから,あのせまい仲町だったら,思うように運べないよ。」「やっぱり,仲町ではせまくてだめなんだなあ。」,子どもたちは,口々につぶやいた。どの子どもの顔にも,仲町では,せまくて,思うように魚を売り買いできないし,安全に運ぶのには不便だ,という実感がこもっていた。魚の鮮度を考えることにより"より早く"という要求を追求させるために,「魚は,どうなるでしょう。」と問いかけた。

「仲町だったら,車で市場のそばまで行けないよ。だから,さかなは少し古くなるし,早く,らくに運ぶことができなくてふべんです。」という秋男の発言に,「そうです。」「さんせい。」の声があがった。

国道脇と,仲町の図を掲示して「場所やまわりのようすはどうでしょう。」と,発問した。

子どもたちは，一生けんめいに図を見ていたが，「新しい魚市場は，ものすごく広いなあ。」「車がたくさんきても大じょうぶだよ。」と，国道脇に移らなければならなかった必然性に目が開かれた。

そこで，国道脇へ移転したことによって，取り引き高や収益の変化に着目させるために，

「ここで売り買いされる魚の量はどうなるでしょう。」と，問いかけた。予想した通り，「たくさんになります。」という答えがはねかえってきた。

「売り買いされる魚の量が多くなれば，もうけはどうでしょう。」と，つづけて問いかけた。「ふえると思います。」と，元気のよい声がはねかえってきたところで，用意しておいた，一ヵ月の取り引き高のちがいの表を提示した。仲町にあったときは，月五千万円の取り引き高であったのが，国道脇へ移転したことにより，六千万円と一千万円も多くなった事実をみて，子どもたちから「ワァー，すごい。」と，おどろきの声がわき上がった。

「こんなによくしてくれたのは，何のはたらきによるのでしょう。」と，"交通のはたらき"という反応を期待しながら発問した。「場所です。」と，忠志。「道幅です。」と，朱美。子どもたちの答はわたしの予想に反した。あわてて，「場所も，道幅もだいじですが，新しい魚をはこぶものはなんでしょう。」と，問いかえした。

「車かな。」「魚をはこぶ車かな。」と，あちこちで，つぶやく声が聞こえたが，交通のはたらきであることを明確にとらえられないようだ。そこで，「それを，まとめていうと，何でしょう。」と三たび問い返した。

ようやく「交通のはたらきです。」と，幸代が答えた。「そうだ。交通のはたらきだ。今の意見に賛成です。」と目が開かれたように忍が大声でいった。「そうか。」「そうです。」「さんせい。」の声がひびきわたった。「そうです。海べの村や町と魚市場，それとわたしたちのくらしを結びつけてくれるのは，交通なのです。このように，交通は，わたしたちのくらしと深い関係があるのです。」と，ほっとしながらまとめた。

最後に，生産価値の向上，生活の向上につながる交通の役割りをとらえさせる学習に入った。

「とれたさかなが，早く，どんどん運ばれるようになると，さかなをと

る人たちの仕事は，どうかわっていくでしょう。」と，発問した。
　「いそがしくなります。」「仕事がしやすくなります。」「おかねもたくさんはいり，くらしがよくなると思います。」という声がはねかえってきた。
　「わたしたちも，新しいさかなが心配なく食べられるから，前よりいいね。」と，裕子が満足そうに答えた。裕子の発言に，みんなうなづいた。
　「そうです。わたしたちは，新しいさかなを食べることができるし，さかなをとる町や村の人たちも，仕事がしやすくなりますね。このように，よくしてくれたのは，交通のはたらきによるものです。魚市場『一印』は，仲町から国道の所へ移ったのは，仲町では，場所も道幅もせまく，さかなを取り引きするのに，つごうが悪かったこと，トラックで運ばれてくるさかなが多くなり，駅の近くよりも，国道の近くの方が早く運ぶのにつごうがよいこと，市場の人たちは，たくさんのさかなを取り引きして，収入をふやしたかったことなど，いろいろなわけがあったのです。国道の近くにうつったことにより，よくなったことが多くなりました。このように，交通は，わたしたちのくらしをよくする大切なはたらきをしているのです。」と結び，この時間の授業を終わった。

4　大手町小学校における社会科実践の特質

　上に紹介した社会科実践「魚市場」を一読して感じられることは，何よりも教師と児童のやりとりが自然であり，しかも教師が意図した学習指導のねらいが十分に実現されていることである。
　その前提として，常日頃から教師と児童とが信頼関係で結ばれていることが指摘できようが，ここではまず授業づくりという観点から，このような優れた学習指導が成立した要因を考えてみたい。
　第一には，「社会を科学的に認識させることを目ざす社会科学習において」は「社会の姿がうきぼりにできる典型的事実をとり上げること」が重要であり，「典型的事実に基づくイメージ形成こそ科学的な社会認識の基礎である」という基本的な考えに立脚しながら，その典型的事実として「魚市場の移転」を取り上げた教材の選択眼の確かさがある。この点については，授業者自身も，本

実践をふり返って，次のように述べている。

　典型的事実として魚市場の移転をとり上げたのは妥当であったと考えている。なぜなら，第一は，魚市場が移転しなければならなかった必然性が確認されたからである。仲町では，魚市場の機能が発揮されるだけの道路幅や場所が確保されず，取り引きに支障をきたしていることから，国道脇へ移転したことは，交通の便をよくすることが，いかに大切かを追求するのに適したものであったと考えられるからである。近くの民家に迷惑をかけず，新鮮なさかなを，より早く売買することにより，生産者と消費者のくらしを向上させ，さらには取り引き量の増大と，収益をふやしたいという欲求が，移転という形になってあらわれたことをとらえさせられたからである。

　第二は，魚市場の移転は，背景においては，現代社会が交通に要求している条件を，具備させることができることをとらえさせるのに，適していたと考えるからである。すなわち，「わたしたちも新しいさかなが食べられるし，さかなをとる人たちの仕事もしやすくなる。」という，子どもたちの反応をうながすことができたからである。国道脇と仲町を対比させながら学習を展開したことは，いっそう，子どもたちに，印象強く学習させることができたといえよう。

　第三は，身近な所でおこった事実としてとり上げたことにより，自分たちの生活と関係させながら学習を展開することができ，なまなましくとらえさせることができたということである。

　魚市場の移転という，典型的な事実を通して，交通のはたらきをとらえることができたと思っている。

　典型的事実をとり上げる視点として，さきに，三つの視点をあげたが，この実践を通して，これらの視点をふまえた典型的事実を追求することにより，鮮明なイメージが形成され，社会に対する科学的な認識が可能になるものといえる。

第二には，単元全体を通して小学校3年生という児童の発達段階を踏まえた作業的・体験的な学習が効果的に取り入れられていることがある。たとえば「前時までの指導」には，次のように記されている。

「人々のいきき」においては，高田駅を中心としての主要道路網をしらべたり，駅を中心としたバス道路網の学習を展開した。

「品物のいきき」では，日本通運の運送網を中心に，物資の輸送の実状に着目し，高田市を中心とするトラック運送網が付近の村や町に通じ，原料の輸送，工業製品の輸送，日常生活必需品の輸送が行なわれていることを学習した。

「高田駅の見学」では，貨物の引込線の工事と，貨物ホームの拡張工事を見学した。貨物が年々ふえ，現在の広さでは，十分機能をはたすことができなくなったので，拡張工事をしているという話を聞き，鉄道輸送における輸送量の増大を知ることができた。また，駅は，生産と消費に大きな役割をはたしていることの初歩的な認識ができた。つづいて，移転前の仲町の魚市場と，国道脇に移転した新しい魚市場を見学した。

また，本時の「魚市場」の指導においても，各学習場面において必要不可欠のスライドや地図などが提示され，いずれも教師の明確な意図のもとに活用されている。

第三には，教師によってなされている発問が，児童にとってわかりやすいものであり，また，児童一人ひとりの発言内容に応じながら柔軟かつ適切に運用されていることがある。この点は，"教材の論理"と子どもの"生活の論理"の二つを視野に入れながら，静的な教材構造を動的な学習過程に組み直したり，「学習指導における思考発展のすじ道」に照らし合わせて発問を練り上げたりしたことの成果であると考えられる。

いっぽう，本実践の完成度を高めるために，さらに求めたい点もある。

第一には，本実践では「典型的事例」として「魚市場が仲町から国道18号線沿いに移転したこと」が取り上げられているが，地理教育の観点からは，特にその移転先が国道18号線沿いのどこかということを問うてみたい。ちなみに『上越市史 通史編6 現代』[6]には，「上越地方最大の卸売魚市場である一印高田魚市場とカネマン広瀬魚市場は，三十九年と四十一年に，入荷量・仲買人の増加，自動車交通の利便性から，仲町通りから新国道脇の高土町へ移転していた。しかし，そこも手狭となったため両市場は，四十七年に藤巻の青果物卸売市場北隣に移転した。これにより，藤巻は上越地方の生鮮食料品を扱う流通

センターとなった」と記されている。だとすれば，一印の経営者が最初の移転先としてなぜ「新国道脇の高土町」を選んだのかということや，第2の移転先としてなぜ「藤巻の青果物卸売市場北隣」を選んだのかということを組み込んで授業を構成したい。

第二には，本実践は「交通は，わたしたちのくらしをよくするたいせつなはたらきをしているのです」という教師の言葉で結ばれているが，社会科教育の観点からは，交通の発達がわたしたちのくらしに及ぼすマイナスの影響についてもふれる必要があったのではないか。『昭和33年度版小学校学習指導要領』[7]には，第3学年の社会科の目標(4)として「自分たちの村（町）にも今後くふうや改善を要するいろいろな問題があることを知り，その解決や村（町）の発展を願う気持を育てる」ことが掲げられている。この目標を実現するための内容は単元「高田の交通」を構成する他の題材のなかで取り扱われた可能性もあるが，単元全体の教材構造を見るかぎりは，専ら交通の発達が私たちのくらしに及ぼすプラスの面に眼が向けられている。

以上，本実践の完成度を高めるために，さらに求めたいこととして2点を指摘したが，学習する児童が小学校3年生であるという事実を考慮するならば，これらの点が本実践のもつ本質的な価値を損なうものではないことを明記しておきたい。

5　おわりに

本稿では，1960年代，いわゆる"教育の現代化"が全国的な広がりをみせた時期に大手町小学校が出版した『学習指導の現代化』の理論編と社会科実践に焦点を当てて検討を加え，その概要と特質を捉えた。

今日，多くの社会科教師たちは，ややもすると教科書や教師用指導書の枠のなかで，日々の学習指導を無難に収めようとしているかのように見受けられる。この点についてはさまざまな理由づけができようが，変化してやむことのない社会的事象を学習の対象とするかぎり，常に最新の学問的成果に学び，それを取捨選択して授業に反映させることは社会科教師にとっての宿命といえよう。

この点にかかわって特に印象的だったのは，大手町小学校が，教材内容を精

選して構造化するためには「中心観念」,「基本要素」,「具体的要素」の摘出という三段の操作が必要であることを指摘するなかで,特に「中心観念」の摘出に当たっては,学習指導要領や教科書の枠を超えて,関係する基本的な文献を渉猟し,授業で取り扱う具体的な教材内容を貫いている本質を明らかにすることの重要性を主張している点であった。もとより教材研究とは,子どもたちのさまざまな姿を思い描きながら,実現すべき学習指導のねらいを模索しつつ,実際の授業で何を取り上げ,それをどのようなかたちで出会わせるかを考える営みである。その際に,教師自らが学習者の立場に立ち,心のときめきを感じることのできた教材であれば,それらは子どもたちにとっても興味深く感じられ,ひいては有意義な学習の成立を約束するものであるといえよう。

　最後に,本稿において果たせなかったことについて述べておきたい。それは,"教育の現代化"の潮流が上越教師の会による社会科実践に及ぼした実質的な影響を浮き彫りにすることである。『学習指導の現代化』の前年に上梓された『生産労働を軸とした社会科の授業過程』には,本稿で取り上げた単元「高田の交通」とほぼ同一のテーマを扱った単元「高田の道と交通」(小学3年)という,小学校中学年における地域学習の手本ともいうべき優れた実践が収められている。両者を比較対照して,上記の点を明らかにすることを今後の課題としたい。

注

(1) 和井田清司・釜田聡「江口武正『上越教師の会』教育実践資料集(第1集)」,2004-2005年度上越教育大学研究プロジェクト研究成果報告書(第1集),2005年,290頁。
(2) 新潟県上越教師の会『生産労働を軸とした社会科教育の現代化』明治図書,1971年,204頁。
(3) 新潟県高田市立大手町小学校『学習指導の現代化』明治図書,1996年,187頁。
(4) 日本社会科教育学会編『社会科教育事典』ぎょうせい,2000年,398頁。
(5) 川合章・上越教師の会『生産労働を軸とした社会科の授業過程』明治図書,1965年,251頁。
(6) 上越市史編纂委員会『上越市史 通史編6 現代』東京法令,2002年,602頁。
(7) 上田薫ほか編『社会科教育史資料2』東京法令,1975年,728頁。

第7章　「地域に根ざす教育」再考
　　　──江口武正における月影小学校実践を手がかりにして

　　　　　　　　　　　　　　　　　　　　　　　　　　　和井田　清司

1　はじめに

　教育改革の動きが加速している。その一環として，教師改革政策も展開されている。規制緩和を基調とする教育改革だが，教師改革については規制強化の傾向が看取される。教師の意識と実践の変革ぬきに，教育改革の実があがらない。そのため，改革業務を具体化する諸施策が降ろされ，数値化された成果主義による人事考課制度，服務規律や文書主義の徹底など，教師に対する官僚主義的管理が強められているともいえる。この傾向はさらに拡大し，教師養成─採用─研修の各段階における統制が企図されている。学部段階での「教職実践演習」の創設，教職大学院の設置，教員免許更新制の導入など，教師改革は教育改革の枢要の位置を占めつつあるようにみえる。

　冷静に考えれば明らかだが，「教育改革」即「教育改善」とはかぎらない。教育改革を教育改善につなぐには，「下から・内から」の改革と連動することが不可欠である。とりわけ，教育行政改革を教育実践改革につなぐ回路として，次の2点が重要である。第1は，内発的改革の必要性である。ここでは，子どもの成長をめざし，学校構成員の合意と納得による自生的な改革を探究することが求められる[1]。第2は，教師の力量形成の課題である。特に現在，教職員管理の新たな展開や子ども・学校の「病理」現象の拡大のなかで，教師の自律的な力量形成の課題が重要となっている。改革の理念が実践者である教師の内部に点火されずして教育実践改革の実現は困難であり，改革のなかで教師の

意欲や力量のエンパワーが不可欠となっている。その意味で、教師の自発的な研鑽と実践の創造が、進行中の教育改革の質や方向を規定する一要因となる。

　内発的な実践創造を通した自律的な教師の成長という課題を意識する際、戦後の時代を確かな見識をもって現場実践を創造した教師（グループ）の足跡に学ぶことが意味をもつ[2]。その典型的事例の一つが、江口武正（1926～）をリーダーとする「上越教師の会」の教育実践である。江口および「上越教師の会」は、時代や地域社会の変容に対応しつつ、地域に根ざした教育実践や先駆的な生活学習・総合学習の取組みにみられるように、創造的な実践を構築する。かかる実践を創造した江口ならびに「上越教師の会」は、こんにち再評価が可能であり、今後の教育に一定の示唆を提供するものである。

　小論は、江口・「上越教師の会」の多彩な実践のなかから、特に江口の月影小学校長時代（1972.4-1976.3）の実践に着目し、地域に根ざした教育実践の様相を確認し、その地域教育実践としての意義を考察するものである。

　以下、2節において、月影時代の実践の概要を紹介する。3節において、その実践の意義について考察する。4節において、地域教育実践の位相について整理する。5節において、上越地域における今日の実践を紹介する。最後に6節において、江口実践からの示唆にふれてまとめとする。

2　地域に根ざす教育実践――月影小学校の取組みを例に

　江口は、1947年に新卒で戸野目小学校に赴任する。そこでの数年間の実践の成果が『村の五年生』（新評論社、1956）に結実する。本書の実践で江口は、村の歴史を調べ、合理的な農業経営のため当面の課題となっている耕地整理について考え合い、子どもたちの家の生活に巣くう村の封建的な遺習を問題としている。地域の切実なテーマを取り上げ、子どもたちが探究的に学ぶ実践をうち立てている。さらに、学習が生活の見直しに結びつき、大人たちの生活も改善されていく。まさに地域に根ざした教育実践といってよい。

　こうした江口の実践は、次の三つの条件を基盤に成立した。第1に、地域における郷土教育の伝統である[3]。第2に、生活綴方の手法である。そして第3に、コア・カリキュラム連盟（後の日本生活教育連盟）などの民間サークルを中

心とした先進的な理論や実践への参照である。先端の外部情報と地域のローカルな教育実践の地盤を結びつけ，当面する切実な地域課題である耕地整理の問題に切り込んだ実践が『村の5年生』であった。

時はめぐって1972年，江口は最初の校長職として「陸の孤島」といわれ僻地一級地の月影小学校に赴任する。主体性を失った子どもや教師たちに元気を取り戻すため，地域の人々の支持と協力のもと，創造的な実践を展開する。すなわち，子らや地域の実情を見つめ，子どもの可能性と地域の教育力を高めるため，ゆとりと充実をめざすノーカバンデー，ふるさとの自然に学ぶ夏休みの体験学習，働きながら学ぶ農繁期休業など，ユニークな実践を開発する。ここに，地域や子どもたちの状況をていねいにアセスメントし，地域に根ざしたカリキュラムを開発し，地域の教育力を動員した教育実践を創造する自主的・自律的な学校経営の姿がみられるのである。そこで以下，月影小時代の江口実践をふり返り，その実践の概要と特徴を確認し，その意義と今日の視点からの示唆を取り出してみよう。

(1) 陸の孤島・希望の学校～平田にたつ小学校

江口が，浦川原村立月影小学校に新校長として赴任したのは，1972年4月のことであり，45歳のときであった。月影小の最初の印象を，江口はこう述べている。「狭かった視野がぐっと開けて，そこにはオレンジ色のベルトをつけた，鉄筋三階建てのモダンな校舎と，ブルーの屋根の体育館が，鮮やかな姿をあらわしていた。月影小学校だ！これが新任のわたしを待っていてくれている学校か。なんともいえない感動が，私の体を包んだ」[4]。以後，4年間にわたって，この小宇宙のような学校で，スケールの大きい実践を展開することになる。

そこでまず，実践の舞台となった月影小学校がどのような学校なのかふれておこう。

1889（明治22）年，町村制の施行

写真　月影小学校跡

とともに，5つの村が合併して月影村が誕生した。月影小学校という校名は，この村の名に由来する。その後一時国民学校令のもとで横住国民学校となり，戦後1947年新学制の発足とともに月影小学校となって復活した。だが，高度成長とともにこの地域の働き手は都市部に出稼ぎに行き，僻地一等地の「棚田と過疎の里」となった。さびれゆく村の再生を教育に賭け，1971年，鉄筋3階建ての本校舎・体育館・25メートルプール・200メートルのトラックという設備をもつ新校舎が，この地域の唯一の広い平地（平田）の上に建設された。「月影の里の悲願」が「見事な教育の殿堂」[5]として結実したのである。江口の赴任は新校舎建設の翌年であり，当時，全学6学級，生徒数118名，教職員は教諭8名を含めて10名という規模であった。

ところで，新校長の江口は，どのような教育実践の課題に直面したのであろうか。江口は，月影小に赴任して，はじめて校長として自ら学校づくりを主導する立場になったといえる。そのため，「過ぎ去った25年間の，何物にもかえがたい教職生活を生かした学校づくりを，どのような視点で実践するかということをいろいろと考えあぐんだ」[6]。その結果，校長としての新たな決意として，「月影の地域現実をしっかりと見つめ，その地域現実に立った教育を，いままでの経験を生かしてや」[7]ることを決意したのである。

だが，江口が直面した課題は深刻であった。赴任直後に出会った子どもたちの様子を江口は，こう指摘する。

- ・「おはようございます」という子どもたちの声は，聞き取れないほど小さかった。
- ・熱心に教えている教師に比べ，子どもたちは，アクビ，手わるさ，よそ見が目立つ。
- ・（家の田んぼの数を聞かれて）答えられる子どもは118人中一人もいなかった。

一言でいえば，「生活台」[8]に目を向けられない子どもたちの存在である。さらに，同校の教職員の平均年齢は43歳であり，当時としてはかなり高齢ともいえた。こうして，棚田と過疎という厳しい地域の現実，校舎建設に賭けた悲願，主体性に乏しい児童，高齢化した教師集団という条件の前に，「下宿に

帰ってもよく眠れない日が続いた」[9]。

そのような苦悩のなか，江口はどのようなビジョンを固めたのであろうか。

学校改革にはまずビジョンの提示が必要である。江口は，いきいきとした教師集団による学級づくりを基礎に，学校改革の推進を考えた。そして，用務員・給食調理員も含めた全教職員参加の職員会議を開き，次の5点にわたるビジョンを示した。

① 創造的知性と豊かな人間性の育成をめざした長期展望に立つ学校づくり
② 地域現実に根ざした学校づくり
③ みんなで知恵を出し合う学校づくり
　（教師・子ども・父母の「三者の知恵の出し合い」[10]こそ学校づくりの基本）
④ 常に子どもを原点とする学校づくり（「子どもこそ学校の主人公」[11]）
⑤ 事実を動かし，これを記録に残していく学校づくり

これら5点のビジョンは，その場の思いつきからでるものではない。初任以来の経験を通して，江口の実践のエッセンスとして蓄積されてきた見識である。この方針を職員会議で提示する際，江口は，「皆さん，これが戸野目以来，25年間考え続けてきた，学校づくりについての基本的考え方であり，校長になったらぜひ実現したいと願っていたことなんです」[12]と冒頭に述べ，協力を仰いでいる。この方針は，教職員の賛同を得て教育改革の指針となった。

江口は，こうしたビジョンの提示とそれに基づいた実践の意味を，次のように指摘する。

「教育実践における重みと尊さ，それは事実を動かし，新しい事実を作りあげていくところにあるといえる。わたしたちは，一つひとつの事実を動かし，新しい事実を作りあげることをより客観的なものとし，共同の遺産として積みあげを図っていきたいものである。リアルな実践記録が，次の新しい実践を生み出す原動力となるばかりでなく，教職専門家としての教師の成長を，限りなく保障してくれるものといえよう」[13]。

ここでは，教育実践と実践記録の意味がシャープに提起されている。すなわち，教育実践とは，現在の事実を動かし新しい事実をつくり出していく営為として定義されている。そして実践記録は，かかる教育実践の記録であるが，現

在の事実の問題と改善策への状況分析，改善方針とその実践，実践の成果とその評価，新たな課題の提示を含み，実践の前提・概要・教訓を第三者に伝達可能なかたちで制作するものである。その意味で，実践記録は，教育実践の反省的記録でもあり，教師の成長に欠くべからざるものとなるのである。

江口のリードのもと，月影小学校の実践は，こうしたステップを経て学校ぐるみ，地域ぐるみのスケールで，動き始めたのである。

(2) 月影実践の概略——「目を輝かして学ぶ子どもへの道」

共同研究には，それにふさわしい研究主題が必要である。そのテーマはどのように生成したのであろうか。それは，熱っぽい議論を経て，「目を輝かして学ぶ子どもへの道」という研究主題に決められた。遊びに夢中になっているとき，子どもの目は輝いている。授業でも，遊びと同じように目を輝かして学ぶ子どもになったとき，生命をもったものになるのではないか。そのような意見が教師たちの心を捉えたのである。そしてそのような授業の創造に迫る視点として，「課題に立ち向かう学習指導の在り方」が設定された。「課題に立ち向かう」とは，「自分の力で課題を見出し，解決のために情報資料を活用して，自らの未来の生活を切り開いていく，そうした構え」[14]である。課題意識をもつことで，学習が主体的なものになり，「目を輝かして学ぶ」という新しい事実を創りあげることができる。そう構想されたのである。

以上のような合意と方針に基づき，国語や社会を中心に，単元習作と授業研究が繰り返された。単元習作とは，あるテーマを個人ないし集団で教材研究し，生徒の反応を予想しながら学習指導案を作成することである。単元習作や授業研究の過程で，江口自身が編集・執筆にかかわった『学習指導の現代化』（大手町小学校）『社会科教育の現代化』（上越教師の会）をテキストにして学習が繰り返された。そして，「教材構造と子どもの生活の論理（感じ方・思い方・考え方・行い方）のぶっつけ合いのなかから，認識の発展段階にそった学習過程を設定し」[15]，実際の授業実践へと具体化された。

幾度かの授業研究会を経て，前進面と課題とが議論された。そこでは，教師と児童の連帯感やそれぞれの意欲が向上したことが確認されたが，同時に「教室学習の限界」が強く意識された。すなわち，「教室学習はややもすると，授

業の技術を大切にし，子どもたちには学習の技術を習得させるが，地域生活に取り組む，生活者としての子どもたちの主体性づくりに欠ける」(16)（傍点は原文）との自覚である。そこで，地域の実態を明らかにし，その生活台に立つ子どもをリアルに捉えて，地域に根ざした教育の展開が必要視されるのである。

では，地域に根ざした教育実践とは，どのようなものであろうか。「地域に根ざした教育」(17)は一義的に定義が困難な用語だが，江口によれば，次のようなものである。

「"地域に根ざした教育"とは，一口に言えば，月影という地域性にしっかりと根をおろした教育を，家族ぐるみ，学校ぐるみ，地域ぐるみで展開し，古い事実を動かし，新たな事実を作り出すことに他ならない」(18)。

地域に根ざした教育実践のためには，地域の人々の期待に正しく応え，地域で生活する子どもの欠落部分を補い，地域教材の開発や生活実感と結んだ指導法の工夫が必要である。そうした条件を踏まえつつ，江口は，地域に根ざした教育実践の基本構想を次のようなかたちで提起している。

> ① 地域住民の願いにこたえ，地域の教育力を回復し，さらに伸長する。
> ② 子どもを小さな生活者という視点から，地域生活にたくましく取り組ませる。
> ③ 子どもの学校での生活を，学級・学校の主人公として作り出す。
> ④ 目を輝かして主体的に学び学習指導の在り方を工夫する。
> ⑤ 実践の遺産を積み上げ，子どもとともに伸びる教師集団を創造する。

そのような基本構想は，いかなる実践として，具体化されていったのだろうか。

第1は，地域の教育力を高める実践である。ここでは，主体性のあるPTAづくり，老人一日入学（人生の熟達者である老人から子どもたちが学ぶ機会をつくる），『月影の歴史』の発行と全戸配布（創立百周年を期し，4人の教師で半年をかけて198頁の冊子を編集）に取り組んでいる。

第2は，子どもに地域の生活台を学ばせる実践である。ここでは，農繁期休業の実践（農繁期の学校休業を単に家の手伝いに終わらせず，勤労にかかわる体験的学習の機会と位置づけ，同時に日本の農業問題を考えさせる機会とした），夏休み学習（子

ども・父母・教師の望ましい夏休み像を洗い出し，自然を友とした遊びを工夫させる体験学習を推奨した），冬休み学習（子どもたちに地域の行事や昔話を調べる学習を推奨した）等があげられる。

　第3は，子どもを主人公にした学校づくりである。ここでは，「子どもの主人公意識」[19] を育てる校長講話，子どもが進行する学校行事（卒業式や記念行事を子どもが運営），ノーカバンデー[20]の実践等があげられる。ノーカバンデーは，雪どけの悪路を重いカバンを背負って登校する子どもに，せめて月に一回くらいはその重荷から解放してあげたいと考え，創立100周年記念日（1973.2.25）の日に初めて実施したものである。その後好評のため，毎月第3土曜日に実施し，子どもの要望により後には月2回へと拡大し，ついには江口在職中の4年間に34回実施された。ノーカバンデーでは，①地域生活を踏まえた学級指導，②各種体験発表会，③全校お楽しみ会の実施というプログラムが基本となった。その後，全国的に制度化される「ゆとりの時間」の先駆となる実践であった。

　第4は，地域に根ざした学習指導の実践である。ここでは，地域に根ざした教科指導（地域課題に取り組む社会科指導や自然の見方・考え方を深める理科指導等），地域教材を生かした学習指導計画の立案，子どもの生活実感と結びつけた授業研究等の実践に重点がおかれた。

　第5は，実践記録の作成を通した教師の成長である。月影小の共同研究は，1972年にその基盤を固め，1973-75年の3年間にわたって本格的に展開された。それらは研究紀要として作成され，記録された。子どもとともに伸びる教師たちの姿が，それらの実践記録に残されている。

3　月影小学校実践の位置と評価

　上述した月影小学校時代の江口の実践は，今日の時点からふり返るとき，どのような意義をもっていたのであろうか。また，これらの実践は，江口の教職経験のなかでどのような意味をもつものであろうか。

　まず第1に，月影実践は，江口にとって二重の意味で転換点にあたるものであった。この時期は江口にとって，40歳台後半にあたる働き盛りの実践であるが，月影小学校着任の直前，臨死体験に見まわれる。北条中学教頭時代の

ことである。「生涯忘れることのできない魔の日」[21]となった1972年3月9日，午後9時過ぎ，寄宿舎で生徒の指導にあたった後，心筋炎の発作で救急車で運ばれ，まさに九死に一生を得たのであった。睡眠不足と過労によると医師の診断がある。月影実践は，そうした臨死体験からの再生・回生を経た，いわば「生き直し」の時期の実践である。臨死体験を経た仕切直しの意識が，かかる実践をより確かなものにしたように感じる。

また，月影小学校は，初任の校長として初めての学校である。経営のトップとして，学校づくりの力量と責任を問われる初発の実践であった。授業づくりの先駆者，研究推進者，学校現場のサポーター（教育行政官），校長の補佐役等の今までの諸経験を生かし，学校づくりの総合的な実践へと開花させる区切りの時期の実践であった。これ以降，江口の実践の重点は，学校経営へとシフトしていく。その意味で江口にとって，この時期の実践は今までの実践の中間総括を経て，新しいステージを開くものであった。

第2に，月影実践は「地域に根ざす」教育の発展型であり同時に先駆でもあった。現場での実践創造は，どのような場合にもその時代性を免れない。生活教育という視点でみても，生活と教育の関係は相互に可変的である。『村の五年生』の実践では，子どもたちは村の生活の封建的な遺制に光を当て，その変革に取り組んでいった。だが，月影実践では，子どもの生活台そのものを豊かにする実践となっている。社会の変化にともない，家庭や地域の生活が必ずしも教育的なリアリティをもたなくなってきたともいえる。子どもの生活と教育実践との関係でいえば，江口らは，1966年の時点で，次のように回顧している[22]。

① 真正面から生活台に切り込んだ時期 (1951-1957)
② 生産労働を軸にすえ，内容と方法の順次性を思考した時期 (1958-1961)
③ 子どもの生活台への切り結びが希薄になった時期 (1962-1964)
④ 再び子どもの生活台に切り結ぶ社会科をめざした時期 (1965-)

『村の五年生』の実践は①の時期であり，月影実践は④の時期にあたる。ともに地域における子どもの生活台に切り結ぶ点では共通しているが，その実践

内容は異なっている。後者は，②③の生活台への切り結びの後退期への反省を踏まえて，前者の実践が引き継がれ，発展させられている。

ところで，1970年代の後半以降，官民を問わず「地域に根ざした教育」が流行する。上越教師の会編『地域に根ざす社会科』(あゆみ出版, 1982)は，それらの実践の成果をまとめたものである。こうした以後の流れから見ると，1972年に始まる月影実践は，「地域に根ざす教育」の先駆であったともいえる。

第3に，月影実践は，開かれた学校づくりをめざした学校経営改革の先駆であった。開かれた学校づくりには，学校経営者としての校長の姿勢や資質が重要である。江口は，登校するとまず職員室に顔を出して挨拶し，校長室の扉は開いたままにした。また，毎月，職員の誕生祝いを組織するとともに，率先して校務をリードした。「おらの学校は，職員が校長に職務命令を出しているようなもんだね」[23]と教員がかたるような雰囲気が醸し出されていた。ここには，教育行政の権力の末端を担う管理者としての校長の姿はうすい。職員集団の仲間の一員であり，指導者としての校長の姿勢が示されている。江口自身，前者を排し，後者でありたいとの信念をもって臨んだのであった。

ところで，1990年代後半以降，地方分権教育改革の進行のなかで開かれた学校づくりの実践が広がっている。さらに，「地方教育行政の組織および運営に関する法律」の改正により，2005年度よりコミュニティ・スクール(学校運営協議会を通じて，保護者や地域住民と校長教職員が一体となって責任を共有しながら，地域に開かれ，信頼される学校づくりを進める制度)の創設が可能になった。月影小実践は，こうした動向を時代に先んじて取り組んだ事例として特筆されるであろう。しかも，中野光が月影実践を「参加のある学校づくり」という視点から評価した[24]ように，それは子ども・保護者・地域住民の学校参加の力を基盤にして成立したものであった。今日の「開かれた学校」の政策が，一面で市場主義的な「選択」の論理をベースに展開されていることと比較すれば，月影実践の先進性を再確認できるように思う。

第4は，月影実践にみる校内研修を核とした教師教育実践の充実である。教育実践の前進は教師の意識と技量の変革なくして不可能である。月影小実践において，教師の力量開発はどのように達成されたのであろうか。その要点は，単元習作の試みとそれに基づく授業研究，および実践の記録であった。江

口はこの単元習作の経験をふり返り、「わたしもかつての仲間たちも、この単元習作をすることによって、難しい理論を一つ一つ自分の身につけてきたこと、実感をもってその本質をつかんできたことを思い出した」[25]と指摘している。また、江口は校長でありながら積極的に授業を公開し、授業研究の先頭に立った。そして実践の記録づくりに精力的に取り組んだ。月影小学校では、1973年度より週指導案から週指導記録に名称を変える。指導計画と実施記録を克明に書き綴る形式に改めたのである。特に観察の欄が不足し、紙を貼り足して記入することが多かったという。江口はこの点に関し、「書くことはきびしく、そして苦しい。だが、その中から子どもとともに伸びる教師が生まれ育つのだ」[26]と述べている。江口自身も、毎日の記録を大学ノートに書き綴った。「月影メモ」と表題のついたこの記録は17冊に及んだ（ただし、現存する江口資料では、2冊しか確認できない）。

　第5に、月影実践における連続と断絶の問題である。月影実践が江口にとっての転換点であることは前述した。ただ、初任校である戸野目小以来、江口にとって地域性に着目した実践は一貫したものである。また、月影小勤務以前に取り組んできた学習指導の現代化や創造的知性の開発の成果も、その当時の出版物をテキストに職員の研修会が重ねられていることをみても、引き継がれていると考えてよい。そのうえで、江口の月影実践には、二重の意味で断絶性を指摘できる。その一つは、江口自身のキャリアアップに伴うものである。初任校長として、以前とは異なった権限と責任のもと、全力で学校経営実践を創造したのである。もう一つは、月影小における江口時代の特異性である。初任時から希有な資質をもった実践家であった江口は、校長職初任の月影小を舞台とした学校ぐるみの教育実践を展開した。文字通り、新しい事実を多面的に創造したのである。嵐のような4年間と形容することも可能である。その実践を共時的に経験した教職員にとっても、この時期の経験はその後の教職生活に大きな影響を与えたのである。

4　地域と教育の位相

　江口実践を参照しながら、地域と教育の関係について考察しよう。

第1は，地域に根ざす教育実践の質の問題である。地域は，子どもたちにとって生活の場であると同時に学習の舞台でもある。地域との接点を密にすることによって，学習にリアリティが生まれる。普段見聞きするコト・モノ・ヒトが，「ああそうだったのか」とあらためて発見的に学び直される。そこから，学びの喜びと探究の心が育つ。地域学習の創造的実践には，地域の事実や課題を取り上げ，科学の知に照らした教材開発と子どもの心理に即した学習方法による配慮が位置づいている。

　だから，ただ単に，地域の素材を取り上げ，地域のゲストを呼び，地域の見学をしたから，「地域に根ざした実践」であるとはいえない。その点で，地域に題材を求めた学習が，その地域の「お国自慢」を競うものであってはあまり価値がない。

　第2に，課題化意識の問題である。歴史家の上原専禄は，かつて「地域というものを中央からみた一地方に転落させようとしている」[27]傾向を批判し，地域―日本―世界をつなぐ課題化意識の重要性を指摘した。上原の示唆に共感した田中裕一（熊本の中学教師）は，1968年に水俣病授業を実践した。田中は，単に地域の題材であるから取り上げたのではない。環境と人権という世界史的テーマを，日本の経済成長の負の凝縮点である水俣病という事例に典型化し，地域に現れた世界史的矛盾の集中的な表現として扱ったのである[28]。上原のいうように，「地方」と「地域」とは異なる。地方とは，中央集権のもとで均一化された単位をいう。だが，地域とは，人々の暮らしに密着した生活空間であり，固有の歴史と伝統をもつ自立性を備えた地域社会にほかならない。その地域に現れる社会の今日的課題を取り上げ，子どもの探究を組織する学習が求められるのである。

　第3に，目的と方法の関係である。地域を取り上げた実践に際して，目的と方法の結合という課題がある。この点では，戦前の郷土教育において，すでに地域学習の類型が問題となっていた[29]。すなわち，身近な地域に素材を求めることで学習を主体的に組織することをねらう方法優位の考え方が一方にある。だが他方で，地域を学ぶことで地域を愛する心情を育成する目的を重視する考え方がある。前者は方法論的地域主義，後者は目的論的地域主義とでも呼べるだろう。もっとも，両者はもともと峻別できるものではない。むしろ，相互に

結合してより効果があがるものである。地域の切実で重要な課題を取り上げ，自律的で探究的な学習を展開することにより，地域への関与が深まり，地域とそこにすむ人々への愛着もまた自然に育まれるものである。

5　地域教育実践の新展開——「キッズプロジェクトINC」の場合

　江口を中心とする「上越教師の会」は，戦後四半世紀にわたる実践を，『子らと地域を見つめて』(上越教師の会編，自費出版，1977年) に記述している。地域教育実践の構築をめざした先行実践として，興味深い内容である。そして，子どもと地域のリアルな課題と切り結ぶ地域に根ざす教育実践の伝統は，上越地域の今日に引き継がれている。その例証となる実践を紹介しよう。

　筆者らは，「総合学習の未来を拓く連続講座」(2003年) を上越教育大学で開催したが，そこに参加した地域の教師たちの発言や実践紹介に驚くことが多かった。実践の質が深いのである。その実践者の一人が南本町小学校の中村新(現糸魚川市立能生小学校) であった。4年にわたるその実践は次のようなものである[30]。

　総合学習は小学校3年生に始まる。中村学年の子どもたちは，地域をフィールドワークした成果をまとめ，文化祭で校区内の名所旧跡を紹介した。さらに3学期，地域の人たちを招き，子どもたちが1年間学び考えてきた地域の問題点を発表した。

　4年になって，地域のニーズを調べ，活性化のためのさまざまな提案をする。そのための仕掛けとして「キッズプロジェクトINC」(INCとはincorporation, 法人という意味) を結成した。町内会のメンバーでもある地元金融機関の支店長からアドバイスをもらい，「会社」内に総務部・商品開発部・広報部・営業部を組織し，その下に幾つかの課をおいた。そうした活動の集約として，2学期には町内会の協力を得て「がんぎ市」を成功させる。

　5年生になると，地域との連携も強まり，子どもたちの活動を契機として「町づくり協議会」が誕生した。その協議会の要請で，子どもたちは地域の「三世代交流プラザ」来館者5万人記念イベントである「ハッピーフェスタ」(子どもたちの命名) を請け負うことになる。そのフェスタにむけ，商品開発部で

は，ハーブを使った町おこしを企画し，学校の花壇で30種のハーブを栽培した。そのハーブを原料として，ハーブティー，ハーブソープ，ハーブキャンドル，防虫用サシェ，ポプリの5種の商品を開発した。

こうした活動は6年生になっても発展し，町内会のイベント「時代まつり」に参画し，子どもたちと町内会の一体化した取組みに発展する。さらに，卒業を間近に控え，各グループは地域内各所の現地調査や住民への意識調査を踏まえて，町づくりへの独自の意見書を作成し，町内会の人々と交流したのである。

南本町は伝統的な商店街であり，開発の進んだ他の地域と比べて活性化が求められていた。商店街の担い手も高齢化し，町内会の活動も活発とはいえなかった。そこに子どもたちが登場し，いろいろな企画を試みていった。子どもの意欲と活動に展望を感じた地域の人々が，町づくりへの取組みを活発化させていったのである。こうした状況をみると，この実践はまさに「古い事実を動かし，新たな事実を作り出す」地域に根ざした教育実践そのものであったといえる。

こうした実践をみると，子どもたちは早熟な小さな市民なのだと思う。地域から課題を紡ぎ出し，「まちづくり協議会」を創設するたくましさからは，社会を形成する力としての「社会力」（門脇厚司）の旺盛さを感じる。だが，早熟は未熟に通じる。そこに教師や大人の支援ネットワークの必要が生じる。そして，ツールとしての会社組織の意味も存在する。「子ども会社」の推進する公共の目的に即し，「ちょっと重たい責任」（大変だが負えない範囲ではない）を負うことで，子どもたちの実践に切実感と真実性が生まれる。

実践は常に教師の思惑を超える。子どもの実践の伴走者としての教師の役割は難しい。そこでは，＜教える側と教わる側＞の関係ではなく，時に冒険させ，時に知恵と元気をさずけ，微妙に関係を調整しなければならない。定型から脱した難しさとおもしろさがある。

ところで，会社設立，地域再興というと，大それた話に聞こえる。しかし，中村は最初からこれらを目論んでいたのではない。子どもの活動が，会社というツールや地域という実践の場を求めたのである。そしてこれらのフレームやネットワークができることで，かえって学校や教師は楽になる。子どもの学習を地域の大人たちが分担しあうからである。

なお，この南本町小学校は，江口武正の最後の勤務校であり，江口は校長として職員の協力のもと，子どもたちに校区の史跡や歴史を研究させ，『子どもの調べたふるさと南』(120頁，1985年) を作成させている。地域と学校の縁が深く耕されている校区なのである。こうした伝統のうえに，キッズプロジェクトの実践が生成したことも付記しておこう。

6　おわりに

　以上，内発的な教育実践を展開してきた江口らの個別具体的な事例について踏み込んで叙述してきた。かかる江口・上越教師の会の思想と実践は，戦後日本の教育者の良心を示すものといえる。同時に，今日と未来の教育実践に勇気と希望と知恵を提供するものでもある。新資料の発掘・収集，諸資料の分析をふまえた江口・上越教師の会実践の全体像の解明，戦後教育実践史における位置づけなど，戦後教育実践の高みを構成した江口・上越教師の会の思想と実践が，さらに研究され評価されることを望みたい。このことを確認しつつ，以下やや一般化して，江口らの地域教育実践からの示唆について整理しよう。

　第1は，江口における地域教育実践の構図である。教育実践[31]の創造とは，子どもや地域の教育現実に切り込み，新しい事実を創り出していくことにほかならない。そこでは図7.1にあるように，第1に，子どもや地域の現状や変容に対する的確な状況分析が不可欠である。何が課題でありどのようなリソースがあるのか。そのうえに実践の方向性が位置づけられるからである。江口らが上越教師の会の経験を『子らと地域をみつめて』というタイトルの著作にまとめたことの意味がそこにある。第2に，実践は教育政策と無縁ではない。むしろ深い影響を受けざるを得ない。学習

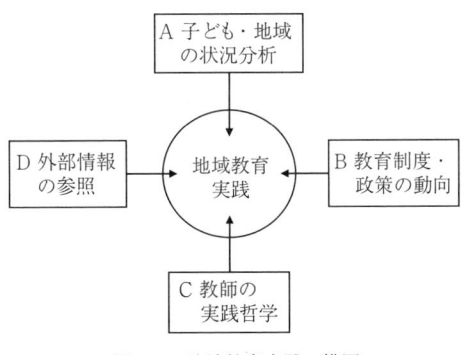

図7.1　地域教育実践の構図

指導要領・検定教科書・教育行政指導等のフレームに賢く対応しつつ、実践を構築することが必要である。江口らの生活教育実践がそうであったように、ときにはそのフレームを超えることで、フレームを変える機能を果たすこともある。第3に、こうした実践の地下茎には、教師の実践哲学が存在する。江口に戦時中の臨死体験(32)があり、そのうえで敗戦直後の教育の転換に対する期待があった。「子どもを中心にした教育」(江口)の理念が、実践を支える哲学としてぶれない芯の部分を構成した。そうした「for what」の土台はまた、先輩の教師たちとの交流のなかで明確化したものでもあった。第4に、多層的な外部情報を参照しつつ実践が構築されている。江口の場合、地域教育サークルでの磨きあいがあり、同時に生活教育の全国組織との交流も密であった。さらに、それらの研究団体等を通して、研究者とのつきあいも継続した。こうしたさまざまなメディアからもたらされる情報を参照しつつ実践が構築されているのである。

　第2に、江口らの地域教育実践の考察の普遍的意味である。戦後日本の教育の変遷をたどるとき、その背景要因として経済社会の変動や教育政治の転換を指摘することが可能である。「学力」低下キャンペーンや「ゆとり」教育批判という近年の教育の動向にも、経済や政治の影響をみることができる。その意味で、教育行政・政策レベルの転換は、教育外的な要因に左右されることが多い。だが、地域教育実践の世界は、地域の子ども・教室・学校の現実の上に展開される。「国家」教育「政策」の視点から見ると、「地域(地方)」における「実践」という意味で、最も遠いところに位置している。しかし、地域教育実践の展開場面こそが教育の「臨床場」にほかならないともいえる。その「臨床場」における自律性と実践力量の形成が、教育改革の重要な拠点となる。そして、「官」の政策垂れ流しに対する「民」の力による中和策が不可欠である。＜実践＞という視点から、＜政策＞や＜制度＞を検証する視点が重要となる。

　地域に限定した研究は、一般化が困難ではないかという疑問も指摘されるだろう。だが、研究対象の限定はマイナスばかりではない。「一所懸命」に実践したからこそ見えてくる世界がある。「一所懸命」による個別の文脈へのこだわりがかえって普遍性を獲得し、結果的に時代を超えた先進性を生み出したといえる。また、地域に根ざす教育の追究のなかに、教育現実から生成する教育

理論の可能性が展望できるのである。

　第3に，教師教育への示唆である。近年，教師教育をめざした専門職大学院の創設が政策化されている。教職大学院は，「プロフェッショナル・コースとして学校現場における実践力・応用力など教職としての高度な専門性の育成に重点を置く」[33]。そして，教職大学院においては，フィールドワーク・学校における実践経験・シミュレーション・ワークショップ・ロールプレイング等の授業形式が推奨されている[34]。ここには，教育実践力の向上を図る教師教育の課題が凝縮されている。そして，教育実践面における即効性（即戦力の教員養成）の追究と大学院における教員養成へのシフトがはかられているといってよい。

　確かに，困難さを倍加した今日の学校教育において，即効的な教員養成の課題や専門職性の担保を大学院レベルの教員養成によって果たしていこうという基本的方向については理解できないでもない。しかし，一方で，すぐ使えるもの（即効性）は同時にすぐ使えなくなるもの（陳腐性）でもあるという逆説もまた忘れてはならない。他方で，大学院による養成という点では，新構想教育大学を含めた教員養成系大学院の40年にわたる経験をどのように評価するのかという問題を見過ごすわけにはいかない。中教審が指摘するように，「個別分野の学問的知識・能力が過度に重視される一方，学校現場での実践力・応用力など教職としての高度な専門性の育成がおろそかになっており，本来期待された機能を十分に果たしていない」[35]と精算してすむものであろうか。40年間にわたる実践の森に分け入り，その制度と実態の検証の努力が求められているのではないか。それをせずにただ精算して，新しく見栄えのよい枠組みをつくったとしても，どこまで有効な実践を構築できるか疑問を禁じ得ない。その点で，次の言葉を戒めとして記憶したいものである。「自分の来歴を知らない知識，知ろうとしない知識は，同時代の社会状況や政治的介入に振り回され，その場その場でただ狂奔しているだけのものに成り下がる」[36]。「表面を美しく滑るまえに」[37]，子どもや地域の状況をていねいに分析し，そこから課題を立ち上げて教育実践を創造するエコロジカルなアプローチが必要であろう。そうした豊穣な実践の宝庫が，江口や上越教師の会の経験にほかならない。その意味で，地域に根ざす教育，単元習作や授業，子どもを中心とした学校づくり，自

律的で開発的な研究システム等，江口や上越教師の会の蓄積に学ぶことで，教職大学院のコア（ぶれない芯）をすえることができるように思う。

注

(1) 詳しくは，和井田清司編『内発的学校改革　教師たちの挑戦』学文社，2005年参照。
(2) 上越教師の会をふくめ，戦後日本の教育実践を調査し，記録することは重要な研究課題である。本書と同質の問題関心で記述したものとして，次を参照のこと。和井田清司「戦後総合学習の源流 - 戸石四郎における総合学習概念の形成過程」（『武蔵大学人文学会雑誌』第35巻1号，2003年，17-51頁）。「未完の教師修行 - 田中裕一における教育実践の展開過程」（『武蔵大学人文学会雑誌』第35巻1号，2004年，117-156頁）。
(3) 後藤清代「新潟県上越地方における郷土教育の源流と派生する三つの流れ（戦前編）」新潟県社会科研究会『社会科研究紀要』No.22，1987年参照。
(4) 江口武正『地域に生きる学校』明治図書，1978年，24-25頁。
(5) 同上，41頁。
(6) 同上，50頁。
(7) 同上，45頁。
(8) 「生活台」という用語は，1930年代半ばに北方教育の実践のなかから生成したものである。戦後も，生活綴り方や生活教育の場でしばしば使われてきた。自分たちの生活の基盤をなす地域という意味である。
(9) 前掲（4），51頁。
(10) 前掲（4），53頁。
(11) 前掲（4），53頁。
(12) 前掲（4），53頁。
(13) 前掲（4），53頁。
(14) 前掲（4），95頁。
(15) 前掲（4），100頁。
(16) 前掲（4），122頁。
(17) 「地域に根ざした教育」の意味内容は論者によって多様であり，一義的に定義できない。戦後日本の「地域と教育」に関する言説の整理としては，朱浩東『戦後日本の「地域と教育」論』亜紀書房，2000年を参照のこと。
(18) 江口「村に生きる学校—地域に根ざした教育実践」『地域に根ざした教育』実業之日本社1977年，37-38頁。
(19) 新潟県上越教師の会編『地域に根ざす教育と社会科』あゆみ出版，1982年，43頁。
(20) 「ノーカバンデー」という命名は，渡辺了市のアイディアによる（山賀昭治・渡辺了市・松浦恵への聞き取り，2006年9月6日，直江津ハイマートにて）。
(21) 前掲（4），13頁。
(22) 上越教師の会，江口・山賀・杉山「子どもの生活台に切り結ぶ社会科」生活教育217号，1966年，18-28頁。
(23) 前掲（4），62頁。
(24) 前掲（19），50-51頁。
(25) 前掲（4），99頁。

(26) 前掲 (4), 51 頁。
(27) 上原専禄著作集 14 巻, 評論社, 1989 年, 322 頁。
(28) 詳しくは, 和井田清司「未完の教師修行〜田中裕一における教育実践の展開課程」『武蔵大学人文学会雑誌』第 35 巻 3 号, 2004 年参照。
(29) 前掲 (3) 参照。
(30) 詳しくは, 中村新「ギッズプロジェクト INC.- 地域と結ぶ子ども会社」(前掲 (1), 和井田編『内発的学校改革』第 3 章) を参照。
(31) 教育実践とは, 教師や学校の実践一般をさす言葉ではない。1930 年代, 生活綴り方運動の隆盛のなかから誕生した用語で, 創造的な実践によって新しい教育的事実をつくり出そうとする志向をさしている。江口や上越教師の会は, 教育の現実から創造的な教育原理を導き, 教育打開の道を模索してきた典型的なケースであり, 教育実践そのものといえよう。
(32) 江口は, 1945 年 8 月 2 日, 松本市歩兵連隊に入隊した。終戦の日, 上官より手榴弾をわたされ,「悠久の大儀に向かって前進」と自決の行進を命ぜられた。その行進は途中で中止され, 危うく一命を取り留めた (「教職 40 年―私の歩いてきた道」退職記念講話の記録, 2-3 頁)。
(33) 中教審「今後の教員養成・免許制度の在り方について―中間報告」2005 年 12 月 8 日。
(34) 教職大学院におけるカリキュラムイメージ, 中教審教員養成部会専門職大学院 WG 資料, 2005 年 11 月 21 日。
(35) 前掲 (33)。
(36) 金森修, 朝日新聞, 2005 年 2 月 20 日。
(37) 江口武正「表面を美しく滑る前に」『カリキュラム』1952 年 6 月号, 誠文堂新光社。

(付記) 本章は, 以下の論考を統合し, 加筆したものであり, それらの論考と重なりがある。
　和井田清司「地域に根ざす教育再考」武蔵大学『教職課程年報』20 号, 2006.5。
　和井田清司「教育実践創造の可能性と課題」『日本教師教育学会研究年報』15 号, 2006.9。

第8章　上越地方における総合学習の
　　　　先駆的生成過程

柳　恒雄

1　はじめに

　後藤清代氏の研究[1]によれば，江口と上越教師の会の実践は，「三つの支流」としてその後の上越地域の諸実践に多くの影響力を与えたことになる。その一つが，上越教育大学附属小学校（以下，附属小学校）[2]と上越市立大手町小学校などが先駆的に行ってきた総合学習の実践である。
　かつて附属小学校や大手町小学校に在職し，総合学習の先駆的実践の先頭に立ってきた小林毅夫氏は，当時大手町小学校長として1999（平成11）年発行の小学校学習指導要領解説総則編（文部省）の作成協力者の一人になっている。上越地方における総合学習の先駆的実践がいかに高い評価を受けていたかがわかる。このことは，中野光氏の2005（平成17）年3月の講演[3]のなかでも次のように語られている。

　　小林毅夫先生が，大手町小学校の教頭だった時，生活科が発足しました。低学年社会科と理科が解体され，生活科となったのです。やがて総合的な学習の時間が始まることにもなりますが，小林先生は附属小学校に在職され，「総合活動」とか「総合教科活動」を先取りしてやられていたのです。先生の実践の中には「総合の伝統」というのが既にあって，社会科を含み込み，教科の枠を越えて，地域の現実を学習課題へと結びつける発想が必要なことを，理論的にも既に提起しておられました。ですから，生活科とか総合的な学習の時間が文部省から出てきたとしても，小林先生にとっては別に新しくもないという受け取り方をされたろうと思います。
　　江口先生は，どうだったでしょう。私は，「生活科や総合的な学習の時間，

そういう文部省の構想と上越教師の会の先生方が提起されているものとの間に，基本的な違いはないでしょうか」と，端的に聞いたことがあります。先生の答えは，「文部省のは，短編小説みたいなもので，私たちが願っているものは大河ドラマです。もっと大きな課題に挑戦していくという，そうでないと本当の総合とはいえないのです」と。生活科も総合も，どちらも大河ドラマであるべきだという提言，私にとっては大変印象的な江口先生のご意見でした。おそらく，この発想は，今も上越では生きているのではないでしょうか。

　生活科の発足に先立って，文部省はいくつか研究指定校を委嘱しました。そこには，戦後新教育の伝統が生きていましたし，民間教育研究の成果も蓄積されておりました。指導的立場にあった人たちが，かなり柔軟な学校経営をされていたように思うのです。私はそのような研究をしている学校の実践に接して，日本の教師の力量は相当高いレベルだと感じました。ですから，文部省は，低学年カリキュラムについてもあまり窮屈な枠をはめず，自由に研究してみてくれというふうに委嘱すれば，実に様々な個性的でユニークなカリキュラムや実践が試みられると思っています。

　私は，柴田義松さんたち教育方法学会の有志メンバーで，大手町小学校と附属小学校を参観させていただいたことがあります。

　コア・カリキュラムの復活を思わせるような大形単元でした。ヤギの飼育をしたときには，時間をたっぷりとって，しかも通年でやるとか，あるいは地場産業としての味噌を取り上げたものもそうでした。子どもたちは大豆を蒔いて，収穫し，豆をにて味噌づくりをする。そういう地域の特徴を活かした実践を拝見して，とても感動しました。江口先生のおっしゃる大河ドラマの実践の，一つの典型だろうと思います。

　筆者に与えられた課題は，このように注目されている上越地方における総合学習の先駆的生成過程を，江口や上越教師の会の実践とのかかわりから明らかにすることである。

　折しも，「生きる力」の育成をめざして創設されたばかりの総合的な学習の時間が現場に定着していない状況が問題になっている。またとない「教育内容の自主編成」の好機を生かし切れていないのである。そのことから，中央教育

審議会の教育課程部会や生活科・総合的な学習の時間専門部会は，その趣旨や理念には間違いがないとし，その「改善の方向性」について整理してきている。また，政府の教育再生会議は，学力向上のために「ゆとり教育」の見直しの方向を強く示したばかりである。

江口と上越教師の会の実践や上越地方における総合学習の先駆的実践は，常に地域に生きる子どもの姿を見つめながら，「教育内容の自主編成」に情熱を掛けてきた歩みであるといえる。そして，筆者に与えられた課題を明らかにすることは，この「ゆとり教育」の見直しや総合的な学習の時間の改善のための，一つの資料提示になるはずだと捉えている。

以上のことから，江口や上越教師の会とともに歩んできた，戦後の附属小学校や大手町小学校の実践研究の経緯を中心にしてこの課題に迫ってみたい。

2 先駆的実践事例1──上越教育大学附属小学校

(1)「ゆとりと発展」 知識と活動性の両立を図る教育課程へ

戦後の教育は，J・デューイの実験的経験主義の影響を強く受け，子どもの生活経験を重視した新教育から出発した。附属小学校においても，1949（昭和24）年の研究図書[4]のなかで「学校の教育計画は，児童の生活経験を基礎にし，学習活動は生活に始まり生活に終わる。この生活の過程において，民主的社会人としての態度，能力，知識，技能を体得させようとしている」という理念を打ち出している。ここに，子どもの生活現実を捉え，そこから子どもの学ぶことの様相を解明していこうとする経験重視の考え方が鮮明にうかがえる。

昭和40年代になると，教育界は科学技術改革の台頭に直面し，J・S・ブルーナーの認知心理学を基盤とした教授面に対する問題提起によって，大きな揺さぶりを受けるようになる。

附属小学校においても，教科教育を中核にすえて発展的学力論や指導方法論を展開していく。当時の研究図書[5]では，授業のなかで課題構成の場面を巧みにつくり出し，子どもの追究力を育成する手だてを明らかにしている。しかし，指導の工夫に深入りしてしまい，子どもの自らのすじ道に従って追究していく姿を大切にすることがおろそかになってはいないかという反省や問題が出

てくるまでに時間はかからなかった。つまり，真に子どもが生きる姿とは一体何なのか，どのような教師の手だてによってその姿が可能になるのかといった問いであった。

そこで，附属小学校はこれまでの「子ども理解」の原理・理念に再度立った「ゆとりと発展のある教育」の研究に着手する。1974（昭和49）年から1980（昭和55）年までの間に，研究主題を「ゆとりと発展のある教育」として大きく掲げ，さまざまな角度から理論と実践を積み重ねていくことになった。1974（昭和49）年には低学年の「総合単元」の設定に着手し，低学年教育の全体構想を明らかにした。次にこれを基盤とし，教科指導の改善と中・高学年の「総合活動」の設定によって教育課程の全体構造に一応のまとまりをつけている。

まず，初期の研究の基本的な構えは，低学年の子どもの発達特性に着目し，それにふさわしい学校生活を設計することにあった。そこでは，子どもの生活に根ざした経験を組織し，行動を通して学ばせる活動と，教科のもつ体系的な価値に着目し，知的なものを追究させる学習の二つの特徴をもった教育課程が必要だと認めていた。具体的には教科（国語，算数，音楽，図工，体育），「総合単元」，道徳，特別活動の4教育活動からなる教育課程を編成したのである。

(2) 初期の低学年の「総合単元」

「総合単元」は，創造性と気力・体力を培い，身近な社会や自然に働きかける豊かな経験と行動力を育てることをねらって，週7時間の設定であった。さらに具体的なねらいに基づき，学級や学校のくらしから生まれる課題，子どもの発想から生まれる自由課題，社会や自然にかかわる子どもの学習課題から，「学校生活」「自由活動」「社会」「自然」という4つの形態（単元群）に整理されていた[6]。

さらに，「総合単元」の構想と展開のための7つ着眼点が示されている。このなかで，子どもたちの生活と意識を背景にすること，自然な学習の流れを大切にすること，作業を通して豊かな経験を与えること，一人ひとりを生かした学習の場にすることなどは，この教育活動を特徴づけるものである。

当時，単元としては「かいじゅうとあそぼう」「高田公園で宝さがしをしよう」「小さな春みつけた」などがあった。きわめて簡単なものであったが，子

どもたちは，瞳を輝かし喜びにあふれて活動していた。教師は，教室での教科の学習場面では見ることのできない，生き生きした子どもたちの姿を見て，「総合単元」に大きな可能性を感じたそうである。

やがて，たとえば2年生では，はたらく人シリーズを「総合単元」の一つの柱にすえて活動を展開するようになった[7]。春から「はたらく人のファッションショー」「朝市で春を買おう」「朝市ではたらく人」「おひゃくしょうさんの仕事」「朝市ごっこをしよう」などの単元をつなげていくのである。このシリーズでは，地域の人々の生活や生産活動に直接ふれて社会をリアルに見つめ，社会の見方を深めていこうとする大きなねらいがあった。そのために，見学・作業・再現・実演・模倣などの具体的な活動を重視した。「朝市ごっこ」は，生活する人のそれぞれの立場に立ってその心情を理解し，生活のための苦労や工夫を体験的に理解させるために構想されたのである。また，本物になりきって活動を展開したことは，子どもにとって身近な生活や環境との交わりを深めるという面だけではなく，よく知る，仲間と協力する，全身で工夫しながら取り組む，喜びや満足感を味わうという，それぞれの面で貴重な体験になっていた。

(3) 学び方を育てる中・高学年の「総合活動」

低学年の「総合単元」は，数年の手応えのある実践を経て3年生まで延長された。そして，知識・技能と活動性の両立を図ることはもちろんのこと，子どもの発達特性を重視し，学び方を育てることから，教育課程の再編成が行われていた。「総合単元」の考え方と手法を生かすかたちで，まもなく中・高学年に「総合活動」が設定される。

1978（昭和53）年の研究図書[8]では，「ゆとりと発展のある教育」のもとでめざす子ども像と期待する力について次のように述べている。

> わたしたちが求める子ども像は，「よく遊び，よく学ぶ子ども」であり，「かけがえのない子どもの時期を胸を張って生きる子ども」であると言ってきた。このことを基本に，＜自ら考え，実践する力を身につけた心身ともに健康な子ども＞というめざす子ども像を設定する。……このような子どもの育成をめざすことによって，生涯にわたって自発的に課題にとり組み，自ら実践し課題を解決していく力を身につけることができると考えた。

このような力を，わたしたちは，「自ら学び学び方を身につけていく力」
と捉えた。……この期待する力は，基本的・基礎的な知識・技能とそれら
をもとにして，自ら学ぶすじ道を切り開いていこうとする意欲・態度を含
めた学力観である。
　すなわち，中・高学年の「総合活動」は，既有の知識・技能・価値判断力な
どを駆使して，教科の枠を越えて実践的・応用的に学んでいく体験重視の活動
として設定されたのである。そして，子どもの発想・企画力・実践力などを尊
重し，そのねらいから，「楽しみ（楽しみを広げ個性を伸ばす活動）」「仲間（集団性
や仲間意識を育てる活動）」「ふるさと（郷土の自然や歴史に豊かに触れ合う活動）」と
いう三つの活動群によって構成されていた。
　具体的に，この「ふるさと」の活動群には，高田公園シリーズとして「高田
公園の生きものしらべ（3年生）」「高田公園の建物や石碑しらべ（4年生）」「高
田の町の石碑や記念碑調べ（5年生）」「高田城の今昔（6年生）」などの活動があっ
た。

(4)「人間としての生きる力」を育てる「総合教科活動」

　中・高学年の「総合活動」の設定によって教育課程の全体構造に一応のまと
まりをつけようとしていたころであった。1977（昭和52）年，学習指導要領は，
学校教育に人間性を回復しようとして改訂された。
　附属小学校でも，1980（昭和55）年から第2次教育課程研究として「人間
としての生きる力を育てていく教育」をめざした教育課程づくりが始まる。
1983（昭和58）年の研究図書[9]においては，人間として生きるとは，主体性を
もって生きること，自然との調和を保ちながら生きること，社会的存在として
生きること，文化の担い手として生きることであるとし，人間教育に迫る基本
的な立場が示されている。
　これまでの「総合単元」や「総合活動」では，子どもたちの喜々として活動
を楽しむ姿，一人ひとりが認められ意欲を増していく姿，創意工夫を重ねて
活動をやりとげ充実感や満足感を味わう姿などが数多く見られ，一定の評価
はあった。しかしながら，「人間としての生きる力」をめざすなかでこれらは
一層重要視されることになり，さらには，発達特性からみて，入門期（1年生），

移行・拡充期（2・3年生），充実・発展期（4・5・6年生）という新しい区分のもとでそれぞれにふさわしい教育活動を構想することになった。

まずは，入門期および移行・拡充期の総合学習は「総合単元活動」として，活動の内容やその構成に検討が加えられた。

そして，充実・発展期のそれは「総合教科活動」として，自然，社会，文化など人間にかかわる課題意識のもとで，人間のあり方を問いながら，リアルで総合的なものの見方・考え方を身につけさせていく教育活動となった。そのために，このころから，人間のあり方を探るテーマ，対象のもつ総合性に着目した多様な追求活動などが大切にされるようになったのである。

4年生の「関川ものがたり」という代表的な単元は，ここで生まれている。その目標を「水の循環が生命を育み，くらしを支え，文化を創り出してきたことを，関川に息長くかかわり，『関川ものがたり』を創作することを通して探らせ，川と人間の調和的なあり方について総合的な見方ができること」とし，国語「すじ道のはっきりした文章を書こう」，社会「高田平野の水とくらし」，理科「川の流れ方と水のはたらき」などの内容と時数を取り込んだ，176時間の大単元である。

活動は，関川60キロメートルの踏査をめざして，川に遊び，川と語りながら，自然と人間のかかわりに目をひらくところから始まる。やがて子どものなかにいくつかの問いが生まれ，水の需給関係，水循環などの視点から川と森林のかかわりを考えていく。そして，川を改造し，川を利用してきた人々の営みなどを調べながら，川に対する人間のかかわり方を問い直すといった展開になっていく。

最後には，物語の創作を通しながら活動をまとめ，これからの川と人間の調和的なあり方を探る。Y男は次のようなプロットで「関川ものがたり」を創作している[10]。

- 第1章「生まれる関川」(1) 4人兄弟の冒険 (2) 海からきた仲間 (3) 白いダムから生まれる (4) 緑のダムから生まれる (5) 苗名滝へ
- 第2章「役に立つ関川」(1) 4人兄弟のわかれ（①発電所への兄 ②中江用水への姉 ③工場用水への妹 ④本流を行く雨くん）(2) 仲よく日本海へ
- 第3章「昔の関川」(1) タイムトンネルにのる4人兄弟 (2) 昔のトラック

（川舟）(3) 農民の願いと中江用水 (4) 電灯のついた日 (5) 関川そのものが水道
- 第4章「なやむ関川」(1) よごされる川 (2) ゴミ捨て場じゃない (3) あばれる関川（①18号台風 ②昔の道を流れた関川）
- 第5章「未来の関川」(1) 関川のことを思う子どもたち (2) ぼくたちの植えた木が (3) 呼びかけ始める人々（①下水処理場 ②関川改修 (4) 関川は明日も流れる）

　子どもは，膨大な活動記録と原稿用紙100枚を超える「関川ものがたり」の重さに，1年間の追求の重みを感じ取っている。

　ほかにも，ブタの飼育など多くの体験活動を核にしながら，対比の論理を駆使して，人間として生きることの意味を考えさせた，5年生の「生きている・生きる・生きぬく」の単元も開発されている。

　このようなダイナミックな単元展開は，①感性を通した対象との主観的なかかわりを重視する，②子どもの発想や追求の方向を捉えた柔軟な展開を図る，③拡散と集約の活動をタイミングよく設定する，④文章表現活動を重視し，体験を意味づける，⑤活動の成果を何らかのかたちでまとめ，満足感を味わわせる，といった5つの留意点で支えられていた。この段階で，附属小学校の総合学習のスタイルとして確かなものになっていたのである。

　その後，1985（昭和60）年からは「学び続ける基礎を築く教育課程」をめざした第3次教育課程研究が始まる[11]。入門期および移行・拡充期の「総合単元活動」，充実・発展期の「総合教科活動」はさらに充実し，新設されたばかりの生活科の実践モデルとして全国から注目されていくのである。そして，総合的な学習の時間が新設される1998（平成10）年には「Wan Cha」というビジュアルな研究誌を出している。この言葉は「わんぱく」「やんちゃ」「チャーミング」「おちゃめ」をイメージした造語であり，従来のワンパターン化した出版物へのチャレンジの意味が込められていた。これは，単なる研究誌にとどまらず，研究方法の改革，研究会の改革，授業の改革，指導計画の改革，学校運営の改革とさまざまな改革が同時並行・なだれ現象となって起こった結果であった[12]。そこの根底には，総合学習の実践を通じて教師が意識改革を図った結果があった。

3　先駆的実践事例2──上越市立大手町小学校

(1) 研究開発学校として誕生した「上越プラン」

　大手町小学校も，戦後同じような実践研究を歩む。新教育の流れのなかで，児童理解を進めながら「自由研究」「街の教室」「総合学習」など大手町小学校独自の取組み[13]が行われていた。さらに，ブルーナーの「教育の現代化運動」が大きな影響を与えていたころの1966（昭和41）年，全国公開研究会を開催し，『学習指導の現代化』[14]を出版している。江口はそのときの研究主任であった。

　そして，1977（昭和52）年度に文部大臣より研究開発学校として指定される。委嘱された研究事項は「小学校において，児童の実態に対応して，基礎的な学力の一層の定着を図る教育課程の研究開発」である。ここでは，まず子どもや地域の実態を把握し，これからの社会の態様の想定しながら，教科・領域の再編ならびに指導内容の選択を行い，「上越プラン」という教育課程を開発している。その主な内容は次のとおりである[15]。

- 道徳性の育成やしつけの指導を強化する必要を認め，特別活動と「道徳」を統合して「生活活動」という新領域を設定した。
- ものをつくる機会を多く与え，つくる喜び，工夫する喜びをもたせることを強調し，図画工作科と家庭科を統合して「創芸科」を新設した。
- 低学年の子どもは自然や社会のなかで総合的な体験活動をさせるのが望ましいと考え，それを「生活活動」のなかで行い，低学年の社会科・理科を廃止した。

(2) 初期の「生活活動」

　低学年では社会科・理科を廃止し，「生活活動」を設定した。低学年の子どもの学びとしては，自然や社会には主観的・感性的にかかわったほうが自然で望ましいからである。

　たとえば，1年生の「(高田公園)宝さがし大会」は，施設・動植物調べや絵地図づくりなどの個別活動にグループ活動を組み合わせた活動であった。活動の実際では，子どもは遊びながら，厚生会館，売店，大学，遊具など公園内の施設の名前がわかり，売店の隣りの厚生会館，堀のなかにある大学などといっ

た場所の把握ができた。堀の周りにたくさんある桜の木などを手でさわって確かめることもできた。また,「売店近くの松の木の下にテントウムシの幼虫がいたよ」「どんな形をしていた？」などと虫を見つけた様子を話し合う姿があった。「グループで一緒になって探すこと」など，子どもたちなりにルールを決める姿もあった。今まで漫然と見ていた公園の施設や動植物などに問題意識をもち，知的好奇心を高めることができたのである。

　しかしながら，3年生以上の「生活活動」の目標や内容については低学年のものとはやや異なるものであった。そもそも，学校における道徳教育のあり方にもの足りなさを感じながら，特別活動と「道徳」の統合を中核として新しい領域「生活活動」を設定したことになっている。当時の研究図書[16]によれば「生き生きと展開される活動には自分たちの力で解決しなければならない現実的な問題が生じ，そこで総合的な見方や能動的な生き方を学習させることこそ，小学生の実態に即した道徳教育である」といった趣旨が述べられている。よって，「生活活動」の目標は「豊かな感情に支えられた集団活動を通して道徳性を養う」ことであった。

　当時，「生活活動」の学年・学級活動としては「ポートボール大会」「リレー大会」「買い物ごっこ」「マンガ大会」(以上3年生),「収穫祭」「いもほり」「球技大会」「遊びの紹介」「クリスマス演劇大会」(以上4年生),「球技大会」「映画会」「お楽しみ寸劇会」(以上5年生),「サイクリング」「オリエンテーリング」「手づくりのプレゼント交換」「創作げき」(以上6年生)などが実践されていた。いかにも特別活動と「道徳」の統合といった内容であった。

(3) 初期の「生活活動」の課題

　水越敏行氏は，当時の研究図書の序文[17]のなかで，教師集団の研究への情熱と思考の柔軟性を評価しながらも，次のような課題を書き残している。

　　教科と「生活活動」という本校(大手町小学校)のとらえ方については，基本的には賛成であるが，二領域と子どもとのかかわり方を，もう少し明確に知りたいものである。……途中のいきさつをとびこえて，現在における二本だてのカリキュラムをみてみよう。「ゆとりと充実」とか「カリキュラムの人間化」の名のもとに，各地であたらしい試みがなされている。従

来の教科の他に，合科や総合学習をおいて，前者は教科の壁をがっちりと固め，後者はその壁をフレキシブルなものにする。両者の指導法や評価はもちろんちがってくるべきだが，いずれも教師が設計したもので，教師や学校から与えられる教科カリキュラムのなかのサブカテゴリーにすぎないのである……。

　これからのカリキュラムが，児童の人間としての「自己覚醒」をめざすものならば，しかも「教育の現代化」という1960年代の荒波をくぐりぬけてきたうえでの新カリキュラムを求めるのならば，新しい方向性と方法が要求されるのでなかろうか。具体的にいうと，教科の論理に導かれて成り立つ教科の学習と，子どもの生活の論理に導かれて成り立つ生活の学習と，この基盤を異にする二つの領域の統合を約束するものでなければなるまい。特に後者に関していえば，教師の目からみての合科的，総合的な学習活動でなく，子どもが自分（たち）の問題を解決し，経験を拡大再生産していく活動でなければならない。かつては，教科主義と経験主義として，両極分裂させられたこの二つの立場や理念が，学校カリキュラムの中に具体的に両立される方向をとるべきであろう。……大手町小学校の二領域カリキュラムは，果たして本当にこうした方向性をもっているだろうか。

(4)「生活活動」の評価と改善

　水越敏行氏の指摘により，すぐにカリキュラム評価にとりかかっている[18]。方法としては，子どもの学びに着目しながら，活動の内容やその構成に検討が加えられた。

　実際には，6年生で「高田公園のようすを実地に調査したり，写真をとったりする活動を通して，公園のよさがよくわかるようなガイドブックをつくらせる」というねらいで行った実践があり，子どもの学びを次のように記録している[19]。

　　　A子は一人黙々と活動計画を立てていた。A子は「憩いの場」をテーマの中心にして，具体的な内容までをも考えていた。そういえば，A子は，日曜日になると家族で公園に行って楽しんでいたことを日記によく書いていた。つまり，何回か行っているうちに，憩いの場として求めてくる人た

ちの多さに気づいていたのである。A子は，その週の日曜日にも公園に行き，憩いを求めてやってくる家族や人々の数を8時間かけて調査していた。

B男は，フィルム2枚を残して撮影を終えた。残された2枚は，光に染まる夜の噴水とナイターの野球場を撮るためだという。翌日の夜，父親と行って撮ってきた。

満開の桜が撮れないことを残念に思った子どもが多かった。H子もあきらめ切れなかった一人であった。H子は，満開時のポスターや資料などを求めに公園管理事務所に行っている。「事務所のおじさんはとても親切に教えてくださったので，できあがったら見せてあげなくちゃ」と約束してきたことを報告しにきた。

自分の撮った写真を中心に置き，そこにどの程度の説明を加えるかは，子どもにはかなり難しい課題である。「資料などの丸写しはダメ」の条件は，そのことを一層難しくしたようである。もともと歴史を得意とするC男は，「郷土の偉人」をガイドブックのメインにした。このことを調べるために，ある期間毎日のように昼休みと放課後を図書館で過ごした。

以上からわかるように，自ら立てた計画に基づいて調査し，表現するという子どもの問題解決的な学びが保障されているのである。そして，対象に積極的にかかわっていく姿，自分の生活をより豊かにしようとする姿が子どもの学びとして認められている。子ども一人ひとりの個性的な学びをきちんと記録していることが，カリキュラム評価として画期的であったと捉えられる。

(5)「生活する力」を育てる「生活活動」

1983（昭和58）年度には6年間の研究開発学校の指定が解かれたが，二領域の「上越プラン」を支える教育理念を受け継ぎ，新しい視点から中・高学年の「生活活動」を発展させていくことになった。学校裁量の時間を生かしながら，活動展開のなかで必然的に関連が求められる教科の内容については積極的に組み入れようとしていた。

附属小学校で実践を重ねてきた小林毅夫氏が大手町小学校に赴任してきたのはこのころであった。1987（昭和62）年の『雪の町からこんにちは』[20]，『生活する力を育てる教育—続・雪の町からこんにちは（教師編）—』[21]の出版の編集

主任として実践研究を推進していた。

　ここで,「生活活動」は大きく見直されることになる。まず, 教科とのバランスのうえに学ぶことと生きることの結合を図ろうとするときに, そこで期待するものを道徳性と限定せずに, 活動を通して「生活を見つめ, 生活にはたらきかけ, 生活を切り開く」といった「生活する力」を育てる教育活動として位置づけられた。

　そして, 地域に根ざした体験活動を重視するとともに, 単元開発の着眼点として, ①活動に没頭させ, 対象との心情的なかかわりを深めさせる, ②息長く取り組む活動のなかで, 変化を追いかけさせる, ③身近な人々の生きざまにふれさせる, ④創作・表現活動により, 成就感・満足感を味わわせる, ⑤地域に生活する一員としての, 自分の考えをもたせる, の5点をおさえていた。

　当時,「大手ちびっ子情報局」「希望っ子情報局－ぼくもわたしもニュースキャスター」(情報活動を中心にしながら, 四季の変化と人々の生活のかかわりに目を向けた3年生の実践),「雪国・高田を見つめよう」「雪と高田とわたしたち」(雪と人間のかかわりを総合的に捉えさせながら雪国・高田に生きる自分を見つめさせた4年生の実践),「食糧…その日」(飢えの体験をもとに自分をめぐる食糧問題に鋭い目を向けていった5年生の実践),「高田と米とわたし」(人々との交流を深めながら息長く米と自分のかかわりを追い続けた5年生の実践),「組曲『高田の四季』を作ろう」(ふるさと高田の四季の変化を見つめ組曲として創作していった6年生の実践) などの単元が実践されていた。

　特に, 5年生「食糧…その日」の実践はこれまでにはない発想の単元であった。自分たちの手で長い期間をかけて栽培・収穫させ, 手に入れることのできた食糧だけで1日を過ごす体験を通して, 食糧そのもののありがたさ, 生産者の苦労や喜び, 消費者や家族の願いや気持ちを理解させることをねらったものである。食糧自給率の低い日本や飢えに苦しんでいる諸外国の姿を見つめたり, 農家を訪問し相談したりする活動もあった。つまり, 活動を通して直面する課題や疑問点を進んで調べたり, 自分たちの活動を切り開いていく手段や方法を獲得したりすることを単元のなかに仕組んだのである。そして, 子どもの姿が実に生き生きと捉えられている。子どもの作文である[22]。

　　ついに, その日がやってきた。それは, あまりにも少なすぎるイモと野

菜入りのうすいスープ　米つぶ98つぶのおかゆ　わずか50キロカロリーだという　これで一晩過ごすなんて。ぼくたちが作った食糧だけで一冬過ごすとしたら毎日こんな食事なのだろうか　半分以上の人が死んでしまうよ。食糧のほとんどを外国に頼る日本　食料輸入ゼロの日　その生活はみじめだ。ぼくたちは，あまりにも食糧をむだにしすぎている。もう一度，食べ物について考え直してみる必要がある。

　1989（平成元）年に学習指導要領が改訂され，生活科が新設されたころには，このような「生活活動」の構想と展開によって，大手町小学校の総合学習のスタイルは確かなものになっていた。

　その後，1988（昭和63）年度から3年間「生活科に関する研究推進校」，引き続き1991（平成3）年度には「生活科実施推進協力校」の指定を文部省から受けている。そして，1995（平成7）年度から再び教育課程に関する研究開発学校の指定を受け，総合的な学習の時間の先駆的実践校として全国から注目されてきたのである[23]。

4　両者の比較考察

　附属小学校と大手町小学校が先駆的に行ってきた総合学習の実践をふり返ってみるとき，そこには共通性と独自性が認められる。それは時代の流れでもあり，相互にかかわってきた証しでもある。そして，互いにその共通性と独自性を認めながら歩んできたからこそ，この上越地方に優れた総合学習の実践が先駆的に根づいてきたといえるのではないだろうか。以下に，両者の共通性と独自性を確認してみたい。

(1) 戦後の新教育の理想と「子ども理解」の理念

　附属小学校と大手町小学校は，ともに戦後の新教育の流れをいち早く取り入れている。そこで大切にしたものは「子ども理解」の理念であった。これはその後もずっと大切にされ，確固たる教育理念になっていく。「教育の現代化運動」という大きな流れのなかでも「子ども理解」の理念は貫かれ，まもなくして，子どもの発達特性をもとに，行動を通して学ばせる活動と教科のもつ体系

的な価値を追求させる活動の二つのバランスを唱えていくのである。

附属小学校の低学年の「総合単元」は，まさにバランスを考えた「ゆとりと発展のある教育課程」のなかでのスタートであった。そして，その低学年の成果をもとに，学び方を育てる観点から中学年以上の「総合活動」が生まれている。一方，大手町小学校の「生活活動」は，文部省教育課程開発学校の指定のなかで生まれたものの，同様に「教科と生活活動の二領域による教育課程」として位置づけられている。ただし，道徳性の育成やしつけの指導を強化するねらいもあり，そこが大手町小学校の独自性であった。

(2) 人間としての「生きる力」「生活する力」の育成

1977（昭和52）年の学習指導要領改訂にて人間性の回復が強調され，附属小学校では，1980（昭和55）年から「人間としての生きる力を育てていく教育」をめざした教育課程づくりが始まる。現代社会の課題をテーマにして人間のあり方を問いながら，リアルで総合的なものの見方・考え方を身につけさせていく教育活動が求められ，総合学習は「総合教科活動」として生まれ変わっていくのである。

一方，開発学校の指定がはずされた大手町小学校も新たな歩みを始める。学ぶことと生きることの結合を図ろうとするときに，期待するものを道徳性と限定せずに，「生活する力」を育てる教育活動として「生活活動」の見直しを図っていく。

総合学習の大きな見直しが，人間としての「生きる力」「生活する力」の育成という共通した観点のもとで行われたのである。そのことで，総合学習が息の長い追求型の活動となり，附属小学校の「関川ものがたり（川探検）」「生きている・生きる・生きぬく（ブタ飼育）」，大手町小学校の「食糧…その日（食糧自給）」などの大単元を生み出すことになった。いずれも今なお実践され，他校のモデルとなっている。

(3) 単元開発そのものが教師の総合学習

たとえば「関川ものがたり」は一つのモデル的な大単元にはなったが，川と人間の調和的なあり方を探るというテーマをもとに，関川という対象のもつ総

合性に着目して，年々教師によって多様な追究活動が構想されるようになる。教室では見られない生き生きと学ぶ子どもの姿に励まされながら，活動展開にもう一工夫をしてみたい，対象のこんな一面にもふれさせてみたいという教師の願いが生まれる。子どもの姿と教師の願いがうまく循環し，教師は単元開発のおもしろさを感じていくのである。

こうした日々の単元開発と教師間の意見交換の積み重ねによって，総合学習の学びを支えるものが明らかになっていった。①活動に没頭し対象との心情的なかかわりを深めること，②文章表現によって自分の体験を意味づけること，③息長く取り組む活動のなかで変化を追いかけること，④地域に生活する一員としての自分の考えをもつこと，などである。

附属小学校や大手町小学校の教師の間では，早いころから「まず教師自らが総合学習を楽しんでやろう」「単元開発そのものが教師の総合学習である」といわれ続けてきた。生活科や総合的な学習の時間が新設される平成の年号になると，両者は，単元開発の楽しさを前面に出したかたちの図書出版や研究会開催によって，全国に向けて発信をしてきた。

5　まとめ　今日に引き継ぐもの

上越地方における総合学習の先駆的生成過程を，附属小学校と大手町小学校の実践で見てきたときに，いくつかのキーワードがある。「子ども理解の理念」「生活のなかで考えさせる，人の生き方を学ぶ活動主義の教育」「単元開発の楽しさ」などは，江口の「村の5年生」の実践の根底にあるものにも通じるものと捉える。

大手町小学校『生活する力を育てる教育－続・雪の町からこんにちは（教師編）』[24]にある下村省一校長の前書きが印象的である。「幾世代にわたって人々の営みが蓄積されてきた地域は教材の宝庫である。その地域に根ざしながら，子ども自身が生活を見つめ，はたらきかけ，切り開いていく『生活する力』を育てる教育活動のあり方を求め続けてきたのである。それは，教科主義という小さな型や枠にとらわれてきた固定的なものではなく，子どもの主体性や意欲に根ざして，大らかで，ダイナミックで，ロマンがあり，子どもたちや父母の

感動と共感を呼ぶものであるという意味から,『大河ドラマの教育』といえるかもしれない」と述べているのである。

　拙稿の冒頭に,江口の「私たちが願っているものは大河ドラマです。もっと大きな課題に挑戦していくという,そうでないと本当の総合とはいえないのです」という考えを中野光氏の講演[25]から引用しておいたが,偶然にも「大河ドラマのような総合」というたとえが下村校長と一致している。上越地方における総合学習の先駆的生成過程のなかに,上越教師の会の実践と,附属小学校や大手町小学校の実践が相互に影響し合って存在していたことがわかる。

　実は,筆者は江口武正先生の教え子である。先生が北条中学校の教頭として勤務し,その寄宿舎で倒れ一時入院したことはほかでも語られているが,そこで1年間社会科の授業でお世話になったのである。強く印象に残っているのは,倒れたことよりも,毎日の先生の授業のことである。先生の授業にはかたちがあり,それが毎日しっかりと守られていた。まず,黒板の左上に本時の学習課題を赤いチョークで書き,授業をスタートさせる。そして,私たち生徒に資料を与え,「これで調べてごらん。考えてごらん」と指示をする。グループの話合いや一斉の話合いもあった。調べたことや話し合ったことのポイントをきちんと板書する。最後には,本時で学習したことをもとに次時の学習課題を考えさせ,これを黒板の右下に赤いチョークでしっかりと書き留めるのである。前時から本時,そして次時へ学習がつながっており,私たち生徒は学ぶ必然性を感じながら,楽しく学習したことを思い出す。筆者は教師になってすぐに江口先生と話をする機会があった。そこで,毎日ノートに指導案を書いて私たち生徒の前に立っていたことを聞いた。改めて,先生の授業づくりへの情熱を感じたものである。その情熱を直接肌で受け止めてきた筆者はとても幸せ者である。そして,その情熱を自分自身で受け継いでいかなければならないと感じている。

　今,国レベルで「ゆとり教育」の見直しや総合的な学習の時間の改善が進められている。上越教師の会の共同研究の歩みと上越地方における総合学習の先駆的生成過程は,上越地方の大きな財産である。この「教育内容の自主編成」への情熱と力は,教育界の流れが今後どのような方向になっても,強く生き続けていくであろうし,そのことを強く期待している。

注

(1) 後藤清代「合科・総合学習を生み出した土壌」『上越における合科・総合学習の歩みと生活科の構想』（上越教育大学学校教育研究センター）1988年。
(2) 附属小学校は，1949（昭和24）年新潟大学第二師範学校附属小学校，1951（昭和26）年新潟大学教育学部附属高田小学校，1981（昭和56）年上越教育大学学校教育学部附属小学校と改称してきている。
(3) 中野光「戦後教育実践史の中の上越教師の会（講演記録）」『地域教育実践に関する総合的調査研究―「上越教師の会」関係資料の収集・分析を中心にして―』(2004-2005年度上越教育大学研究プロジェクト報告書）2006年，13-15頁。
(4) 新潟大学第二師範学校附属小学校『教育課程の構想と実践』社会科教育研究所，1949年。
(5) 新潟大学附属高田小学校『追究をしくむ授業』明治図書，1973年，9-28頁。
(6) 同『総合単元の構想と展開』明治図書，1975年，26-42頁。
(7) 同『子どもが生きる学校生活の創造』明治図書，1980年，105-112頁。
(8) 同『学び方を育てる教育課程の編成と展開』明治図書，1978年，15-21頁。
(9) 上越教育大学附属小学校『小学校総合教科活動と新しい道徳教育』教育出版，1983年，20-26頁。
(10) 前掲(9)，124-125頁。
(11) 上越教育大学附属小学校『学び続ける基礎を築く学校教育』ぎょうせい，1986年。
(12) 同『わが校百年の教育史』北越出版，2001年，107頁。
(13) 大手町小学校『大手の研究第1集 児童研究と新教育編』1947年。大手町小学校『大手の研究第2集 自発学習の形態編』1948年。
(14) 同『学習指導の現代化』明治図書，1966年。
(15) 同『学校の創意が生きる教育課程―二領域編成の上越プラン―』明治図書，1979年，13-14頁。
(16) 前掲(15)，39頁。
(17) 同上，3-4頁。
(18) 大手町小学校『教育課程の評価と改善―二領域による上越プラン―』第一公報社，1981年。
(19) 同『道徳・特別活動に応える生活活動―なんぎなことを見つけてとりくむ子の育成―』文化印刷，1982年，77-82頁。
(20) 同『雪の町からこんにちは』日本教育新聞社，1987年。
(21) 同『生活する力を育てる教育―続・雪の町からこんにちは―』日本教育新聞社，1987年。
(22) 前掲(21)，203頁。
(23) 大手町小学校『新しい教育課程ににじ色の夢―教科・領域を超えて！新しい単元群の構成と実践―』日本教育新聞社，1998年。
(24) 前掲(21)，3-9頁。
(25) 前掲(3)参照。

参考文献
上越教育大学附属小学校『わが校八十年の教育史』東京法令，1981年。
大手町小学校『大手町小学校創立120周年記念誌』文化印刷，1993年。

第9章　地域に根ざす社会科実践

秋山　正道

1　はじめに

　かんじき，わらぐつ，かくまき，かまくら(ほんやらどう)。これらはいずれも雪国の生活を代表するものであった。しかし，今やいずれもほとんど死語と化してしまっている。上越の地においてもかつてはかくまきで身をくるんだ婦人が雁木通りを歩いていたり，かんじきで雪道をつける姿があったものである。雪国には雪国の特色があるようにそれぞれの地域にはその地域にふさわしい特色があった。これを風土といっていいと思う。

　しかし，日本は高度経済成長から日本列島改造，さらにはバブル経済の時代を経て地域がもっていた風土を壊し，地域の機能を喪失していった。このような流れに棹をさしたものが社会科であったといっていい。とりわけ上越教師の会は，生産労働を軸にした地域に根ざす社会科にこだわって実践を進めてきた。

　本論においては，上越教師の会が全国出版した3冊の実践記録を中心に，地域にこだわり，地域に根ざす社会科の実践を積み重ねてきた理由は何か，地域に生きる子どもたちをどのように育てたのかという点を明らかにしたい。さらには現代のグローバル経済の時代に，根ざす地域がいったいどうなっているのか，ということにも論及したい。

2　上越教師の会はどのようにして地域を意識するようになったか

(1)『生産労働を軸にした社会科の授業過程』のころ

　「質の高い社会科とは，子どもたちの社会認識をよりたしかに発達させる」[1]

ことである．とは 1965（昭和 40）年に出版された『生産労働を軸にした社会科の授業過程』で述べられている．続けて「子どもの社会認識をよりたしかに」するには社会を構造的，発展的なものとして法則的に捉えることであり，それを支えるものが生産労働である，として生産労働の重要性を指摘している．しかし，ここでは地域に根ざす社会科にはまったくふれられていない．

この本には小学校 1 年生の「おうちの人のしごと」から中学 3 年生の「日本の農業問題」まで 12 編の実践記録が掲載されているが，いずれも地域（とりわけ身近な地域）を意識した実践ではない．特に，小学 5，6 年生の高学年や中学 1 年生の地理的分野の実践には地域がずいぶん後ろに下がっている様子がみえる．そもそも，身近な地域の学習実践を最も展開しやすいはずの小学 4 年生の実践記録が 1 本も収録されていない．このことから当時，社会科の学習で地域を意識的に取り上げる気運が指導する教師にあまりなかった，といっていいかもしれない．このことは何を意味するのか．

(2)『生産労働を軸にした社会科教育の現代化』のころ

「生産労働こそ，人間をして他の動物と区別するばかりでなく，人間生活，社会生活の成立と発展の基調であり，原動力である」[2] というように，1971（昭和 46）年に出版された『生産労働を軸にした社会科教育の現代化』においても生産労働は上越教師の会にとって依然として社会科教育の基本であった．そのうえさらに科学性を一層強く求める方向性を打ち出したことが本書の特徴である．しかし，一方で「地域」が以下のような表現で登場してくるのもおさえておく必要がある．

「教材の分析的解釈から，中心観念・基本要素・具体的要素というようにしくむことを教材構造と呼んでいる」[3]「この教材構造は，その教材の本質を中心とする構造であり論理性に貫かれている．わたしたちはこれを「教材の論理」と呼んでいる」「一方，学習の主体者である子どもたちは，地域現実に根ざした「生活の論理」をもっている」として，社会科における地域の重要性を位置づけた[4]．そうして，この「教材の論理」と「生活の論理」の関係について次のように提案している．

「この生活の論理に矛盾を感じさせ，抵抗を与えるために，教材の論理にい

どみかからせ，教材のもつ法則概念に迫らせることによって，生活の論理を客観性のあるたくましい論理，いわゆる科学的概念に高める必要を痛感している」[5]。続けて，「教材の論理と生活の論理が，科学的認識発展のすじ道にそって統一されるところに，動的な学習過程が編成される」というように両者の関係を規定しているのである。

では，「生活の論理」とはいったいどのようなものなのであろうか。2年生の「いしばしのおひゃくしょうさん」という単元の指導では，次のような具体例を見ることができる[6]。「農家の人々の忙しい季節をあげなさい」といってあげさせたところ，「夏が忙しい」「冬が忙しい」という子どもがかなり多く，「夏は田んぼに水をまくために忙しい」「冬は雪をとりのぞくために忙しい」というのが，その主な理由であった。農家の実態，農民の姿をリアルに直視したことのない，直江津の市街地の子どもたちは，心からそう感じ思いこんでいるのであった。

つまり，ここで言うところの「地域現実に根ざした生活の論理」というのは，子どもたちのいだいている誤った事実認識をさす。

本書には前書になかった小学4年生の「高田平野の開発」という実践が掲載されている。ここでも子どもたちの生活の論理として，「毎日，学校の往き帰りに渡る橋，市街地の川，草むす用水が，自分の生活と直接かかわり合いのあることを知らない子どもたちは，田んぼに水を送る川であり，下水として役立つ川と捉えるばかり」[7]というように表面的な理解に終わっている子どもの姿が記されている。しかし，前述の小学2年生の受け止めとは大きく異なって，わずか2年で子どもたちの事実認識が確かなものとなることもわかる。

(3) 『地域に根ざす教育と社会科』のころ

「地域に根ざした社会科の追究のねらいとするところは，地域に根ざした子どもを育てようとすることである。言葉を変えていえば地域の事実を見つめるなかで，地域のよさや問題点を広い視野から捉え，日本全体の立場から地域の展望を考えていける子どもを育てることにほかならない」[8]。『生産労働を軸にした社会科教育の現代化』が世に出てから11年後，1982（昭和57）年に3度目の全国出版となった『地域に根ざす教育と社会科』のなかで「地域に根ざす

社会科教育」のねらいについてこう定義している。
　なぜこの時期に「地域に根ざす」ことを大事にしなければならなかったのか，ということについては以下のような説明がある。
　私たちが「現代化」の問題に取り組んでいる時期，つまり1960年代後半から70年代にかけて日本の高度経済成長は，私たちの生活を大きく変えた。とりわけ農業社会の変貌はいちじるしかった[9]。
　日本全国が大きく変貌するなかで上越地域も例外ではなかった。子どもたちが生活している地域がどのように変わってきているのか，そこにはどのような問題や課題があるのか，地域の人たちはそれをどのように解決しようとしているのか，など自分が生活している地域について考えることが社会認識を深めることとなる。しかし，ここでも「生産労働を軸にした社会科を推進する」という立場は変わらない。社会の矛盾をしっかり見つめ，生産労働の価値を高めることによって人間性の回復をはかり，たくましく生きていこうとする子どもたちを育てることをねらいとする。

3　「地域に根ざす」社会科の実践

(1)「生活の論理」と「地域に根ざす」との関係

　子どもたちがもっている生活の論理とは現代社会の矛盾を鋭く指摘するものもあるが，多くの場合，素朴で一面的であり，表面的な知識で終始している場合が多い。これを具体的な実践でみてみよう。
　小学5年生に「格差の大きい大工場と中小工場」という実践がある[10]。これは直江津市（現上越市）の小学校での実践記録である。直江津市は工場が多く，親のなかにも工場に勤める者が多いので，子どもたちは工場で働く親の姿を通して，大工場や中小工場の実態をよく知っているのだろうと予想しがちであるが，意外にもほとんど知らない，という実態が明らかになる。たとえば，大工場と中小工場数の割合についてはよく知らず，200もある中小工場より二つしかない大工場に対するイメージが強い。また，大工場と中小工場でつくっているものが同じと考えているものが3分の2に上った。
　このような認識にある子どもたちが大工場と中小工場の格差を追求するなか

で大工場の優れた面を学ぶだけでなく，大工場の下請けとしての役割を果たしている中小工場が，大量生産のできない品物をつくることができるといった良さをもっていることに気づいていくのである。

別の例をみてみよう。今度は中学3年生の公民的分野のなかの「日本の農業」という実践を紹介しよう[11]。これは，1961（昭和36）年にアルミニウム精錬の大規模工場が進出してきたことによって一変してしまった地域にある学校の実践である。この地域では大工場の進出に伴って耕地が減少し，専業農家が激減するなど高度経済成長の影響が典型的に現れている。

生徒に「日本の農業の問題点は何か」と聞くと，零細な経営とコメ余り現象を指摘する。しかし，家で食べるくらいしかつくらない零細農家がなぜ農地を手放さないのか，コメの消費量がなぜ減ってきたのか，また，コメの消費量が減っているのに農家はなぜコメばかりつくりたがるのか，といったことを指摘する生徒はいない。

生徒はコメの生産調整と米価の据置きの問題から戦後の食料不足解消のためにつくられた食管制度が逆にコメ余り現象を起こしている原因となっていることや農業の労働生産性が工業より劣る原因が明治維新後の政府の政策に起因していることなどを学習していった。

ここで「地域に根ざす」ということについて考えてみると，子どもたちが暮らしている地域の工業や農業の直面している問題点を追求することが日本の工業や農業のおかれている問題状況と通底していることから，教科書で他の地域を学習して理解を深めるより，より実感をもって学習のねらいを達成することができるのである。これが「地域に根ざした」学習ということであり，その前提となるのが子どもの「生活の論理」ということになる。子どもの学習前の理解がたとえ皮相なものであっても，それが子どもの生活感覚に基づいたものであるならば，その後に展開される学習の強い動機づけとなり，理解を促進する原動力にもなるのである。

(2) 歴史的分野における問題

ここまで主として地理的分野や公民的分野の学習実践を例に地域に根ざすとはどういうことかをみてきた。そこでは身近な地域の学習と日本全体の学習と

が同心円的に広がっており，身近な地域にある問題を学習することそのものが日本全体の問題を学習することであることについて検証してきた。

　ところが，歴史的分野の場合はかなり趣を異にする。このことを実践例をもとに具体的にみてみよう。上越教師の会の実践例として身近な地域の歴史を取り上げたものは中学2年の「産業の発達と幕藩体制」が最初である。この実践では[12]，江戸時代をとおして産業の発達が幕府や各藩の経済を豊かなものにするいっぽうで幕藩体制そのものを揺り動かしていくようになるということを身近な地域の歴史を学習することによって理解させようとするところにねらいがある。

　まず，現在の高田平野の地図に新田名のつく地名に赤い印をつけたものを示し，その数の多さから上越地方が江戸時代にさかんに新田開発が行われた地域であることに気づかせる。また一方で，天領であった上越地方で越後質地騒動と呼ばれる百姓一揆が起こり，30人もの百姓が校区の河原で処刑されたという事実を知る。この二つの相反する歴史的な出来事が生徒が暮らす上越という地域で江戸時代に起こったことをもとに，生徒たちは幕藩体制のあり方というものと民衆のエネルギーが歴史を変えていくというダイナミズムを生き生きと学ぶこととなる。

　生徒たちは新田開発がこれほど身近な地域にたくさん行われ，しかも多くの死者を出すほどの大規模な百姓一揆が起こっていたことなどはこの学習で初めて知ることになる。今まで述べてきた子どもたちの「生活の論理」を大事にする社会科教育とまったく異なる。この事実は教科書には載っていない，自分たちが暮らす地域の歴史である。であるがゆえに，生徒たちは歴史を一層身近なものとして意識することができるのである。

　地域とかかわる歴史的分野のもう一つの実践を示そう。同じく中学2年生の「幕藩体制の崩壊と越後高田藩」の実践である[13]。ここでは，明治維新というおそらく日本の歴史上一，二を争う大変革を地域の歴史をとおして考えさせようとする。薩長対幕府という構図のなかで開国以降の歴史を学ぶことによって大きな政変が起こる過程を知る。明治維新ではたくさんの人物が登場し，生き生きと活躍する。しかし，そこでの歴史的な動きや活躍する人物の多くは上越という地域にはあまり関係がない。ということは，生徒にとって遠い過去のこ

とであり，自分とは何らのかかわりもないことでもある。

そこで，明治維新という歴史上の出来事が身近なものであるという意識をもたせるため，校区にある墓地に生徒を連れてゆく。ここには戊辰戦争で命を落とした長州藩士と薩摩藩士の墓がある。また，ちょっと離れたところには幕府側についた会津藩士の墓もある。勝った官軍側の墓はきちんと整備され，負けて賊軍と呼ばれた会津藩士の墓は草むらに隠れて放置されたままになっており，見学した生徒たちは取り扱いの歴然とした差に愕然となるところから学習が始まる。

ここでも生徒は地域の事象を初めて知ることによって歴史に興味をいだくのである。1998年版中学校学習指導要領－社会編－では歴史的分野の内容の取扱いで[14]，歴史上の人物に対する指導の際，「身近な地域の歴史上の人物を取り上げることにも留意する」ことや，日本人の生活や生活に根ざした文化については，「身近な地域の歴史とも関連づけて指導する」ことなど，身近な地域の歴史の取り上げ方を示している。これは「身近な地域を調べる活動を学習に位置付けることが，生徒にとって歴史の学習が一層身近なものとなり，生活と密接なつながりをもった学習として展開されることが期待できる。」とあるように，身近な地域の事象を学ぶということは，事象そのものに親しみを感じ，それが「わが国の歴史の大きな流れと各時代の特色」を理解することにつながる，というのである。

このように歴史的分野における身近な地域の学習とは，あくまで日本の歴史の流れを理解するための補助的な手段として，あるいは動機づけとしての位置づけに終始している。子どもの「生活の論理」は必要とされない。むしろ，何気なく見ていた身近な事象について歴史的な面から新たに知るというところに意味がある。

ここで「地域に根ざす」ということを改めて考えてみる。「地域の事実を見つめる中で，地域のよさや問題点を広い視野から捉え，日本全体の立場から地域の展望を考えていける」子どもを育てるという上越教師の会の考え方[15]に立ってみると，歴史的分野の学習は批判的に検討されなければならない。

4 「地域に根ざす」ことの意味

(1) 生き方を考える

　「私の家には祖父がいる。老いているとはいいたくないが，十数年前に学校をやめ，三年前に病気になって以来，急に『老い』を感じさせるようになった。祖父は一日を大体自室で過ごす。老人は，時代に入り込めなくてこぼれるが，私自身祖父の部屋で話をする時間をとろうとしない。一つ屋根の下で暮らしているのに，祖父の心を酌んで楽しくさせて上げていない……」[16]。
自分の家庭での姿を見つめるところから始まった中学校3年「高齢化社会と家族生活」の実践では，生徒がそれぞれ班別にテーマを決めて老いをめぐる家族生活について学習を進めた。

　「私の班は，心の問題を中心に調査した。調べながら，これほど老人の生活がみじめであることを初めて感じた。しかし，それは本や図や表などからであって，実際にホームヘルパーや老人ホームの人にインタビューした班の人などは，怒りを抑えきれない，そんな様子で調査の報告をしていたのが印象的だった。」
生徒は老人の世帯構成や老後生活についての意識，あるいは老人世帯を対象にした子ども夫婦など親族の接触度といった老人にかかわるさまざまなデータを集めたり，市役所で老人福祉行政について聴き取り調査をしたりして老後の問題について学んでいった。

　「初めは授業だからとしかたなくやっていた人も，最後のまとめの段階では，四人がひとつになって真剣にやっていたようである。老後問題－それはついこの間までは遠い存在だったが，今は身近な問題になった」「老後は，老人・老いた者だけの問題ではない」「数十年後には僕たちも老人になる。その時あわてても間に合わない。それが老人問題だということが分かった」「老人問題は，政府が福祉を完全に行えば完全に消えてなくなるものではないと思う。人間の心の問題なのである」。
『地域に根ざす教育と社会科』のなかで，地域に根ざした社会科で育てようとする子ども像として次の三点を挙げている[17]。

　○　現代社会の問題や矛盾を追及できる子ども

○　生産労働の価値を認識できる子ども
  ○　人間連帯の保証を追求できる子ども
　この実践はまさにその子ども像に迫るものである。社会科での学習をとおして自分の家族のあり方を見つめ，自己の生き方そのものを見直すのである。

(2) 生き方を変える
　雪の町高田には雪国での通行に便利なために雁木と呼ばれる庇が軒を連ねている。この雁木がとぎれるところに被差別部落がある。『わが町の重い歴史を父母にきくまで』の実践は部落の子どもたちとかかわり，子どもたちの生き方を変えていく記録である[18]。
　「あちこちで自分たちの要求をぶっつけているんだけども，自分の子どもにはどうしてもいえないんですわ。先生，一つ考えてください。」
　　わが子よ　おまえには　胸張ってふるさとを名のらせたい
　　瞳をあげ，何のためらいもなく
　　「これが私のふるさとです」と名のらせたい
　切ないほどの親の願いを背に，「地区」の中学生主体の子どもたちと先生が狼谷という山のなかでキャンプを張る。あいにくの雨のなかでのキャンプだったが参加した子どもたちは「キャンプは天気が悪かったが，それなりに楽しく，むしろそのおかげで目標達成ができたところもあったと思う」と感想を寄せている。せまいテントのなかで肩寄せ合って語り合った経験が子どもたちにこのような思いをもたせたのだろう。
　「ところで，君たち，自分たちの町のことについて，家の人からくわしく聞いたことがあるかや」
　「くわしく聞いたことない」
　「昔，皮はぎの所が北三にあったと聞いたので，家の人に聞いてみたら，北三でなくここなんだよ。でもちっともひくつにならんでもいいんだよっていってくれた。けど，それだけだった」
　「君たちいいか，本当のことを正しく知るって大事なんだよ。わけがわかるってこと。君たちのおうちの人たちが，どんな思いをし，どんな生活を背負ってきたのか，互いに勉強することが，読書会でした水平社などの勉強以

上に大事だと思うよ」
　子どもたちと先生のキャンプでの語り合いがきっかけとなって「"親たちの歩んだ道"を聞く会」が会館で開かれた。地区のおじいちゃんから部落の歴史とけわしかった道のりをきいた子どもたちは，自分たちが住んでいる地区以外の実態や子どもたちの学習はどうなんだろうか，といった疑問をもち，翌年の春休みに隣の長野県にある同和地区子ども会との交流会に発展していったのである。
　「子どもたちにとって苦しいこと切ないことも多かったにちがいない。しかし，いちばん変わったのは子どもたちだった。あの子はね…と思われていた子も変わった。そして，差別とは何かを考え，話し合えるところまできた」。
　子どもたちを変えた教師の感想である。地域に根深く存在している部落差別。差別され続けてきた親の願いを真正面から受け止めて，子どもたちへのかかわりを通して地域を変えていく。これこそが地域に根ざす実践といえるのではないだろうか。

5　地域に生きるということ

　地域に根ざすという見地から歴史的分野の学習については批判的に検討されなければならない，と述べた。このことについて，大変興味深い指摘が二谷貞夫氏によってすでになされている。二谷氏は臼井嘉一氏の地域と歴史について安井実践（安井俊夫氏の授業実践のこと）とのかかわりで以下のように紹介する[19]。

① 　教材としての"地域"に目をむける。安井が教材としての"地域"に目をむけるのは，生徒もその一員である"地域"の側から歴史を把えなおすためであった。
② 　"地域"に目をむける際に生徒の"地域"の側から教材を把える。
③ 　教材としての"地域"は生徒に学ばせることによって社会と歴史の全体像を再構成させる。
④ 　"地域"が社会と歴史の系統性のなかで位置づけられている教材を学ぶことによって，生徒は"地域"の側から社会と歴史を把える。

さらに「地域の課題を日本人の歴史意識の形成にかかわらせ，地域住民の歴史意識の変革にせま」る具体例として，今まで「秩父暴動」としてみてきた地域住民の歴史意識が秩父事件について小学校の授業を通して変わっていく実践を紹介している[20]。
　二谷氏は続けて「世界のなかに日本がある。日本のなかに地域社会が存在しているのである。地域社会において一つ一つの家が存在するのであり，そのなかに子どもが生まれてくるのである」という上原専禄氏の歴史的現実について述べたことばを紹介し，「同心円的拡大認識の構造によって個の自覚が発達するような個の実存はありえない」と鋭く指摘している[21]。
　地域にはそこに住む人たちが暮らしてきた積み重ねがある。一人ひとりの営みが，たとえば日本や世界の歴史といった大きな流れに直接かかわることはあっても，それぞれの行為がすべて日本や世界の歴史に枠づけされていることはない。地域の歴史を学ぶということは学ぶ個の側の生き方に何らかの影響を与えるということではないのか。たとえば，新潟県の上越に暮らす人が「上杉謙信」について学ぶということは，上杉謙信という郷土の英雄が何をしたのかを知ることではない。大なり小なり自分の生き方にかかわりができてこそ初めて学んだといえる。逆にいえば，個の生き方に何の影響も与えることが期待できない教材は教材ではない。

6　地域が消えるなかで

　小千谷市，三条市，新発田市，上越市，十日町市，長岡市，新潟市，南魚沼市，村上市。以上は新潟県内にある市の名前であるが，これらの市に共通していることは何か，というと9つすべての市にジャスコの店舗がある，ということである。このように，新潟県内の主な都市にはすべてジャスコがある。ちなみに，インターネット上でジャスコのホームページを見ると，全国にジャスコのない都道府県は福井，山梨，香川，鹿児島の4県のみで，店舗数は異なるがあとはすべて存在する。全国の店舗数はじつに302を数える(2007年2月末現在)。
　ジャスコはいうまでもなくイオングループに属している。このイオングループは，ほかにマックスバリュ，メガマート，サティ，イオンショッピングセン

ター，イオンスーパーセンターなどの有力ブランド店舗をかかえている。
　近年，ジャスコに象徴されるような巨大な駐車場と店舗面積を有している郊外型のスーパーマーケットやスーパーセンターが次々に開店し，車で郊外へ出かけて買い物を済ませるという行動がパターン化してきた。この結果，量販店のみならずコンビニやファミレスなどが同じように進出し，巨大なショッピングモールとなり，逆に，駅前商店街や本町商店街などの旧来型繁華街がさびれ，まさにシャッター通りと化してしまっている。
　気がついたら日本はあっという間に，同じような看板が林立する都市化現象に洗われて，のっぺらぼうな町しかない国になってしまったのである。海岸地域と山間地，温暖地と雪国，商店街と農村…。ついこの間まで，日本には地形や気候等に裏づけられた風土があり，これがまさにその地域社会の特色を形成していたのである。地域社会の特色の何が消えたのだろうか。たとえば，いかにも農村らしいとか，あるいは町らしいといった，地域の「らしさ」の景観がまず消えた。消えたものは景観だけではない。そこで働く人たちの姿が大きく変貌してきた。伝統産業に代表される，いわゆる「ものづくり」に携わって高度な技能を有する人たちがいなくなっただけにとどまらず，規制緩和の名のもとに推し進められた「労働ビッグバン」政策によって，正規従業員が次々に減らされ，派遣や下請けといった非正規雇用の従業員がどんどん増えている。ここから何が起こるかというと，一定の収入を得ることで，その地域に根をおろして生活することができない人たちが多数を占め，地域社会が消滅するということである。
　地域にある学校もどんどん変化している。経済力だけでなく，機能そのものが壊れている家庭が多くなり，渦中にある子どもも生きづらい時代に突入した。給食費の未払い家庭の急増問題などがその一例である。
　上越教師の会が『生産労働を軸にした社会科の授業過程』を世に問うたときには，身近な地域についてはあまり意識されていなかった，と本論の冒頭で指摘した。日本はそのころから高度経済成長，そして日本列島改造へと地域を切り捨て，一極集中の時代へ突き進んでいった。地域はこの推移のなかでどんどん衰退していった。
　バブル崩壊後，右肩上がりの経済成長神話が否定され，日本の伝統でもあっ

た終身雇用制度も全面的に見直されることとなり，いまや日本は，「働けど働けどなおわが暮らし楽にならざ」るワーキングプアが巷にあふれ，地域もまったく省みられない国家になってしまった。このような時代にあって，地域に学び，地域に生きる次代の人間を学校はどのように育てたらよいのだろうか。これこそが，私たち社会科を教える教師たちに突きつけられている最大の課題である。

　料理のつまものである木の葉などに商品価値をつけて売り物にし，年商2億5千万円を稼ぎ出すおばあちゃんたちが徳島県上勝町にいる。上勝町の人口は2000人ほどで，高齢化率は徳島県内一なのに，寝たきりの人はたった二人だ。このように老人の元気がいいのは，「いろどり」という会社に集うお年寄りが生きがいをもって働いているからであるという。たかがはっぱ，されどはっぱである。このようにこのごろは地域発の元気な取組みがあちらこちらで出てくるようになった。地域に根ざすこととして，このような元気の出る取組みを子どもたちに気づかせ，明るい希望をもたせることもその一つにあげられるのではないだろうか。

7　上越教師の会と私

　私が上越教師の会に入会したのは1978（昭和53）年のことだった。当時の例会は「ぎんなん荘」という，新潟大学高田分校の校地にあった職員集会所で行われていた。まだ20代だった私にとってここでの経験は貴重な財産となっている。例会では必ず実践報告があった。そして，この報告をめぐって口角泡を飛ばすような真剣な議論が延々と続くのである。当時の私にはわからない社会科の用語もさかんに飛び交っていた。江口先生がその中心ではあったが，いならぶ会員の先生方が次々に自分の考えを述べて，報告された実践の価値がどこにあるのか，また，問題点は何かなどが次第に浮き彫りにされていくのである。夏季合宿はその集大成のようなもので，例会のなかで注目された実践が，つまり選ばれた実践が報告されるわけだが，ここでさらに揉まれるのである。

　教科書をどのように教えたらよいのか，といったことに悩んでいた当時の私にとって，地域の教材を取り上げた実践報告はどれもこれも新鮮な驚きだった。

それ以上に、中学校での経験しかない私にとって、小学校の社会科で数十時間をかけた単元の実践を聴くことは何より楽しみだった。子どもたちが学習を通して何を見、体験し、どんなことに気づき、どのように考えを深めていったのか、それはまさにドラマであった。また、いろいろな会員がそれぞれの見地から意見を述べるということは、なかには厳しい批判もあって、それだけ発表した実践者が鍛えられるわけだから、私などにはうらやましいかぎりであり、いつかは夏季合宿で発表できるような実践を積みたいと強くあこがれたものだった。

「戊辰戦争と高田藩」、「自由民権運動と高田事件」などの実践は、何とか自分なりに地域の歴史を教材にした実践をやってみたいものだ、という刺激を例会の報告から受けて実現したものである。生徒たちに少しでも社会科に興味をもつようになってほしい、自分が現在暮らしている地域を知り、愛着をもつような人間に育ってほしいといった思いが、教師の会の例会に出席するようになって強まった。実践を積むなかで、身近な地域には人を育てる何かがあると強く思うようにもなった。

上越教師の会の例会は社会科教育の実践だけでなく、学級づくりについての実践報告や問題提起もあった。入会当時の私の学級には登校拒否（当時はそういっていた）の生徒がおり、なかなかうまくいかない実践事例として例会で思い切って、発表させてもらった。いつもは社会科の実践発表で手厳しい指摘が相次ぐ例会の席だったが、このときは、実に親身になって相談にのっていただいた。生徒の状況の把握の仕方、家庭環境などの情報収集、家庭訪問の仕方、あるいは先輩としての経験事例などの参考になることだけでなく、たくさんの激励をいただき勇気づけられたことをよく覚えている。

ふり返って、上越教師の会で学んだことを考えてみると、教師である自分が子どもたちを相手に地域でどのように生きたらよいのか、ということを教えてもらったのではないかと思う。

注

(1) 川合章・新潟県上越教師の会『生産労働を軸にした社会科の授業過程』明治図書, 1965年, 12頁。

(2) 同『生産労働を軸にした社会化教育の現代化』明治図書，1971年，10頁。
(3) 同上，41頁。
(4) 同上，44頁。
(5) 同上，45頁。
(6) 同上，45頁。
(7) 同上，112頁。
(8) 新潟県上越教師の会編『地域に根ざす教育と社会科』あゆみ出版，1982年，23頁。
(9) 同上，22頁。
(10) 前掲(2)，124頁。
(11) 同上，186頁。
(12) 同上，170頁。
(13) 前掲(8)，243頁。
(14) 文部省『中学校学習指導要領（平成10年12月）解説－社会編－』116頁。
(15) 前掲(8)，23頁。
(16) 同上，261頁。
(17) 同上，26頁。
(18) 同上，93頁。
(19) 朝倉隆太郎先生退官記念会編『社会科教育と地域学習の構想』明治図書，1985年，148頁。
(20) 同上，147頁。
(21) 同上，152-153頁。

「上越教師の会」に支えられて

梅澤　勤

　1953（昭和28）年4月，新潟大学第一回卒業生として，当時中頸城郡津有村（現上越市）立戸野目小学校に赴任したことが，わたしの一生を運命づけたと感謝している。この学校で江口武正さんに会い，「上越教師の会」の前身である「若い教師の会」の創設に関わり，「上越教師の会」の講師や仲間に，教師の生き方を学んできた。

　江口さんと同学年の4年生を担任することになり，最初に教えられたことは，親と子どもに信頼される教師にならなくてはいけないということだった。江口さんはガリ版刷りの1枚のプリントを机上に置き「明日子どもたちに渡したいと思う，あんたもどうだろう」と言った。それは親に対する担任の心構えを書いた挨拶状だった。わたしもすぐ倣って準備に取りかかった。そのことがその後学級便りを出すことに発展した。

　江口さんはコア・カリキュラム連盟の会員で雑誌『カリキュラム』を取っていた。わたしも取ることにした。その年の夏，群馬県の神津牧場で生活教育を推進する若い教師の合宿研究会があり，2人で参加した。「全国青年教師連絡協議会」が結成され，九段会館を会場に行われた冬の合宿研修会にも参加した。これらの合宿研修会で，全国各地の民間教育サークルのすばらしい実践にふれて，わたしたちもサークルをつくろうと語り合った。そして1954（昭和29）年1月6日の夜，戸野目校に近いわたしの下宿に，戸野目校の若い教師5人と同村隣校上雲寺小の山賀さんらを加え，7人（男5，女2）でささやかな語り合いの会をもったのが「若い教師の会」の出発だった。

　この年の夏，熊本県阿蘇で行われた夏期合宿研修会に戸野目校から6人（男3，女3）が参加した。熊本サークルの組織と実践に感銘したが，このことがきっかけとなって，翌年1955（昭和30）年8月，「若い教師の会」が中心となり，新潟県の民間教育サークルが協力して，全国青年教師連絡協議会の夏期合宿研究会の会場と運営を引き受け，地元妙高温泉で三泊四日の密度の濃い大会をもつことができた。そのときの講師は，梅根悟，小川太郎，岡津守彦，勝田守一，川合章，国分一太郎，春田正治，松丸志摩三，宮川貞昌，中村辛一の諸先生であり，今では考えられないほど豪華な講師陣だった。

　この大会は五つの分科会に分かれて討議を深めた。わたしは生活指導部会で「子どもの願いや要求をどう伸ばすか」サークルで話し合ったことをまとめて発表した。多くの参加者から酷しい意見や励ましをもらい，国分一太郎・川合章両講師からは，適切な指導をいただき，その後の実践に生かすことができた。

江口さんと担任した1，2組の子どもたちは，わたしたちが仲が良かったように，二つのクラスに壁をつくらない仲良しに育っていた。しかし二人の宿直に泊まりこんで計画を立てた単元「中江用水」(4年)，「こうちせいり」(5年)，「凶作」(6年)などの実践は力量の差がはっきり表れ，江口さんのような質の高い学習をさせることができなかった。わたしの力不足が身にしみたことを思い出す。そんなわたしを江口さんはいつも励まし教えてくれた。

1956（昭和31）年3月，3年間担任した子どもたちが卒業し中学へ巣立った。

1956（昭和31）年，わたしが1年生，江口さんが2年生の担任となった。この年の1月江口さんが新評論社から出版した実践記録集『村の五年生』が全国で大きな反響を呼び起こした。

1957（昭和32）年「若い教師の会」を「上越教師の会」と改称した。それは子どものことや教師の悩みを語り合う会から「学級経営を基底とする社会科の実践と研究」という会の性格と方向をはっきり定めることに結論が達したからだった。

「上越教師の会」と改称してからすでに五十周年を迎える。江口さんを初代の会長として，毎月の例会と夏期合宿研究会を欠かさずに続け，山賀会長と代わってからも地道な歩みを続け，次々と会長が交代しても伝統が守られてきた。創設以来『生産労働を軸にした社会科の授業過程』（明治図書，1965年），『生産労働を軸にした社会科教育の現代化』（明治図書，1971年），『子らと地域を見つめて』（上越教師の会，1977年），『地域に根ざす教育と社会科』（上越教師の会，1982年）等を刊行して実践を世に問うてきた。

前にも述べたがわたしは新卒で戸野目小学校に10年勤め，最後に校長として3年間同校に勤務して退職した。40年近い教職期間の3分の1強を同校に勤めることができたことも，「上越教師の会」に支えられたお蔭と感謝している。

（元上越市立戸野目小学校長）

上越教師の会と学級集団づくり

山賀　昭治

1.「いじめ」と学級集団の質

　昨秋（2006年），「小中学校でいじめによる自殺が多発」という悲しい報道が相継ぎ，胸を痛めた。そこでは，「学校にいじめは当然あると考えよう」という論調が多かったし，対策としては「勇気をもって誰かに訴えなさい」といい，「訴えを真剣に聞いて，その子を支える仕組みをもつことが必要だ」というのが主な言い方だったようだ。そうした論調で「どうも足りないかな」と思ったのは，"いじめを引き起こさないような学級集団の質"への観点や言及がないことだった。

　退職後，市立教育センターで相談活動を担当したとき，学級崩壊が発生した学級には，必ず深刻ないじめが存在したし，学級集団としての活力やまとまりのないザラザラ感のある学級であったことを覚えている。

　子どもたちが，学校生活を楽しく生き生きと展開できるためには，毎日一緒に生活し活動する教室の学級集団が問題であり，学級で一人ひとりが大事にされ，「仲間意識」をもって仲良くやれる学級生活があるかどうかが問われることになる。毎日の教室で，子どもたちが「僕このクラスの子でよかった」「オレこの先生のクラスで良かった」と，うれしく言える学級集団であることが大事だと思う。

　一人ひとりを大事にし，「仲間意識」をもった学級集団をつくることは，とっても難しいのは確かだ。でもこの「学級集団づくり」こそ，生き生きした子どもを育て，いい授業を生む原点だとして，江口武正氏が言い続けたことであったし，私ども上越教師の会では常に確認してきたことであった。だから上越教師の会のサークルとしての性格を，「学級経営を基底とした社会科教育研究」としたのである。そして，上越教師の会の初期から中期にかけて，「学級集団づくり」を月例会でいつも話題にし，実践報告を検討するなかで，学級集団の「仲間意識」の育て方を考えたし，"一人ひとりを大事にする"ための具体策をいくつも考え，学級で子どもたちと切り結ぶ方法をいつも確かめあったものだった。そんななかで考えてきたいくつかの方法について述べることとする。

2."一人ひとりを大事にする"具体的方法について

(1) 何でも言い合える教室にする努力

　初期のサークル例会で，よく言い合ったのは，「何でも言い合える教室にしよう」ということであった。教室で日常的に生起する子どものトラブルは，みんなの問題として真剣に話し合って解決を考えることとし，時間をかけても，ていね

いに話し合うことを大事にしようとした。

何でも言えるには「自分はみんなに大事にされている」という自信と、問題をみんなで話し合って解決した学級の体験が必要であり、そのことで発言の意欲をもたせることだとした。

(2) 一人ひとりとたしかにかかわる場の工夫

これは教師の基本的な姿勢にかかわる大事なことだと、各自が工夫した。

たとえば"給食の時間を大事にする"場合、給食は年間毎日きまって実施されるので、「この時間を生かさない手はない」とばかりに、グループごとの給食で担任が毎日グループを回って仲間にしてもらう。食事のあいだ「良雄、ばあちゃんの足よくなったかや」など、具体的な話題を繰り広げる。ときに「先生、ゆうべ牛の子生まれたよ。雌だったしけ家のしょ喜んでたよ」などの話も聞ける。

(3) 日記によるていねいなかかわり

一人ひとりと確かにかかわるため、日記を大事にしてきた。必ず目を通し、短く簡単な言葉で赤ペンをいれる。無理なく継続するため、その日に見る列を決め日記を出してもらう。意欲のない子には、こっちの赤書きを多くして刺激をくりかえした。

(4) 欠席の子の心配

学級に3日も欠席した子がいれば、みんなで「どうしたかな？」と心配し、担任は必ず訪問して、様子をみんなに報告することとした。ときに学習時間中なのに、子どもから「先生行って見てきない。オラタチ上手に自習しているよ」と言われて、自転車で出かけたものだ。"僕のときもみんな心配してくれる"という思いがあるからだろう。

〈学級集団づくりに取り組んだこうした実践は、「上越教師の会」の始期、若い会員の研修に有効であった。そうした研修を通して、へきち校での学級づくりで、「澄子のこうもり事件」などの見事な実践も生まれている。こうした学級集団づくりの取り組みは、実は近頃の教育実践でこそ、より大事なことではないかとも考えている〉

（元上越市立大潟町小学校長）

社会科のルネッサンスを

加藤　章

　私が上越教育大学に赴任したのは1983年。新しい大学への期待とともに、戦後社会科の歴史に名高い「上越教師の会」の方々やその中心として活躍中の江口武正先生とお会いできるだろうとの期待も大きかった。

　『村の5年生』の土の匂いがするような子どもたちと江口先生との実践記録の感動が忘れられなかったこと、それに松丸志摩三氏が「あとがき」に「どことなくコマネズミを思わせる風貌の短躯を文字通りコマネズミのようにくるくると動かす何という活動的な男だろう」そして「これはなかなかの、ただものでない先生らしいぞ」と書かれた江口先生の印象が強く心にのこっていたからである。

　上越教師の会の集まりで初めてお会いしたとき、先輩である江口先生のとてもていねいなご挨拶に恐縮してしまった。しかし、先生の自信に満ちた研究会でのリーダーシップを目前にして、もうコマネズミどころか小柄ながらも精悍な熊を思わせるバイタリティとその輝くような鋭い目の奥に、あの『村の5年生』の子どもたちを引きつけ、考えながら行動する社会科をつくり上げた20年ほど前の先生の姿を彷彿させるものがあった。

　その後何度となく大学の教育実地研究や公開研究会でお会いしたが、ある時大潟中学校で校長先生の特別研究授業「戦時下の生活」を参観することがあった。そこでは中学生であることをふまえ、教科書を越えた江口実践の一つの典型ともいえる授業が展開された。先生は大潟地区のAさんBさんなど生徒も知っているような家を訪ねて借り集めてきた戦時中の生活用品をたくさん準備されていた。なかには古びた軍服や出征兵士を送った日の丸までがあった。

　これらの生々しい実物資料を教材化して江口流のドラマチックな語りで生徒たちの心をつかんだ。それは生徒の平和な日常心を揺り動かす語り部のような姿にさえ見えたのである。それはいわゆる問題解決学習によって生徒の追求過程を重視するよりも、授業の目標である戦時下の国民生活はどうであったかを、まだ各家々に残るような資料を教材化し、まず事実をつかむという展開の授業であった。そこでは『村の5年生』の授業とは大きく異なって、教師の指導性を重視し選び抜かれた教材を駆使して生徒に驚きや感動を与え、現代の平和の意味を理解させることに成功していたように思った。

　それにしても『村の5年生』をいま読み返すと、1950年代の戸野目小学校での江口実践は「社会科とは何か」に自ら挑戦しながら、その一つのテーマにあった「古い考え・おくれた考え」という日本の戦後社会が直面する課題に取り組み、

まだ新旧思想に染まりきっていない5年生の子どもたちを通じて，村の意識改革の先端を切っていたのではなかったか。その意味では社会科の目標は民主的な社会生活の実現にある。江口学級の社会科は教師と子どもから家庭へ，そして家庭の話し合いから村の耕地整理問題の解決へと展開したのである。江口学級の社会科は村の社会改革への導火線となっていたといえよう。

さらに言うならば，江口先生の社会科実践はそのまま「本当の教師とは」という根本的な問題につながっていたのだと思う。氏の目の前に子どもたちがいて教師である自分の役割が子どもたちとの関係のなかで成り立つものとすれば，自分の狙った授業目標がいかにして子どもの見方・考え方のレベルに迫り，噛み合う話し合いができるのかを常に考えていたのである。

おわりに，あの5年生はその後どうなったのか。1986（昭和61）年増田勝三氏が江口学級の8名の追跡調査を試みた結果がある（上越教育大修士論文）。水田の分散状況，耕地整理，新旧の考え方，迷信などの諸調査を通しての体験学習が記憶にとどまっているだけではない。その後の生活のなかで古い考え方にこだわらず，物事を前向きに積極的に考えるように変わっていったことを自覚した人が多いのに驚かされる。また彼らの進路についても「嫁ぐなら耕地整理のしてあるところへ」と考え「農業に関心がたかまり農機具会社に勤務」と方向を決め，さらに親となってからは自分の子どもの考え方や立場を聞くことを当然のことと考えている。

興味深いことはほとんどの人が現在の社会科に対してこれが社会科かと疑問を抱いていたことであった。つまり江口先生や上越教師の会の実践に学んだ社会科体験が成人したあとも自分の社会認識の中核となっていたことを自覚する人から見れば，今の社会科は大丈夫かということになるのである。

上越教師の会の実践が社会認識の形成に大きな役割を果たしてきたことを改めてふり返り，21世紀という地球社会における社会科のルネッサンスを期待するものである。

（上越教育大学名誉教授）

上越教師の会が残してきたもの

小林　毅夫

　上越教師の会が新潟県上越地域の教育に残してきたもの，それは，地域の生活現実を鋭く見つめながら，子ども理解の原則に立って，主体的・創造的に生み出していく教育実践であり，教育創造へのエネルギーである。

　江口武正氏とサークル創生期のリーダーたちの確かさ・力強さに導かれ，まさに生活綴方でいう「仲間意識」を通して生み出されたエネルギーは，それぞれの教師たちの血となり肉となって，上越地域に限らず各地に新しい実践の芽を生み出してきた。

　私自身も，1967（昭和42）年に会員として仲間入りをさせてもらったが，へき地3級地勤務の冬も雪のなかを13km，スキーで通うなど月一回の例会に足を運んできた。例会への出席，割り当てられた実践発表，単元習作，年2回の合宿などが，若き教師にとっては校内研修に勝る大きな力となる場であった。

　アカデミックな社会科研究，地域研究の成果を背景にしながら，現代的課題の探求，指導内容の構造化を通して教材化への道すじ，認識の発展段階を想定した学習過程の構築，さらには発言から板書の構造化まで一連の流れを厳しく指導されるのであるから力がつくわけである。授業実践とその検討による意味づけ，発信・交流という道すじがつくられ，民間教育研究団体における研究のあり方を，体にしみこまされたように思う。私は，先輩の開発した「中江用水の開発」の実践（今でいう『追試』）で学んだことをもとに転勤先の新潟平野・弥彦小学校で「大河津分水の開発」の単元開発に取り組み，厳しく指導されたことを思い出す。

　江口武正氏が研究主任としてまとめた大手町小学校著『学習指導の現代化』，サークル出版の2冊目『生産労働を軸とした社会科教育の現代化』は，上越教師の会にとっても大きな節目であり，江口氏にとっても大きな転換点であったといえるのであろう。地域に密着し，その現実に正面から立ち向かいながら「生活が教育する」ことへのこだわりがあったであろうが，そこから，学習内容の精選・構造化への転換は，研究理論の整理・統合・構造化というステップアップ，格好よさの反面，生活教育がもっていた泥くささ，総合性，生活密着性から離れることに結びついていったようにも思えるからである。

　さらに，高度経済成長期以降には，教育・社会の時代の変化は激しく，私たち教師の全体的力量向上のスピードが追いつかないほどの勢いで，教師が担うべき教育課題が複雑化・複合化・高度化していったように思う。

ときには時代の流れへの抵抗勢力として，厳しい周囲の声を意識しながらも，地域の封建的風土への抵抗，固定した考え方からの脱却，公害や減反など政治・政策反対などの視点を貫き，教育の場から現状を改革していこうとする信念が流れてきた。そのリーダーたちの考え方や信念は確固として，会員たちの実践にも反映され貫かれていくのである。常に「教育はこれでいいのか？」を思い，具体的な教育活動として具現化させてきたのである。

そうした，単元開発のエネルギー・教育創造のエネルギーは，地域に根ざした特色ある教育開発，教育課程開発・編成の自主性，特色ある学校づくりのエネルギーとして受け継がれてきており，生活科・総合的な学習における先駆的な実践を生み出す背景になってきたといえる。

そうした教師のエネルギーは，必然的に子どもたちに投影されていく。時代の波に揺れ動かされながらも，子どもたちの確かな成長の姿に支えられて，先輩から後輩へと受け継がれ，各地で新しい芽を生み出していくのである。

（上越市教育委員会教育長）

上越教師の会の理念と私の社会科教育観

小林　晃彦

　1992（平成4）年8月14日から15日にかけて行われた上越教師の会第38回夏期合宿研修会で，江口武正氏は「『村の五年生』が生み出されるまで」と題した講演を行っている。そのなかで江口氏は「昭和22年5月20日，学習指導要領社会科編（試案）が文部省から発表された。この社会科は問題解決学習をバックボーンとし，地域現実をリアルにとらえ，地域における問題を浮き彫りにしながら，自分の目で見，足で確かめ，衆知をしぼって追求する社会改造科としての性格を色濃く備えていた。私はこの社会科にすっかり魅了され，社会科の実践に打ち込もうと思った。このことは，津有村の実態調査の貴重な体験が，そういう気持ちを強く持たせたものだと言える」と述べている。

　研修会に参加していた私は，この言葉のなかにこそ，江口氏のその後の教育実践と上越教師の会の活動の理念が込められていると感じた。1947（昭和22）年の学習指導要領社会科編（試案）第1章第1節には，「今度新しく設けられた社会科の任務は，青少年に社会生活を理解させ，その進展に力を致す態度や能力を養成することである」「今後の教育，特に社会科は，民主主義社会の建設にふさわしい社会人を育て上げようとするものであるから，教師はわが国の伝統や国民生活の特質をよくわきまえていると同時に，民主主義社会とはいかなるものであるかということ，すなわち民主主義社会の基底に存する原理について十分な理解を持たなければならない」「どの教科についてもいえることではあるが，社会科においては特に教師自身の真実を求める熱意こそ，すべてを解決するかぎなのである」と述べている。ここに江口氏が共鳴し，上越教師の会の理念を形成していったと思われる。それは，時代の変化や実践の多様化の波はあっても，変わることなく会員が継承していった。

　ところで，私は1958（昭和33）年生まれである。小・中学生時代はまさに高度経済成長期にあり，学校に詰め込み教育が蔓延していた時代である。社会科といえば，地名や産物，年号や人物，事件などの要素的な知識を頭にたたきこむことに力を注いでいたことが思い出に残っている。努力によって雑学的な物知りにはなっても，「民主主義社会の建設にふさわしい社会人」になるために学習しているという意識は，ほとんどなかったといってよい。受験競争も激化し，その傾向は，私が中学校の社会科担当の教員になった1981（昭和56）年当時，まだ学校現場に影響していた。大学では社会科教育の目的や理念について学んでいても，授業場面ではどうしても自分の小・中学

生のころのイメージが指導方法に影響していたと思われる。

そんな私は、1988（昭和63）年に上越教師の会に入会した。そこに至るまでに江口氏の著作や論文を読み、大変な感銘を受けていたが、自分の社会科教育観が大きく揺らぎ、変化していったのは、入会して例会や合宿研修に参加するようになってからである。そのなかで発表される実践や研究は、大変刺激的であった。当時は、「生産労働を軸にした社会科」「地域に根ざした社会科の再創造」「実感に支えられた授業」を視点とした会員の発表が途切れることなくなされていた。知識の切り売り的な授業をしていた自分は、別世界に入り込んだような感覚をもった。発表内容は多様であったが、そこには、子どもと教師がともに学ぶ立場から地域の問題や矛盾にぶつかり、地域に足を運んで調査し、事象の奥にある本質を追求し、地域の人々とともに考え合うという上越教師の会発足当時の理念が貫かれていた。

例会や合宿研修会での研究協議では、会員同士の大変厳しい意見交換がなされていた。私も実践発表後、あまりに厳しい指摘によって立ち上がれないほどの刺激を受けることがあった。しかし、江口氏は、必ず発表者の努力や工夫の跡、本人も気づかないよさを指摘し、勇気づけることを忘れなかった。

私の授業がそのころから少しずつ変化してきた。社会科発足当時の理念を頭に描き、地域に根ざして教材開発や授業展開を工夫するとともに、子どもの生活の論理を念頭におくことを心がけるようになってきた。

そうなってきたのは、江口氏による理論と実践、上越教師の会のメンバー相互の厳しくも温かい学び合いによるところが大変大きい。

（長岡市立山古志中学校長）

信念と情熱の社会科教師，江口武正先生

古澤　正

　江口武正先生ほど，社会科を揺るぎない信念と自信をもち熱く語る教師を，私は知らない。先生の話を上越教師の会の例会などで聞くたびに，理論や実践に対して借り物や生硬でなく，自分で畑を耕して種をまき，厳しい風雨に耐えた末に，収穫したようなものを感じていた。そして，なぜ，こんなにも長く社会科にこだわっていけるのかと疑問に思っていた。

　疑問が多少なりとも解けたのは，2005（平成17）年12月の例会であった。このとき，上越教育大学学校教育総合研究センターの釜田聡助教授が，江口先生と上越教師の会の足跡等について講演された。講演によると，先生（当時18歳）は，1945（昭和20）年8月15日の終戦の日を松本市歩兵連隊で迎えた。連隊は狂乱状態に陥り，隊員は手榴弾を渡され，自決を迫られる危機に遭った。幸いにも自決は回避されて隊員が帰郷する間際に，長野師範学校出の班長が，江口先生に将来の教育の夢を切々と語り，「子どもを大切にするよい教師になってくれよ」と懇願したという。執拗に社会科にこだわり，使命感も感じる教えることへの情熱の源泉は，この終戦の体験と班長の願いにあると私は考える。

　平和と命の大切さをわが身をもって痛感した先生だからこそ，「民主的で平和な社会の礎を築くには，学校教育と社会科が必要である」との信念がある。それは，寂然として動かない心のようだ。教えることへの情熱も，校長になっても変わることはなかった。だから，教壇にも立った。私は，1982（昭和57）年2月の大潟町中学校で，太平洋戦争の授業を参観した。この授業は，NHK教育テレビでも放映された。語りの多い授業ではあったが，生徒はよくついてきた。授業のなかの「あんちゃん，死になんなや」という言葉を忘れられない。先生が松本市歩兵連隊に入隊するときの母の言葉である。この言葉で，いっそう重みと臨場感のある授業になった。社会科教師，江口武正先生の真骨頂をみる思いがした。

　社会科が元気がない，そして軽んじられている。民主的，平和的な社会の形成・維持の危機を感じる。江口先生のような信念と情熱をもち，たとえ貧しくても拙劣でも，自ら額に汗して得た社会科の理論と実践を切望してやまない。

（上越市立南本町小学校長）

現実をじっくり見つめ，自分を変える力を…

今井　一昭

　教師として，社会科教師として，子どもたちの学習意欲をもっと喚起させたい，学ぶ喜びをもっと味わわせたい，子どもたちを変えたい…と願いながらも，どこか壁を感じていたころ，江口武正先生著『教師と父母へのメッセージ』（ゆい書房）に出合いました。

　子どもとのかかわりのなかから，子どもに教えながら学ぶ，子どもを見る目を絶えず磨くという，私にどこか欠けていた教師の原点を改めて勉強させていただき，目から鱗が落ちる思いでした。本を紹介してくださった方からは，併せて，上越教師の会のことも聞かせていただきました。

　入会させていただいてからというもの，それまで子どもたちに迷惑をかけていた分を取り戻そうと，総会や毎月の例会，研究集会や忘年会には，できるかぎり参加しました。

　ある夏の研究集会では，先生から「教師が教師となるとき」と題してご講演いただきました。事象の底にあるものをとらえる目をもつこと，現象だけに目をやってはいけない。現実をじっくり見つめ，自分を変える力が身についたとき，教師が教師になる。……自分はどうだろう。修業の必要性を痛感しました。

　ある例会で，明治時代製糸業にかかわる女工を素材にした実践をレポートしました。先生方からは，教材解釈の点である程度の評価をしていただきましたが，子どもの見取りや，子どもの発想を生かす指導のあり方の点で更なる工夫の必要性を指摘していただきました。……明日からの修業意欲にまたまた火がつきました。

　総会と忘年会の後は，待ちに待った懇親会です。江口先生のお話……。

　「ごちそうがたくさん残っています。飲んでばかりいないで，しっかり食べましょう。もったいない。こういうことをするのは，○○○と教員だけです。」

　お会いするたびに「がんばっていますか」と声をかけてくださる先生や上越教師の会の先生方からたくさんのことを学ばせていただいています。

　まだまだ未熟ゆえ，教師として，社会科教師として，そして人として，現実をじっくり見つめ，自分を変える力を身につけていく修業の日が続いています。

（上越市立中郷小学校教頭）

上越教師の会で得たもの

望月　正樹

　上越教師の会に入会したのは29歳のときでした。小学校教師として勤務しだしてから4年目になります。その当時は東頸城郡松之山町立松之山小学校に勤務しており，情熱だけはあったのですが，教科の専門としての力がないと自覚しだしたころでもあります。

　特定の専門教科がなかった自分に，この上越教師の会の存在が眩しく映ったのと，そのなかで勉強しようと思ったのにはそれほど時間を必要としませんでした。社会科教師という響きが心地よくて，何も知らない自分でしたがとにかく飛び込みました。会の存在を教えていただいたのは，隣の松里小学校太田一成校長先生です。当時，高田館で先輩の先生方が真剣に社会科を中心にして「単元習作」という，今までに見たことも聞いたこともない方法で，単元の組み替えをしている姿を目の当たりにしました。社会科のみならず教科の指導は，教科書会社が作成した指導書や，書店で販売されている参考書等を使って行うものだと思いこんでいた私には，その「単元習作」という作業自体が異様に新鮮に感じられました。

　月例会では数人をひと組にして「単元習作」を行いました。教科書通りでは児童生徒に何をおさえさせたいのか明確にならない。一つの単元終了後には児童生徒が変わっていなければ意味がない。「社会科はある意味で社会改造科である」という江口先生のお考えの一端が表れた姿なのかもしれません。模造紙とマジック，それに教科書を使い「単元習作」を行い，その後各人が授業実践を行ったように記憶しています。

　そのころの先輩方は，この本の共同著者でいらっしゃる方が多いのですが，口角泡を飛ばしながら授業づくりについて話し合っていらっしゃいました。今に至るまで私の社会科実践においては，この一連の作業と授業実践が基本になっている事は否定できません。若い時期に素晴らしい会と，素晴らしい先輩に出会うことができて本当に幸せに思います。

　最後に一言。江口先生が常に口にしておられた「私たちは教育実践者集団です」という言葉は，私にとって現在でも座右の銘になっています。ありがとうございました。

（妙高市立妙高高原南小学校長）

江口武正先生への思い

柳澤　一輝

　江口武正先生は私にとって思い出に残る中学校時代の校長先生であり，偉大なる社会科教師として目標とする先生である。

　「おーい，柳澤君や，父ちゃん元気かや〜。毎日，帰り遅いだろう。よろしく言ってくんないやぁ」。

　江口校長先生が，廊下で私に掛けた最初の言葉である。とても人なつっこい笑顔で私に話しかけてくれたことを今でも鮮明に覚えている。私の友人も「校長先生から田植えしっかり手伝えよって言われたわ」と嬉しそうに話していた。当時，大潟町中学校の1年生だった私は「なぜ校長先生はうちらのことを知っているんだろう？」と不思議に思ったものである。しかも，会う生徒会う生徒に具体的な言葉をかけていたのである。江口校長先生は，常日ごろから生徒一人ひとりの理解に努め，生徒一人ひとりを，また生徒一人ひとりとの対話を大切にしていたのである。

　「学校は，そこに子どもがいるから建てられたのである。また，子どもがそこにいるから，教師が必要となったのである。こう考えると，学校の中心は子どもであり，子どもこそ学校の主人公である」。これは，私の中学校時代の生徒会誌「潟潮」における江口校長先生の巻頭言の冒頭文である。この「潟潮」を読み返してみても，「生徒が主人公」とする姿勢が貫かれているといえる。

　月曜日の全校朝会。江口校長先生の講話が繰り広げられる。この江口校長先生の講話は，「中学生君ならどう生きるか　全校朝会の講話」として広く紹介されているものである。壇上で大学ノートを広げ，凛とした姿勢で話す姿は今でも印象に残っている。現在のように情報にあふれ，インターネットの普及している時代ではない。「一体，どうやって調べたのだろう？」と思うほど綿密に調査をし，話題に富んだ講話をいただいた。私たち中学生の心に響き，やる気を喚起してくれる講話が多かったように記憶している。当時，バスケットボール部に所属していた私は，背が非常に低いバスケットボール選手が，自分の特性でもある走力に磨きをかけ猛練習をし，日本代表に選ばれた話が，強く印象に残っている。そして，その話に感銘を受けた私たちは話し合い，翌日から朝練習を始めたことを覚えている。現在，教職に就きバスケットボール部の顧問を担当しているが，この話を思い出しては生徒にしている。江口校長先生のように心に響く話となっているかどうかはわからないが，全校朝会の講話は20年経った今でも，私の心のなかにあることを実感した。まさに，江口校長先生の講話は，「生きた授業」であった。

現在，私の部屋の本棚には江口武正先生が執筆または深くかかわった著書が2冊ずつ収められている。たとえば，『村の五年生』(国土社)，『中学生君ならどう生きるか』(民衆社)，『地域に根ざす教育と社会科』(あゆみ出版)などがそれである。1冊は私自身が探し求め揃えたもの，もう1冊は小学校の教員であった父が所有していたものである。親子二代にわたって，江口武正先生の実践や業績に敬服し，教師としての姿勢を目標としてきたのである。

中学校時代の私をふり返ると，とても社会科教師として教職に就くことは想像できない。なぜならば，当時，社会科が大の苦手教科であったからだ。私が中学生として学んだ時期の学習指導要領は，いわゆる，「現代化カリキュラム」(昭和46年～)から，「ゆとりカリキュラム」(昭和55年～)へ移行を遂げた時期であった。しかし，実際の授業はとにかく進度が速く，板書をノートに書き写すことで精一杯であったことを記憶している。いわゆる，知識注入型授業がほとんどで，体験的な活動や問題解決的な学習とは大きくかけ離れるものであった。

そんななか，初めて心がわくわくする授業に出会った。江口武正先生の授業である。この授業は，NHK「先生がんばっていますか」で中継されたものである。ここで防空頭巾を初めて見て，戦争の様子を知った。地域の老人の話から，これまで無縁と考えていた戦争を初めて身近な問題として感じた。そして，テレビ中継していることも忘れ，江口武正先生と私たちは対話していたのである。この授業は，多くの保護者から地域の方まで参観していた。もちろん，私の父も休暇をとって参観していたのは言うまでもない。この授業を機に，社会科は「教えてもらったり，暗記したりするものではなく，自分で学ぶ」ものであるという認識をもったように思う。そこから，社会科に対する思いが強くなっていった。

今，改めて教師としての自分の原点をふり返ってみると，江口武正先生から大きな影響を受けていたことを実感する。また，江口武正先生を始めとする多くの諸先輩方が，熱く語り，ともに学び，優れた実践を残したここ上越の地で教壇に立っていることを誇りに思いたい。

(上越教育大学附属中学校教諭)

「父」

江口　武彦

　わんぱくな幼少時の私にとって、毎日書斎で書き物をし学校教育一筋だった父は、几帳面で厳格なイメージでした。そんな父に対し、小さいときから社会人になるまでかなり心配をかけることが多かったと思います。特に私が北大入学後、ろくに大学に行きもせず留年を繰り返し進級が危ぶまれていたときも、黙って息子を見守っていた父は偉いと思います。

　小さいときはよく叱られましたが、中学入学後は父から叱責を受けた記憶がありません。自分も親になって初めて子育ての大変さを感じますが、家庭でも子どもを「認める」「信じる」「任せる」を実践できた父は立派だと思います。

　父は50歳のとき単身赴任先の学校で心筋症で倒れ、医者から「タバコを止めないと非常に危険」と言われましたが止めずに吸い続けていました。確かわが家の長男が生まれたのをきっかけに60歳を過ぎてやっと大好きなタバコを止めたのには、家族一同随分驚かされました。子どもの健康によくないと思ったからでしょうか。

　私が社会人になって、父からのアドバイスで今でも印象に残っていることがあります。私が不本意な転勤を申し渡され落ち込んでいるときに、父は言いました。「人が大変だと思っている所の方が、かえって仕事がしやすくて業績も出やすいからいいんだよ」。その一言に勇気づけられ、頑張ろうという気になりました。

　そう思って頑張っていると、実際本当にそうなりました。また、私が管理職になってから、父は口癖のように「部下のいい所を見つけて褒めてやり、困ったことを見つけ解決してあげなさい。常に部下のおかげだから、そうすれば必ずうまくいくよ」とアドバイスしてくれました。こうした一言が、管理職になってからの私にどれほど役に立ったかわかりません。

　父は退職後、上越教育大学非常勤講師、市町村史編纂、講演活動等を精力的にこなしながら、母とよく旅行をしたり夫婦で囲碁をして楽しんでおりました。その母が昨年（2006年）9月に喜寿の祝いの数週間後に亡くなりました。本書の完成を、その母もきっと草葉の陰で喜んでくれていることと思います。

（旭化成ホームズ株式会社勤務）

第2部 「上越教師の会」実践からまなぶもの

第10章　単元習作の方法と実際

寺田　喜男

1　はじめに

　子どもたちを送り出した放課後の教室で，がっくりしながら薄暗くなるまで，どうしたらよいのだろうかと思い悩むこともしばしばだった。そんなとき，いつまでも教務室へ行かないわたしを心配して，江口が迎えにきてくれた。そして，「自分も新卒のころはそうだった。一番よいのは単元習作だ。二人で単元習作をやろう」と励ましてくれた。

　「子どもの生活現実を大切にする学習―単元習作と概念くだき―」（『子らと地域を見つめて』所収）の冒頭部分に，梅澤勤が単元習作との出会いを述べている[1]。「単元習作」は，教師を鍛え，育ててくれるという江口武正の単元習作への思いがよく表れている。

　複数の教員が，単元目標の設定から展開の構想までを協議しながらつくり上げ，授業実践を行い修正していく「単元習作」は，単元づくりの方法を学び，単元を構成する力をつけていくうえで，きわめて有効な手法である。また，新しく学校の共同研究やサークルに参加したものが，それまでの授業づくり手法を学ぶうえでも有効である。

　ここでは，「単元習作」がどのように行われ，そのなかで会員が教師として，どのように成長したのかについて考察するために，「子どもの生活現実を大切にする学習」をめざしたサークル創設期と客観的科学的認識を重視したころの単元習作を事例として紹介する。前者については，「子どもの生活現実を大切にする学習―単元習作と概念くだき―」（『子らと地域を見つめて』所収）をもとに作成した[2]。

2 単元習作で鍛える
――子どもの生活現実を大切にする学習のころ――

(1) 単元習作のよろこび

1953（昭和28）年，新採用教員として戸野目小学校に着任した梅澤勤は，江口とともに小学校4年生を担任した。子どもたちの目が輝き，生き生きとした活動のある授業を…と願いながらも，心に食い込む授業ができずに悩んでいた。

この悩みを感じた江口の指導で，梅澤と江口の二人だけでの「単元習作」がはじまる。「中江用水」「凶作」の単元習作を行い，実践を試みた梅澤は，「授業をどうすすめるか，とまどうことが少なくなってきた」「問題意識の発展を，さまざまな角度から検討しているので，子どもの反応に応じた展開が出来る」と，単元習作のよさを感じるとともに，授業への自信を深めていく。この感激を，梅澤は次のように示している。

・子どもの問題意識を中心にして組み立てる「単元習作」の意義がだんだん解ってきた。
・単元習作をするかしないかで，授業の質がまったく変わってくる。
・単元習作をするとき，子どもの生活する地域社会と生活現実の理解がなされなければならないことが解って来た。

また「地域社会の捉え方，問題の捉え方」や「考え方を育てる」指導法の差異が出てくることを感じ，研修の課題を把握することができた。

(2) サークルが結成されたころの単元習作の方法

1954（昭和29）年にサークルが結成されると，単元習作がさかんに行われるようになる。このころの単元習作は，子どもの生活現実のなかの課題を解決するための社会科授業のあり方を，見いだそうとするものであった。

単元習作は，次のような手法で行われる。

① 単元習作の前に，次のことを行う。
　ⅰ　子どもの願いや生活実態を調べる。
　ⅱ　地域の実態について調査する。
　ⅲ　サークルで報告し，検討する。

② 単元設定にあたって,「地域社会の現実と子どもの要求」を洗い出す。
③ 日本生活教育連盟が示した「日本社会の基本問題」に照らして,単元設定の理由を明確に示すとともに「地域社会の課題」を洗い出す。
④ サークルで単元習作を行う。展開案には,上・中・下段に次のことを書く。
　　i　目標を中核的なもの一つにしぼり,知識・技能・態度の面からねらいを立てる。
　　ii　展開案を立てる。
　　　a　上段；子どもの問題意識
　　　b　中段；学習活動と内容
　　　c　下段；留意点
　※　特に,「子どもの問題意識」がどう発展していくかを大切にして作成する。
⑤ 習作された単元を担当学年で実践し,その結果をもち寄り検討する。

(3) 単元習作の成果

単元習作の成果として,次の2点が示されている。
① 自分自身の社会を見る目が養われた。
② 社会科学習の進め方がわかり,子どもが学習により変わってくる。

このころの例会は毎月1,2回開催されている。18時ごろから始まり,ときには20時,21時までおよぶこともたびたびあったという。単元習作と実践後の検討,交流が熱心に行われたことがわかる。

この時期に「単元習作」された代表的な単元には,次のようなものがある。
・ものを作る人々（2年生　江口武正）
・中江用水（4年生　山賀昭治）
・田うえ（2年生　梅澤勤ほか）

単元「田うえ」は,1957（昭和32）年と1960（昭和35）年の2度検討されている。この単元「田うえ」は,後に生み出される「生産と労働を軸にした認識発展の五段階」への素材となっている。

1959（昭和34）年8月の合宿研究会では,梅澤の「田うえ」の学習実践をも

とにした共同討議が徹底的に行われた。このことの一部は，日生連の機関誌『生活教育』12巻11号（1960年）で報告された[3]。

　この報告では，「サークルの共同研究の問題」として，次の6項目が明らかにされなければならないと指摘し，それはとりもなおさず，「低学年における農業学習は，地域台に立脚し，地域の課題に迫る学習」であるとした。
　① 農村の実情の把握
　　・土地所有状況　・農村近代化の問題（機械化，酪農，畜産）　・農村の経営状況（A農家とB農家の比較）　・農民意識（農村の経営，政治に対する関心，農村の新しい階層，離農意識，親子関係，近代化を阻むもの）等。
　② 子どもの労働と認識の抑え方
　子どもの労働の実態，労働観を生活作文のなかから分析。その結果，低学年の労働に対する深め方としての切り込み方を確認した。
　　・田植え期の家族の体重調べから農繁期の労働は厳しいことに目を向けさせる
　　・家族の睡眠時間の調査
　　・母親の手を見つめさせ，形や，たこやひびから，母親の過重労働に目を向けさせる
　　・父母の子どもの労働に対する求め方から
　　・家庭の田植え時の食生活調査から
　　・家族の日常の話し合いのなかから
　　・疲労している父母の実態から
　　・父母の実際に労働している姿の観察から
　③ 子どもの苦労と喜びの学習の進め方
　④ 歴史的な見方をどう教えるか
　農業学習においても，歴史発展の姿のなかに現在の農業の姿を見させることが必要である。このことで，労働に対する認識がより深まる。
　以上のことがらを踏まえることで，児童の問題，これに伴う具体目標，この具体目標を満足させてくれる学習活動，この学習活動を支える学習内容，裏づけとなる資料というように，学習の内容と方法の統一が可能となる。この農業学習を通して，子どもたちの「労働」に対する望ましい認識形成をめざすわけ

であるが，とりわけ次のような配慮が必要なことが確認された。
- ・農家の生活は自然と深い関係で営まれる。
- ・労働することで賃金を得ることができる。
- ・労働には，家事労働と直接生産労働の違いがある。
- ・道具や機械は，生産をあげ，より生活を豊かにするためにつくられてきた。

このような確認をもとに都市部，農村部の学習指導展例が検討された。
- ⑤　都市における農業学習の進め方の明確化
- ⑥　山村における農業学習の進め方の明確化

授業実践を基にしての集中協議，生活教育での報告による意見・批判を踏まえ，1960（昭和35）年に再度「田うえ」の単元習作が行われた。

単元習作された「田うえ」の単元展開案
――検討・作成された2年生社会科単元「田うえ」の展開案（昭和35年）――

1　配当時間　8時間（50分授業）　5月3週～6月2週

2　基本目標

　田植えの生活を見つめさせることによって，農家の生活は自然と深い関係において営まれており，その生活は，農業労働によって支えられていることを認識させる。

3　学習の展開例（農村戸野目の実態の上に立って）

問題意識	具体目標	学習活動	学習内容
○近頃はうんと忙しくなってきた。	○田植えが出来るまで，農家の苦労は大変である。(1)	1. もうじき田植えだ (1) ○このごろの家の様子や，田んぼの様子を話し合う。 ・どんな仕事をしているか ・苗代や苗の育ち具合 ・水田の様子 ・用水の水具合 ○これまでの田んぼの様子を，教科書を中心に話し合う。	○田んぼの様子 ・たがやかされた田，苗代の苗，水かさを増した用水 ○労働の実態 ・牛馬，耕耘機の活躍，家人の忙しさ ○種まきから田植えまでの農家の仕事とその労苦
○田植えはどうして特に忙しいのだろうか。	○田植えの仕事は，季節や天候と深い関係がある。(1)	2. 田植えの忙しいわけ (1) ○田植えを一挙にやるわけを考える。 ・調べてきたことを発表しあう。	○部落による田植えの期間のずれと用水の関係 ○田植えと季節や天候の関係 ○稲の性質や品種と田植えの関係

(以下省略)

3 生産労働の科学的認識の発達段階設定への歩み

　このような単元習作，授業実践，共同協議が繰り返されるなかで，教科構造の核として「生産労働こそ人間をして他の動物と区別するばかりでなく，人間生活の成立と発展の基調であり，原動力であるという歴史的事実，このことを子どもにはっきりとつかませたい。このことこそ社会科学習の軸になる」という共通理解が成立（宮川貞昌・中村辛一・川合章による指導）してきた。すなわち，生産労働を軸にすえて，社会を構造的・法則的に発展するものとして捉える学習を通して，確かな社会認識を子どもたちに育てる実践がめざされたのである。このための筋道にそって，社会科学習を計画的に進めることが大切であるという共通理解に立って，生産労働の科学的認識の発達段階が設定される。それは次のようなものであった。

・生活は労働によって支えられる（事実認識）。
・労働の現実は厳しい（問題認識）。
・それは，条件によって変えることができる（条件認識）。
・それらの条件は，みんなの力でつくり出さなければならない（主体的認識）。
・値打ちある労働によって，われわれの生産を高め，生活を豊かにすることができる（科学的認識）。

　こうした実践の積み重ねが，『生産労働を軸とした社会科の授業過程』（明治図書）として集約された[4]。この出版には，大きな賛同と同時に多くの批判が寄せられた。特に，「社会の姿を科学的・客観的に捉えさせようとする意図や方法が弱い＝社会の姿そのものを科学的に客観的なものとして捉えようとする姿勢が薄い」という批判は，「教育の現代化」の必要性が高まってきた時代背景のなかで，自覚していた課題であるだけに切実な課題であった。
　この批判を克服し，科学的・客観的認識を意識した上越プランとするために，また理論と実践の不均衡への指摘を克服するための共同研究が続けられた[5]。

4 はじめての出版以降の単元習作

　『生産労働を軸とした社会科の授業過程』出版後の毎月の例会は，それまで

以上に単元習作に力が注がれた。ここでの単元習作は，およそ次のように行われた[6]。

　(ア) 小・中までの単元で，重要と思われるものを抽出する。
　(イ) それを，グループに分かれて研究しあう。
　(ウ) 例会で，各単元の教材解釈・教材構造・学習過程を提案する。
　(エ) 提案をもとに，集団で協議し，練り上げ，実践に移す。

　しかしながら，この取り組みをはじめたころは教材解釈が甘く，教材の「中心観念」を取り出すことが容易でなかった。また，中心観念・基本要素・具体的要素と仕組む教材構造も，相互の関連性や脈絡を明確に位置づけることができなく，困難の連続であったという。ここでの単元習作で突き当たった壁は，単元や題材の教材を構造化しても，主観の違いで，内容構造に差異が出るということであった。その解決には生産労働を軸とする教科全体や，それを支える地理・歴史・政治・経済・社会のそれぞれの分野の巨視的場面での構造化が必要性である。いわば，「社会科でつけたい力⇒教科の内容構造⇒各分野の内容構造⇒単元内容の構造」というように，一連のつながりをもって明確にされなければならないということであった。

　このため，毎月の例会の研究内容は，主としてこのことに費やされた。

　時間の経過のなかで，教科構造から分野の構造，学年の重点・年間プランにいたる内容構造が整理されたことによって，単元・教材内容を取り出す視点が明確になり，内容構成の手続きが次第に容易になった。

　年間プランに示された単元・題材の指導に際しては，教科構造を踏まえた各分野の構造を視点として基本的な要素を取り出し，これを分析的に解釈して内容を重点づけ，中心観念・基本要素・具体的要素としくんだ教材構造を作成し実践している。この繰り返しのなかから内容構造を，より本質的なものへと高めていく努力が継続された。

　同時に，学習過程についても検討される。認識の5段階についての批判を受け止め，一部見直しが行われた。時間をかけた検討の結果，生産労働の科学的認識の発展段階に基づく学習過程が次のように編成された。

　・生活は労働によって支えられる (事実認識)。
　・労働の現実は厳しい (問題認識)。

・それは，条件によって変えることができる（条件認識）。
・値打ちある労働によって，われわれの生産を高め，生活を豊かにすることができる（科学的認識）。
・それらの条件は，みんなの力でつくり出さなければならない（主体的認識）。

5 『生産と労働を軸にした社会科教育の現代化』以降の単元習作の実際

　昭和40年（1965）の出版から6年，納得のいく授業を展開しようと，指導案をサークルで討議し，その結果を教室にもち帰り，試みるという会員の活動が継続された。この「学習と実践の繰り返し」をまとめた『生産と労働を軸にした社会科教育の現代化』（明治図書）が，1971（昭和46）年に出版された[7]。

(1) 変化してきた単元習作の目的

　昭和50年代に入ると会員数の増加，学校の校内研究の充実，中心となる会員の人事異動による分散といったさまざまな条件のなかで，例会が月一回の開催となった。また，例会の時間が約2時間に拘束されたこともあり，単元習作の回数は減少する。また，新しい会員が増加したことで，サークルとして培ってきた考え方や手法が，必ずしも「共通な捉え」ではなくなってくる。このため，かつての目的達成のための試行錯誤のなかでの単元習作から，それまで形づくってきたサークルとしての考え方や手法についての理解をめざす単元習作へと性格が変化していく。そこでの単元習作は，「子どもたちが経験を基にして，創造的な思考を働かせて客観的な知的構造または技術構造を発見的な手法によって主体的に追求させようとする学習展開」のあり方をめざした。

(2) 単元習作を行うための準備

　このころの単元習作は，より短時間で，サークルの考え方と単元づくりの手法を理解することをめざした。単元習作は，基本的には次のように行われた。

①　単元習作を試みようとする小・中学校社会科の単元を決定する。

> ② 取り出した単元（題材）について，グループに分かれて教材解釈・教材構造・学習過程を研究・提案し協議する。
> ③ 協議したものを，会員が実践に移し報告する。

このため，事務局（担当者）は次のような準備を行う。
① 単元習作を試みようとする単元を参加者に明示する。
② 生産労働を軸とした，「社会科でつけたい力と教科の構造」を用意する
③ 該当する「分野の構造」（地理的分野の構造，歴史的分野の構造，政治的分野の構造，経済的分野の構造，社会的分野の構造）を用意する。
④ 学年の重点を用意する。
　※②〜④は，『生産労働を軸にした社会科教育の現代化』18-32頁に示されている。
⑤ 教材となりうる資料を準備する。
　単元の「教材化のための資料」または，教科書の該当教材を用意する。
⑥ 単元習作の方法　作業手順を明示できるようにする。
そのときの単元習作では，どこまで作業を進めるのか，手順とめあてを大洋紙などに明示しておく。
　※　かつて先輩が試みた単元，題材について再度単元習作を試み，その違いを検討すると，サークルの考え方が理解しやすい。

(3) 単元習作の方法
① グループでの作業手順を確認する（前述）。
② グループに分かれ，確認した手順に従い作業を進める。5年生「伝統的な工業―越後上布―」(8時間) では，次のように行われる[8]。
③ 単元設定の理由を検討する。
　・変化する地域現実を捉える
地域現実は，各々の地域で異なっている。また，現実の変化は激しい。児童生徒の生活の場である地域の実態を把握することは，児童生徒の生活の論理を知るうえで欠くことはできない。
・地域現実に基づく児童生徒の生活の論理を捉え，もたれると思う疑問や矛盾

を取り出す。

この場面では，次のようなことが話し合われた。
◇ 普段，目にふれにくく，生活の場でも伝統的な技術を生かした工業製品を意識することは少ない。
◇ 織物工場，織物をしている人を見たことのある児童はないといってよい。
◇ 近代工業のなかで，伝統的な技術を生かした工業が続けられていることへの疑問を感じるはずだ。
◇ 伝統的な技術を生かした工業は，地域のなかで生まれ受け継がれてきた。
◇ 伝統的な技術を生かした工業に携わる人々のもつ技術，製品のもつ意味について考えさせることは重要だ。

④　単元の中核的なねらいを検討する。

自作資料集「えちごじょうふ」，スライド「越後上布」(衣生活研究会)，教科書などを見ながら，教材内容がもっている学問的背景や，現代社会の課題をできるだけ科学的に考察し，分析的に捉えることで，教材内容を貫いている本質を考える。このとき地理的分野の基本的視点を参考に，そこで指導すべき本質的な方向を捉える。さらに，学年の発達段階や学習経験を勘案して具体化し中心観念（中核的な概念）とし，学年の段階に照らして見直したものを「ねらい」とする。ねらいは次のようにまとめられた。

> 南魚沼地方に伝わる越後上布は，「地域の自然条件や社会条件を生かした伝統的な技術により生産されてきたこと」を理解させ，伝統的な技術を生かした工業に携わる人々の持つ技術，製品の持つ意味について考えさせる。

⑤　単元・題材の教材構造を取り出す。

教材内容がもっている学問的背景や，現代社会の課題をできるだけ科学的に考察し，分析的に捉えることで，教材内容を貫いている本質を考える。このとき分野の構造の基本的視点によって大まかな方向性を確認し，学年の発達段階や学習経験を勘案して具体化し中心観念とする。中心観念は中核的ねらいのなかに示されるため，教材構造を設定したのちに中核的なねらいの内容との整合を図る。

次に，この中心観念にせまるための，基本的な学習内容を構成している重要

な諸要素を明確にする。このとき，各分野の具体的な視点と，この視点に含まれる基本概念の系列を参考にする。第三は，取り出した基本要素を成り立たせ，支えている具体的な内容，具体的要素を取り出す。

　このようにして分析的に捉えた教材を「教材構造」とよぶ。教材構造は，項目として示すのではなく，それぞれ中心観念に迫る視点，基本要素を支える視点が分かるような表現になるようにする。

　中心観念として設定された「多雪地域である魚沼の自然条件や社会条件を生かし，伝統的な技術により生産されてきた越後上布」の認識に迫るために必要な内容を次に取り出していく。分野の具体的な視点を参考に，取り出した内容を整理する。この作業を通して，次のような教材が構造的に取り出された。

（◎中心観念，○基本要素，・具体的要素）
◎多雪地域である魚沼の自然条件や社会条件を生かし，伝統的な技術により生産されてきた越後上布
○麻の性質を生かした格調の高い越後上布
・色合い，着心地のよさで有名な越後上布
・特別な技術をもった人により生産されている越後上布
・生産が減り貴重品になっている越後上布
○完全な手仕事で，多くの工程を経て織られている越後上布
・手作業で行われる30余りの工程
・手作業で行われるために長い生産期間
○長い伝統をもった越後上布
・平安時代までさかのぼる麻布の起源
・地方特産品の奨励で急増した江戸時代の麻布生産
・麻織物が減少し，絹織物が中心の今の塩沢織物
○雪を利用して行われている越後上布の生産
・冬の間の副業としての生産が中心だった越後上布
・麻糸に湿り気を与え，織りやすくしている雪
・色を一層白く，鮮やかにする雪さらし
○技術を伝え，保存するために行われているさまざまな工夫
・技術を伝え，保存するための無形文化財への指定
・生産の拡大と技術の保存，継承に努める技術保存会
○町の工業の中心となっている織物生産
・上布の技術を受け継ぎ，伝統的工芸品となっている本塩沢，塩沢紬
・出機が中心となっている塩沢織物の生産

⑥　教材構造を「生産労働の科学的認識」の発展段階に基づく学習過程に位置づける。

　はじめに,「科学的認識の発展５段階」(前述)を確認し,それぞれの発展段階に教材内容を位置づけた学習過程を編成する。特に,問題認識,条件認識はその後の学習を方向づけることになり,ここでの事実提示は重要である。このため,次の三つの視点を意識して中心観念に結びつく「典型的な事実」を捉えることと,この典型的な事実をもとに設定する学習課題を重視している。

　○典型的な事実設定のための視点
　　・教材のねらいが達成できるものであり,中心観念に迫ることができる。
　　・事実の追求で,現代社会の実態が浮き彫りにされ,現代社会の課題が追求できる。
　　・子どもたちに共感をもって迎えられ,単元(題材)を通しての課題意識を貫く。

　学習課題の性格は,基本的には,教材構造の本質を内に含み,子どもの追求に耐えうるものである必要がある。そこで,典型的な事実に照らし合わせながら,学習課題を設定吟味していく。学習課題のその吟味に当たっては,次の視点から行う。

　学習課題吟味のための視点
　　(ア) 単元(題材)のもつ基本的な内容にかかわるものである。
　　(イ) 社会認識の発展にそっている…子どもの認識と教科の系統との相互の関連のもとに発展的に取り組む。
　　(ウ) 子どもの実態に即している…子どもが教材に対したときの感じ方,考え方,行い方の背景にある子どもの論理を考える。

　さらに,学習過程にそって,学習内容としての教材構造で取り出した各要素と,その内容を捉えるための学習課題,学習活動を想定し,位置づける。多くの場合,このころの単元習作は,教材構造の取出しまでで,あとは会員が,自分の勤務する学校,担当する学級の実態によって実践することとして,各々に委ねられた。

　学習内容は,認識の発達段階に位置づけられ,つぎのような展開案となる。

展 開 案（例）

認識の発達段階	学 習 内 容	学 習 活 動
事実認識	○格調の高い越後上布 ・色合いや着心地のよさで全国に有名な越後上布 ・塩沢町を中心に生産されている越後上布 ・生産が減少し・貴重品になっている越後上布 《課題》	(1) 越後上布の価格はきわめて高いことを知り，その理由について話し合う。
問題認識	越後上布はどのようにしてつくられるのか。また，生産している人々は，どんな苦労や工夫をしているのか。 ○完全な手仕事により，何段階もの工程をへて生産されている越後上布 ・糸つくりから検査までの30余の工程が手作業で行われる上布の生産 ・手作業に頼らなければならない大切な技術のある上布生産	(2) 越後上布のできるまでの過程を調べる。
条件認識	○古い伝統をもち，江戸時代に生産の多かった越後上布 ・平安時代から生産されていた越後の麻布 ・地方特産物の奨励で増えた麻布の生産 ・生産が減り，絹織物が中心になった今の織物生産 ○雪のなかから生まれ，雪を利用しながら生産されている越後上布 ・色を一層鮮やかにする雪さらし ・麻布に湿り気を与え，織りやすくしている雪 ・冬の副業として行われている織物生産 ○越後上布生産の技術を守り，育てるために行われているさまざまな活動 ・技術を伝えるため無形文化財に指定されている越後上布	(3) 越後上布は，土地の気候や他の生産活動とのかかわりのなかで生産されていることを調べる。

(以下省略)

○グループで作業した結果を発表し，協議し，できるだけその時点で考えられるベストの案を決定する。
○習作した指導計画をもち帰り，自学級，または自校の該当学級で実践する。

6　おわりに――「単元習作」で学んだこと

　私が，サークルの活動に参加したころには，すでにじっくりと単元習作を行うことは稀な状況になっていた。行われた単元習作も，そのほとんどは，教材構造の取り出しや典型的な教材をどうするのかといった論議で終わってしまう

ことが多かった。それでも、この「単元習作」という作業から、私が受けた影響は大きなものがある。その主なものとして、次のようなことがあげることができる。

- 地域現実のなかにある課題の追求を通して、わが国や世界の課題を考えることの意識づけ（単元設定の見方や考え方）
- 教科の構造的な捉えと単元・題材のつながり方
- 単元目標の設定の仕方
- 教材の構造的な捉え方
- 認識の発達段階を考えた学習過程の構成
- 課題意識と学習課題設定の方法
- 教材と学習課題の関連

何よりも、単元設定の目的と単元づくりの方法、学習展開の仕方の基礎を学ぶことができた。教科書教材のもつ意味への関心、地域素材の教材化、地域資料集や副読本の作成など、単元習作での学びは教師としての自立をうながすことになったと思う。また、その後さかんに行われることになった、生活科や総合的な学習の構想と実践に大いに役立ったことは言うまでもない。

注

(1) 梅澤勤「子どもの生活現実を大切にする学習―単元習作と概念くだき―」『子らと地域を見つめて』上越教師の会、1977年。
(2) 同上。
(3) 上越教師の会「共同研究　低学年の農業学習」『生活教育』12巻11号、日本生活教育連盟、1960年、41-45頁。
(4) 『生産労働を軸とした社会科の授業過程』明治図書、1965年。
(5) このころの時代背景は、急変する社会にマッチしたより科学的な内容を精選して与えようという「教育内容の現代科学化運動」を背景に、「構造論」が主張された。上越地域は、内容的には教材を構造化することであり、方法的には、発見学習をとることであるとする広岡亮蔵の考え方に大きな影響を受けた。
(6) 上越教師の会『子らと地域を見つめて』1977年、66-67頁。
(7) 『生産と労働を軸にした社会科教育の現代化』明治図書、1971年。
(8) 拙稿「伝統工業における越後上布」（5年生）『地域に根ざす教育と社会科』あゆみ出版、1982年、189-219頁。

第11章　つづり方・作文教育を核とした児童・教師の成長

長野　克水

1　上越教師の会と私

■**上越教師の会との微妙なずれ**　私が入会したのは，1969（昭和44）年である。1996（平成8）年に退会するまで27年間お世話になり，授業や学級経営，温かい人間性にふれ，教師力を高めることができた。その間に，会の考え方と微妙なずれがあることに気づいていったのである。

その一つは，会がコアカリキュラムから教科中心主義へと歩んだのに対して，私はその逆ともいえる道をたどるためである。現代化路線の行き詰まりから教育の人間化，総合を中核としてカリキュラム開発へと関心を移していった。会の方は，社会科教育の現代化まででその後の時代の動きに対応できなかった。

二つ目は，会が「練り上げ」を中心とした話し合いの授業を進めていた。それに対して，私は個の学びに着目し，書く活動でそれを捉えようとしていた。総合を中核としたカリキュラム開発に当たって，かつてコアカリキュラムに対して「這い回る」という批判があったことを克服する必要があった。それに対応したのが作文の重視である。

三つ目は，作文の位置づけが異なることである。会の方は，生活台に立ち，生活を見つめ，生活と切り結ぶために作文を重視してきた。それに対して，高度成長後の児童には生活台が失われていた。だから，体験活動が必要であった。そこから得た情報から「知の創造」にいたる活動として，作文を位置づけたのである。

2 「知の創造」としての作文

■**児童に学習記録を書かせる**　上越教師の会の例会や合宿研修会で，会長の江口武正氏の教育実践や教育哲学の話を聞く機会が多かった。実践記録を見せていただく機会もあった。大学ノートにていねいな文字でびっしり書き込まれている。書く時間はどのくらいかかるのだろう，書く中身のある授業をすること自体が難しいな，とても真似さえできないと諦めの気持ちがでてくる。

　しかし，実践記録をつけることで，教育実践や教育哲学が次第にしっかりしてくるし，教師としての力量が伸びるらしいということがわかってきた。何とか実践記録を残す方法はないか考えた。自分では実践記録は書けなくても，児童自身の手で実践記録を書かせる方法があるのではないかと考えて実践した。児童にとって学習記録を書くことが大事な学びとなった。学習記録を書くことで，それぞれの児童が「知の創造」を体験することになっていった。

■**ノートから作文シートへ**　児童に書かせる学習記録というと，まずノートに書くことを思い浮かべる。ノートを使った実践をしばらく続けた。地図や絵，写真を見てわかったことを記録する。テレビ放送や 16 ミリフイルムなどの映像を見て視聴記録をつける。書きためた記録を読み返して作文を書くことで「知の創造」をうながす実践などを続けたのである。

　ノートだと，児童の記録をじっくり読むことができない。その記録をもとに次の授業を考えることが十分にはできないのである。そこで，記録に作文を取り入れることにしたこともあり，作文シートを特注した。ケント紙に印刷したオリジナル罫線の絵日記シートである。その後，上学年用の作文シートも開発した。シートは，方眼罫で日付と氏名を記入する欄が設けてある。

　作文シートの優れているところは，まず書きやすく読みやすいことである。それに，書いた作文を点検しやすい。書き手にとっては，書きたいだけ書ける。自作ワークシートのように，白紙のところに細かく書いたり，行が曲がったりすることもないし，書きたい場合には何枚でも書き足せる。基本は日付順にファイルするが，内容によって順番を換えてファイルしたり，集めたりすることが可能である。

　このように，書きやすさ，読みやすさの面から作文シートは優れている。用

紙の進化によって書き方も学習の仕方も進化する。すなわち，共進化するのである。

■フラットファイルからリングファイルへ　作文シートを使うようになると，どのようにファイルするかが問題になる。最初のころはフラットファイルに綴らせた。日付順になるように裏綴じをした。通常は，表を上にして重ねていくが，裏返しにして重ねていくやり方である。こうすると，ファイルからはずしたままで日付順になるのである。特に，日付順にシートを製本する場合には，ファイルからはずすとすぐに製本できるのである。

　単純に日付順にするだけの段階から，内容のまとまりをつけるためや再構成のために順番を変える段階に進化する。「知の創造」をうながす取組みが進化しだしたのである。そうすると，フラットファイルは不便である。簡単に順序を変えることができるのは，リングファイルである。このように，学習の質の変化に合わせて，使う道具も進化する。

　ファイルするということは，一度書いた記録を再利用することを意味する。一度気づいたことも重要であるが，いくつかの気づきをつなげると，事柄の変化やそれらの関連に気づいていく。それらを書いた自分の成長にも気づいていく。すると，今度はどうしたいかにも気づいていく。

　それには，内容や事柄の似たもの同士を集めた方が，わかりやすい。集めたシートを読み返してみると，考えが整理され「知の創造」が進むのである。それを可能にするのがリングファイルである。

■シートの製本　ファイルの最終的な利用は，製本することである。1年間書いてきたシートを1冊から数冊に製本するのである。シートにするとノートより散逸しやすいし，保存するのに困るという意見がでることがある。その意見には，製本することで正しく応えることができる。これによって，ノートからシートに変えたことが完結する。

　製本の仕方も，日付順にそのまま1冊にすることから始まった。それが2分冊，3分冊にと，内容別に製本するやり方に進化していく。それまで書きためた川での体験後に書いたシートを資料にして，新たに「関川ものがたり」を執筆するという活動があり，それを製本するという方法もある。また，1年間書きためたシートを組み替えて製本することにも取り組んだ。シートをそれぞれ

の観点で分類し，いくつかの章立てにする。その章のまとまりごとにまとめを書く。「はじめに」や「おわりに」のように前書きや後書きも書き，年間の学習の意味を整理する。そして，目次をつけ，学習のまとめをして1冊に製本する方法も開発した。

　製本を業者に外注した場合もある。簡易製本機の導入により，教師が製本したこともある。製本の仕方を児童とともに勉強し，業者から必要な製本セットを購入し，製本した場合もある。また，カレンダーの絵や写真，風呂敷や衣服のあまり布などでオリジナルな表紙を作成して製本した場合もある。

　このように，シートを取り入れ，ファイルし，それを学習活動に再利用し，最終的に製本するということで，児童に学習記録を取らせ，「知の創造」をうながすという一連の学習活動が形をみたのである。

3　「知の創造」の実践

(1) 飼育・栽培活動における「知の創造」

■忘れちゃった　総合単元の記録に絵日記を取り入れた。授業準備ができないまま月曜日を迎えた。そこで，一計を案じ，「昨日の日曜日のことを絵日記に書きましょう」と指示した。ところが，1年生は「忘れちゃった」と言う。

　高学年の児童になら，「何か覚えているだろう」と強く言ってきた。また，児童も諦めて，しかたなく何かを書き始めた。「忘れちゃった」と拒絶する1年生に感心した。考えてみれば，わざわざ書きたくなるようなことは，いつもあるわけではないことは，容易に思いつく。それなのに，「忘れたとは言わせないぞ」という気が先に立ち，ウサギを段ボールに入れ，児童をグラウンドに連れ出した。ウサギを草むらに放し，その周りを児童に囲ませた。しばらくそれを見てから，ウサギの絵日記を書かせた。さすが，忘れたとは言わないが，特別これはという絵日記はできなかった。

　ここに至って，よい絵日記は，よい活動から生まれることを思い知らされた。それ以来，児童が書きたくなる内容のある活動を創ることに力を入れるようになった。すなわち，作文には書きたい内容があることが一番大事であるし，書く意味がないことを書かせることを強要するから，作文が嫌いになるのである。

■ **ふたばさん，またあいましたね**　種をまく前には，観察をさせる。芽や根がどこからでるか，どのくらい収穫できるか予想させる。このように，同じパターンで観察を繰り返すことで児童の気づきは多くなる。

　第2学期の最初に，二十日大根の種を観察した後，花壇にまいた。たっぷりと水をまき，その様子を絵日記に書かせた。次の日，花壇一面に二十日大根が発芽した。それを見た児童は，あっと声を上げた。発芽予想では，1週間以上はかかるという予想がほとんどであったからである。

　観察後，教室に戻り，「ふたばさん，またあいましたね」と絵日記の題名を板書した。「ふたばさんは知っているよね。またってどういうこと？」「前にもあったよ。1学期にあさがおのふたばさんにあっているよ」こんなやり取りの後，絵日記を書き始めた。

　「また」で，児童は以前にあったあさがおと今あってきた二十日大根を比べて書いている。あさがおの発芽には，最低でも1週間はかかったし，ひと月も発芽しないものまであったのである。来る日も来る日も水やりをしたのに比べ，大根はあっという間に発芽している。双葉の形や色，つやを比べている。あさがおの発芽したばかりの芽には殻がついたままであったことや幾重にも折りたたまれていたため，シワシワになっていたことも思い出して書いている。

　このように，「また」で比べなさいと直接指示をださなくても，比べて書くようになるのである。それを可能にしたのは，栽培活動ではいつも同じように観察に取り組んでいたからである。課題を示して書かせるには，児童が書く内容への見通しが教師になくてはならないのである。

■ **やっと，お米が8.5kgとれました**　1年生で，200文字の文章を書くことができるようにすることを目標にした。しかし，すべての児童をそこまで書かせることができなかった。しかし，2年生の第2学期には，すべての児童が200文字以上の文章を書くことができるようになった。だから，いつかは書けるようになるのである。

　2年生の第2学期には，10枚以上も書ける児童も現れた。グラウンド片隅に，約2坪くらいの田んぼをつくった。スコップで起こした土を，児童は1年生で使った水槽の中に入れて運ぶ。それを繰り返して田んぼを完成させる。一方，農家の山本さんを真似して米づくりをする。はじめは，苗代つくりである。魚

箱の中にビニルを敷き，そこに土を入れる，山本さんから聞いたとおり，耳たぶの硬さに土をねる。鶏糞をいれ，スジをまく。上にビニルをかけ，保温する。保温苗代の完成である。しかし，冷たい水で手を洗っても鶏糞の臭いはとれない。

このような苦労をして1年間の米づくりをしたのである。米が実るとすずめの害にあうし，ようやく刈り取って干したのはよいが，またしてもすずめの来襲で，はさ木の下に籾殻が山になる始末である。そして，こばしや千歯こきで脱穀し，ビール瓶でもみすりと精米を手作業で行ったのである。そして，でき上がった米を保健室の体重計で計ってみたら，8.5kgであった。

その後で作文させたところ，1時間中夢中になって書いていた。春からの苦労を思い出し，それを振り返って書いているのである。そして，ようやくお餅つきができるという期待を込めて書いている。1時間経っても終わらないので，家で書いてくると持ち帰った。

このように，書く内容があると人に言われなくても，書きたくなるのである。今回の書く内容は，春からの活動の積み重ねがあり，それを振り返って書いている。そして，何よりも振り返る価値のある内容であったからである。

■羊は，どこで飼ったらいいですか　1年生が校長室にやってきた。「校長先生，羊はどこで飼ったらいいですか」と唐突に切り出した。一瞬戸惑ったが，1年生が生活科で羊を飼育することになっていた。初めての取組みなので，飼育小屋もない状態である。そこで，困ってやってきたのだなと判断した。「あなたたちは，飼いたい場所があるの」と聞くと，「はい，3カ所ありますが，どこにしたらいいかわからないので，校長先生が決めてください」というのである。「はい，わかりました。その場所に行って，『ここで飼っていいですか』と聞いてください。とても小さな声なので，静かに耳をすまして聴くんだよ」と話した。すると，「わかりました」と帰っていった。

その後，出張に出かけ用務が終了後，帰校した。机の上に，画用紙でつくった大きな手紙が載っていた。開いてみると，1年生からの手紙である。「こうちょうせんせい，ひつじをかうばしょがきまりました」という報告である。それぞれの場所の声をきいてみると，「がっ，がっ，がっ，ここは石があってあぶないよ」「ここは，草があっていいよ」「ここは，日陰になるので，夏すずし

いよ」「ここは，教室から近いよ」など，その場所の声を聞いている。そのうえで，今までウサギ小屋のあった場所で飼うことに決めたというのである。羊を飼うに適した条件は何かと問えば，おそらく1年生には決められない。知識を問うているからである。1年生でももち合わせている感性に訴えれば，羊が喜びそうな場所を決められるのである。

　このようにして飼育活動が始まった。なかには，羊が怖くて近づけない児童がいる。それでも羊に関心を寄せている。羊がどこかへ行きそうになると，「あっ」と声を上げる。自分では手を出せないが，誰かに綱を持ってもらいとんでもない方向に行かないようにしてほしいという願いを表しているのである。しかし，次第に自分でも羊に近づくことができるようになり，草を与えることができるようになる。体をなでてやることもできるようになっていく。自分のしたいことを羊にする段階である。

　それが，小屋掃除のときに外に出した羊を戻すとき，草を食べていていうことをきかないときに，ちぎった草を与えながら誘導するようなる。羊の願いに沿って，世話の仕方を考えられるようになっていく。そして，約半年の飼育活動が終わるころに，書きためたシートを読み返した児童は，羊の成長と自分の成長を感じるのである。羊のために世話をするということで始めた活動である。しかし，自分がこんなに成長できたのは，羊さんのおかげであると気づき，「羊さんありがとう。羊さんにお世話になりました」と考えるのである。

(2) 総合的な学習における「知の創造」

■川の声を聞く　川の学習のはじめに，川の声を聞く活動を行った。川はとても小さな声ですが話をします。じっと耳を傾けていると聞こえてきます。15分くらい静かにしていると聞こえますので，これから聴きにいきます。と，話して，青田川べりに出かけ，静かに腰をおろして川面を見つめだした。途中で，我慢しきれなくなった児童を静かにするよううながしながら，15分間，川の声を聴いた。その後，教室に戻り聴いてきた声を作文にした。

　ある児童は，どんなに耳を傾けても声は聞こえなかったという。それでも，川面を見ていると，散った桜の花びらが流れてきたという。そのとき，風がさっと吹いてきた。すると，花びらが風に吹かれて動き，文字のようになった

という。「たすけて」と読めたというのである。このように，聞こえた児童もそうでなかった児童も，同じように「たすけて」「苦しい」のような下水が流れ込んでいる青田川の声を聴いたのである。

　そのようにして始まった川の学習も第2学期に入り，川の上流から下流まで踏破したころには，児童の川に対する見方も変化してくる。ある児童は，「先生は，うそをついています。本当は，川はしゃべらないのです。ただ，私が川を見て心に思ったことを川の声として書いてきたのです」と書いている。それでいて，川の声を書き続けている。

　川の声を聴くことで，自分の心で聴いたことが聞こえてくる。それぞれの感性を働かせ，真剣に聞こうとする。そのことで，川の立場に立って，川を見るようになるのである。そのことで，作文の内容も豊かになるのである。

■**昔の人は，川を大事にしていた**　昔話や民話を読み，そのなかから「おばあさんは，川へせんたくにいきました」のように川や水に関する記述を抜書きする。そして，それについてどのように思ったか「川でせんたくできるくらいきれいだったのだな」のようにコメントを書く。読んだ本の題名も書いておく。それらをいくつもためて，作文を書く。次に示すのは，そのようにして書いたある児童の作文である。

　　私はむかし話を読んで，むかしは川をとてもだいじにしていたのに，今では川をあまりだいじにしていないと思いました。
　　昔話には，川で魚をとったり，川の水を飲んだり，川でせんたく物や食べ物をあらったりしたと書いてありました。でも今では，下水の水が流れこんで，昔のようにはなかなかなりません。川の水がきれいなところは，山の中の川くらいです。それに，科学が発達して，川を中心とした町や村のむかし話は，今ではそこへ行っても思いうかべられません。カッパも川がきたないので出て来そうもありません。昔は，カッパがこわがられていたのに，今では，ほうしゃのうが出るといってこわがられます。
　　二百年もたてば，私たちもむかし話の主人公になるかも知れません。そのとき，「川をきたなくしていきました」と書いてあったら，私たちの読んだ昔話とだいぶちがうことになります。

　このように，書きためた作文をもとに作文すると，考え方が整理できるので

ある。川の学習についても，この手法を取り入れた。上流で自分の分身人形を流し，その流れたところを見て回った。分身人形は，何を見て，何を感じたのか想像して作文を書きためてきた。それをもとに，原稿シート100枚の「関川ものがたり～○○の旅～」を書くことを課題とした。このようにして，どの児童も100枚の関川ものがたりを書き終えたのである。

■ゴミとわたし　これは，1月の終わりごろの児童の作文の題名である。これまでに書きためてきたシートを読み返し，付箋紙を利用して小見出しをつけたり，色別のしるしをつけたりしながら，わかったことを整理してきた。そのうえで作文を書き始めた児童は，集中して作文に取り組んでいた。約1年間にわたるゴミ問題への取組みによって，ゴミが自分の問題になっていることを端的に示したのがこの題名である。

まず，毎日のように「ゴミレポート」をはじめた。ゴミに関することならどんなことでもよいから，作文でレポートするのである。ゴミステーションの様子，道端に捨てられているゴミ，校内のゴミ，新聞の切り抜き，家族と話したゴミの話題など，さまざまなゴミに関するレポートが集められた。そのコメントをみると，「くさい，きたない」という気持ちで書いていた。このように感性でゴミを捉え，ゴミ問題の本質を突いた感想をもっていることがわかるのである。

その後も，ゴミレポートを続けていった。児童の問題意識は，不法投棄されているゴミへと向いている。草むらや側溝にすてられている空き缶やペットボトルに，どうしてゴミ箱に捨てるなり，家に持ち帰るなりしないのと怒りをあらわにする。自動車の吸殻入れの吸殻をそのまま捨てたと思われるゴミ，自動販売機の空き缶入れに捨てられた紙おむつなど，捨てる人のモラルを問う意見が出てくるようになる。一方，まだ使えるゴミが捨てられていること，もったいないゴミがあることに気づいていった。そして，リサイクルに関心が向き，展示会を訪れたり，リサイクルを進めている人たちの話を聞いたりするようになっていった。この時期は，ゴミ問題の追究が外部の責任追及に向かっていることがわかるのである。そのうえで，問題解決の糸口を見いだそうと，リサイクルへの関心が出てきているのである。

このように追究してきた児童は，このままゴミが増え続けたらどうなるだろ

うかと心配する。地球上がゴミだらけになったら、わたしたちはどこで生きていくのだろうか。ゴミを捨てる人は、天井に向かってつばをはくようなものだと気づいてほしい。そう思ういっぽうで、次第に自分自身もゴミを捨てないでは生きていけない存在であることに気づいていく。そうしたときに、ゴミ問題は、自分の問題になるのである。総合的な学習の時間が100時間に近づくころになっているのである。学びの発展によって、ゴミが自分の問題になってきたときに、自分の生き方、あり方を考えるようになるのである。

(3) 自己のあり方を考えるなかでの「知の創造」

■**一週間もしないのは変だから**　青少年赤十字（JRC）の加盟校での実践である。毎朝、15分間のボランティアサービス（VS）に取り組んでいた。ところが、4年生の児童は、教師が回っていくとやったふりをするが、いなくなると止めてしまうのである。VSで最も大事な進んでするということが欠けている。

そこで一計を案じ、「VS活動は、したくない人はしてはいけないのです。やりたい人だけがする活動です」と指導した。そのうえで、明日から、どこで何をしたかをシートに記録してもらうことを話した。すると、児童のなかに「先生、ずるいよ。さっきは、しないでいいと言ったのに」と不満の声を上げた。「しない人は、"しなかった"と記録すればいいんだよ」と応じる。1週間経ったところで、「私の今週のVSは」と書き出しを与えて、「以下、記録を踏まえて書きなさい」と指示した。

ある児童は、「私の今週のVSは、月曜はしなかった。火曜はしなかった。水曜はしなかった。木曜はしなかった。金曜はしなかった。土曜もしなかった」と続けた。これで終わりかと思いきや、「1週間もしないのは変だから、来週は何かやってみようかな」と書いたのである。1週間の「しなかった」という自分を見つめたときに、一歩先へと進み「より善くなりたい」と思ったのである。同じように、1週間「教室でゴミ拾い」を続けた児童は、「1週間もゴミ拾いばかりでは能がないから、来週は別の仕事も考えたい」と書いた。教室でいろいろな仕事をしていた児童は、「教室以外にも仕事を見付けたい」と書いている。

このように、自分に関するデータをため、そこから考えることにより、自ら

の意志決定をするようになる。他人に言われてするのは，自律的道徳時代に入る小学4年生以降には嫌がる。たとえ失敗しても，自分で決めてその結果に責任をもちたいのである。だから，教師は児童に自分に関するデータを集めさせ，そこからの意志決定をうながせばよいのである。

■インタビュー　お互いのことを知り合うことは，安定した生活をするうえでも，信頼感を醸成するうえでも大事なことである。そこで，クラスの人10人にインタビューさせた。私によいところがありますかと尋ねて，それを作文に書くのである。一方，インタビューされた人は，誰にどんなことを聞かれ，どう答えたかを記録するのである。

　ある児童は，自分には何もよいところがないのではないかと心配していた。恐る恐るインタビューしてみると，よいところを言ってくれるので，「みんな，私のよいところを見ていてくれた」と安心する。そして，心が安定してくると，「みんなほめ過ぎです。やさしいといってくれた人がいましたが，わたしには意地悪なところがあります。この間も，ささいなことで妹に意地悪しました。でも，せっかくほめてもらったので，本当にやさしくなれるようにがんばります」と書くのである。

　このように，自分についてのデータを他人から集めることで，自分のあり方を考えていく。その際，他から肯定的に認められることが重要である。認められるからこそ，その先へもう一歩踏み出そうとするのである。

■やさしさをテーマに　どのように生き方をしたいかと，いきなり問うても答えられない。人は，誰でも「あの人のようになりたい」という願いをもっている。「あの人」をモデルという。成長に従って，モデルも進化する。

　ある児童は，お母さんをモデルした。お母さんのような優しい人になりたいのだという。そして，お母さんの優しさの具体を捉え，自分はどのように真似をしたらよいか考え作文していた。モデルさがしの活動では，実際のモデルを調べる活動とともに，偉人の読書も取り入れていた。優しさをテーマにした児童は，「ヘレンケラー」を読んでいた。そして，家庭教師のサリバン先生に着目した。ヘレンが投げ捨てるフォークやナイフを拾っては持たせることを根気強く続けた姿に感動したのである。この厳しい指導のおかげで，ヘレンは成長し，偉人と言われるまでになったことを捉えた。サリバン先生の厳しい指導が

第11章 つづり方・作文教育を核とした児童・教師の成長 215

なければ，そこまでいかなかったに違いないと考えた。厳しい指導もヘレンのことを考えているのだし，結果として偉人になれたのだから，サリバン先生は優しいのだと考えたのである。

　自分の父親も厳しいと思っていたが，私のことを考えて厳しくしているのかもしれないと思い返すのである。そして，「厳しさ」と「優しさ」の価値統合を図るのである。これも，書くことで自分の考えが統合されるのである。

■**キャリアを見直す**　これまで事例で示してきたように，データを集めそこから自己の生き方，あり方を考えさせていくことには，児童は真剣に取り組む。何よりも自分の意志で自己決定できることがその理由である。どの児童も，より善くなりたいと思っている。しかし，他から言われたのでは，素直に従うことができない。自我が正常に発達してきたからである。

　自己のデータを自分で意味づけ，意志決定をすることで，自分のキャリアを伸ばそうとしているのである。自分のキャリアを伸ばすことは，楽しく，うれしいことである。だから，児童は，真剣に取り組むのである。

4　レポートによる「知の創造」

(1) 教職研修と作文（レポート）

■**書けない**　教職研修に作文を取り入れていたのは，附属小学校である。授業研究では，公開授業参観後は全員「観点レポート」を書き，それを印刷し全員に配布する。そのレポートを基に，研究協議するのである。

　最初のころは，何を書いたらよいかわからないのである。先輩が書いたレポートを見るが，書く参考にはならない。書くことは，自分の考えがなければ書けないからである。

　授業で見てほしい観点は決まっているが，次第にそれ以外のことが見え出してくる。自分が関心をもっている記録の書かせ方や発問と児童の反応の関係から，発問の良し悪しを判断すること，学びがどの児童にも成立しているかなど，自分の主張がはっきりしだす。そうなると，指導案を見た段階から，問題意識が出てきて，授業を見る視点がはっきりする。授業を見ている段階で，レポートに書くことがはっきりするようになる。書くことは，書きながら慣れてくる。

■書くことがない　生徒指導のあり方を見直そうということになり，毎月の生活指導の目標への取り組み方を全員で実践した。最初は，「廊下を走らない」という目標をどう指導するかである。各自が指導したことを紙に書いて生活指導主任に提出する。主任は，それをまとめ，どんな取組みがあったかを全員に報告する。

　1日目は，目標について話してそれを主任に報告した。2日目も指導しなければならない。何かしなければ，報告のしようがない。いかに，いままで何も指導してこなかったかを思い知らされる。廊下に立って指導して，その日の報告を済ませた。しかし，次の日も，また次の日も指導があるのである。報告をする必要があるのに，実践のアイデアがないのである。

　このように悪戦苦闘しながら全員で取り組んだ。ポスターを描かせる，廊下の真ん中に花を飾る，道徳の主題に取り上げる，毎日児童に反省をさせる，学級会で話し合うなど，全員の実践が主任から報告される。このようにして1週間取り組んだ。やり方はそれぞれ違ったが，全員が取り組むことで廊下を走る児童は確実に減っていった。

■計画するが実行が　このことからわかることは，生活指導の目標は決まっていてもその指導実践が確実に行われているかどうかが問題である。どんなことでもいいから全員が実践すればよくなるのである。決して同一歩調でなくてもいいのである。効果があがったところで，校長の指導が入った。70〜80％効果をあげたら，指導は止めなさい。これを全員走らないように徹底指導すると，児童をだめにする。2〜3カ月後くらいにまた指導すればよいと。

　そこで，次の1週間は「あいさつ指導」に取り組んだ。やり方は，前回と同様である。そこからわかったことは，廊下の歩行指導と挨拶指導では，難しさに違いがあるということである。廊下の歩行指導は，学校だけの指導で改善が進むが，挨拶指導には，日ごろ家庭でも挨拶が行われるので，それぞれ家庭での生活が反映される。その面で，若干の難しさがあるのである。

■実践と学年便り　教育実践に作文を取り入れると，児童の学び方がわかってくる。すると，教師は児童の学び方を具体的に捉えるようになるので，自分の実践の評価情報を得ることになる。だから，教育実践の改善をしたり，教育哲学を深めていったりするようになる。

第11章　つづり方・作文教育を核とした児童・教師の成長　　217

　このように児童の学び方についての新発見や教育実践の改善や教育哲学の深化を発表する場として学年便りがある。学年便りに，児童の学ぶ様相を載せることで，保護者の教育への関心が高まる。児童の学ぶ様相を知ることで，教育活動に信頼を寄せるようになる。それが，教師への信頼となっていくのである。
　信頼感が増すと，保護者からの声が届くようになり，教育活動に協力的になる。そのため，いっそう実践力が増してくる。このように，作文からスタートし，学年便りに教師がレポートすることで，つぎつぎといい回転が起こるのである。この経験から，効果の上がった事例を集め，実践レポートとして交換し合う研修を始めることになる。

(2) 教師教育と作文（レポート）

■ **積極的生徒指導**　生活目標の指導では，報告を求めることで，指導が進み，目標の達成や指導の改善が進むことがはっきりした。これを教師教育に取り入れない法はないと感じた。そこで，生徒指導レポートを月に1度書いて，それを印刷配布し，協議会をもつことにしたのである。
　レポートの内容は，その月の生活目標達成に向けての取組みとその月の学級経営の力点である。生活目標の指導については，効果のあがった実践を紹介することで，全職員によい影響があることを期待した。すると，生徒指導の技能や知見が広まり，教師の資質・能力を高めることになるのである。また，学級経営の力点を項目に設定することで，対症療法的になりやすい生徒指導を積極的な生徒指導に変えていくことを期待したのである。
　以前の私がそうであったように，教職員も「書けない」「書くことがない」状態から出発すると判断した。だから，書く内容の良し悪しを問題にするより，レポートを出すことに目標を置いた。書く量もB5判1枚と決めたが，文字の大きさや行数を指定しなかった。書けるだけ書けばよいとし，書きながら改善が進めばよいとしていた。
　案の定，レポートの締め切り日が近づくと，悪戦苦闘している様子が伝わってくる。そして出たレポートには，大きな文字で埋めたものや行数が少なく半分くらいのものまであった。全員のレポートを見ると，自分のレポートの問題点が自ずとわかる。他人に指摘を受けるまでもなく，他のレポートのよさを学

び取るのである。優れた取組みを賞讃し，より積極的な生徒指導が推進されるようにした。

　生徒指導協議会の回数が増すごとに，実践しないと書けないことが身にしみてわかるのである。それが自ずと，実践へと向かわせる。互いの実践から学び，互いの実践を認めることで，教職員間の人間関係がよくなっていく。安心して自分をさらけ出せるようになると，より進化したレポートが出てくるようになるのである。

■**レポートの拡大**　レポート研修の効果が確認できたので，その後転勤したどの職場でも生徒指導レポートを職員研修に取り入れた。その際，附属小の観点レポートを発展させ，授業参観レポートと名称を変え授業研究に取り入れた。観点を決めて焦点化した研究よりも，授業を通して小学校教育全体を考える研修をすると効果があがるのである。しかし，授業研究となると特別な授業をしなければいけないという思い入れがある。普段の授業の積み重ねこそ大事であることに気づいてほしいと願った。そこで，普段の授業のなかで効果があがったことをレポートする学習指導レポートを始めた。

　学習指導のレポートには，記述する教科や活動に制限はない。小学校教育にかかわる学習指導のことならどんなことでもよいのである。数多くのレポートがたまると，すべての教科，領域，各種教育にわたる内容がそろうのである。それに，機能領域の生徒指導で全教育課程が取り上げられることになる。

　しかし，その想定とは異なり，中心的なレポートは，生活科や総合的な学習の時間に関するものが多く集まった。それでよかったのである。生活科も総合的な学習も各教科と密接な関連をもっている。道徳や特別活動，各種教育とも関連をもってくる。だから，どれが学習指導レポートか生徒指導レポートかわからなくなるのである。

■**区別できないレポート**　あるとき，女子児童がトイレットペーパーを便器に投げ込むという事件が起きた。担任は，この事件を起こした児童のことを生徒指導レポートで報告した。この児童を中心に，4人の児童が関係していた。担任は，この児童は学習成績が良好で，勉強に対する不安からではないと判断した。そして，家庭に問題はないか，生育歴に問題はないかと調べ始めた。しかし，特段問題はなさそうであり，原因がはっきりしないと報告している。

トイレットペーパーを便器に投げ込むことを楽しみに登校している児童はいるわけがない。学校生活が充実していたなら，問題を起こすこともないはずである。学校生活の充実は，学習活動・学習内容の充実にほかならない。成績がよいからといって，学習内容や方法に不満がないとはいえない。

生徒指導の問題では，とかく外部に原因を探してきた。勉強がわからないからではないか，交友関係に問題はないか，家庭に問題はないか，生育歴に何かトラウマがあるのではないかなど，はじめから原因を予測している。そして，何か思い当たる節があると，そこに原因を求めるのが事例研究だと思ってきた。しかし，外部に原因を探しても，問題は解決しない。単に，責任を逃れたに過ぎないのである。原因を自分自身の指導のあり方に求めると，教師が変わればよいので，解決できるのである。外部に求めると，外部を変えないと児童はよくならないことになる。だから，児童は救えないのである。この事例では，総合的な学習の進め方に問題があったようだ。

このように，生徒指導の問題だと思い，従来の事例研究のように進めても解決できないのである。生徒指導の問題も学習指導の問題であったのである。生徒指導の問題から，学習指導の問題へと関連して考察を加えていかないと，改善はできないのである。

(3) 超研究開発

■**羅生門的アプローチ**　自分の教育実践をレポートに書き，ワークショップで話し合うという研修スタイルを確立した。このような研修スタイルを採ることで，教育実践に基盤をおく教育課程を開発しようとしたのである。それも，教育課程を教育の計画にとどめず，動的教育課程を開発するためである。

動的教育課程の創造を進めるには，従来のアプローチと異なるアプローチが必要である。従来のアプローチは，工学的なアプローチである。それに対して，羅生門的アプローチを採ったのである。

まず，教育目標を改定した。「喜んで登校し，生き生きと学ぶ子供」（一般的目標の提示）とした。このように一般的な目標であると，どの教職員の願いでもあるので，話し合う必要がない。そして，目標はこれ以上具体化も細分化もしない。

次に，この目標を創造的に具現することをお願いした（創造的な実践を重視）。誰もが，より善い子ども，より善い学校にしたいと思っているはずであるから，自分らしいやり方で実践するようお願いした。（さまざまな視点）相違ある実践には創意が伴うので，創発性の知を生み出しやすいのである。

そして，具現したことをレポートするようお願いした。月に学習指導と生徒指導にかかわる内容を各一本である。内容も形式もすべてそれぞれに任せた。書きぶりも日常語を使って，生き生きとした児童の様子が伝わるようにお願いした（常識的記述，事例法，記述による評価）。互いに実践していることをわかり合うためである。

このように，従来と異なる教育課程とその開発法を採ったので，超研究開発とした。

■**超研究開発への戸惑い**　三つのお願いを提示したところ，教職員に動揺が広がった。内容も形式も自由，おまけに自分の視点からの実践と異例づくめだからである。こんなことで教育課程の開発ができるのかという疑問と生徒指導では児童の情報交換が必要なのにそれが行われないことへの違和感があった。それらは，すべて慣れ親しんできた工学的アプローチからの発想であったが，無理もないのである。

従来のやり方と違っていても，説明してわかることではない。とにかく，そういうものだと思って流れてみるのが一番である。レポートせざるを得ないので，自分の実践を見直す。しかし，書く材料が見つからないと苦しい。提出締め切りが近づく。提出すれば他のレポートが気にかかる。そんな思いのなかで第一学期が終了した。各種レポートが一人約10本集積できたので，「今までのレポートを振り返って，今後の実践にいかしたいこと」というレポートを課した。

ここまでの取組みが一番大変な時期であった。振り返りのレポートを書くことで，最初のころより何を書けばよいか，どのように書けばよいかがわかりかけてきた。総合の記録としては，ワークシートではねらいを達成できず，作文が最適であることがわかってきた。このようなことをはじめ，いくつかの成果があったことで，教育課程の創造に期待がもてるようになってきた。

レポートは印刷・配布し，それを事前に読んで研究協議をしていた。小グ

ループでの協議をどのように全体のものにするかを巡って試行錯誤をした。その結果，20分のグループでの話し合い，グループを変えてもう20分の話し合い，最後の20分は，全員が集まっての一人40秒以内の発言という「レポート＆ワークショップ」の形に定着した。

■**超研究開発の成果**　ワークショップでは，話し合って結論を出すということを止めたのが好結果を生み出した。「自分の教育実践に生かせること」を見つける話し合いをする。これなら，限られた一時間の話し合いで十分である。それぞれの教職員が他の実践に学び・共鳴することで，「よいことは流行って」いった。それぞれの実践者も，「効果のあがったことは続け，そうでないことはやり方を変えて」いった。このようにして，「個の自発性」が全体の秩序を生み出し，総意が生成され，教育課程の開発が進んだ。

　2週間に1回のワークショップで，互いの実践が全校に知れわたる。よい実践に共鳴して実践が進化する。レポートは実践者の自己評価でもある。自分の教育実践を意味づけることで，教育哲学を進化させ，教師としての成長を遂げていく。その成長した教育哲学で教育実践に取り組むのである。児童も主体的に学び，自分自身を見つめることで成長を自覚し，自信を深めていく。

　「喜んで登校し，生き生きと学ぶ子供」を具現した実践をレポートというかたちで残すことが，学校を進化させた。生活科や総合を中核にした教育課程を実践し，児童に主体性を発揮させ，自分のペースで学ぶことを保障できるようになる。ワークショップでは，改善点を主体的に求めて学校評価をしていることにもなる。このように，教育目標を具現することに取り組んでいることで，同僚性，協働性が深まっていく。このような教師集団のもとでは，どの児童も全教職員に支えられて学ぶことになり，自らよりよい学校にしようとしだすのである。

　このように，教師が教育実践に真剣に取り組み，「レポート＆ワークショップ」で公開することで，互いのことをよく知るようになり，互いを認め合うようになる。信頼関係ができると，安心して自分をさらすことができるようになる。このように教師の心の解放があって，児童や保護者にも安心感・信頼感が広がる。だから共鳴し合って教育課程の創造が進化していく。

5　おわりに

■児童の学力を伸ばす作文　体験活動で捉えた「もの，こと」を言語，文章に置き換える。言語，文章に表現した「もの，こと」を読んで，現実の「もの，こと」をイメージする。この相互作用を活発化することで，言語能力が高まる。

　作文することで学び手の主体性を確保すると，「自ら課題を見つけ，自ら学び，自ら考え，よりよく問題を解決する」ようになる。そして，何よりも学ぶことが好きになり，積極的に学ぶようになるのである。

　一人ひとりの作文ファイルやそれを製本した世界に1冊の本には，児童の学びが詰まっている。瑞々しい感性が復権し，児童の学びを支えていることがうかがえる。自分らしい学びを認められているという自信があふれている。

■共進化を支えるレポート　記録することは，他に読まれることが前提になる。成果のあがった教育実践を記録したレポートには，それを記録した人の人柄が表れる。互いに読み合うことで，その人柄にふれることになる。そのため，相互理解が進んでいく。互いの考えていることが解ると，安心して心の内を表現するようになる。そして，深い信頼関係で結ばれていく。

　信頼関係ができた組織では，他を思いやる，他に貢献する，他の立場に立って考えることが普通に行われる。自己中心性から脱却し，人間性が高まるのである。そのような学校では，教師の進化が児童の進化をうながし，保護者や地域の人々の信頼を呼び込む。学校評価が日常化し，あらゆることが共進化していくのである。

■違いはあっても心は同じ　作文教育を核とした児童・教師の成長を考察してみると，上越教師の会で学んだことが大きいことがわかる。いつの時代でも児童をよりよくするという願いは同じである。そして，児童の学びの実態から学びながら，指導の改善を図っていくことも上越教師の会で学んだことである。新しいことを切り開くという意志の強さ，粘り強さも学んだことである。

　教育改革・意識改革はリーダーシップとともに仲間の温かい人間関係があって進むのである。この温かい人間関係の重要性もサークルからいただいた財産である。一見教育実践に違いがあっても，時代の要請の違いであって，それを支える心は上越教師の会で学んだことである。

第11章　つづり方・作文教育を核とした児童・教師の成長　223

　児童の書く作文と教師の書くレポートには，大きな役目があった。作文には体験活動を記録するし，レポートには教育実践を記録する。記録することで，現実のもの・ことを言語化することで抽象の段階を上る。体験活動も教育実践の積み重ねで，記録やレポートが積み重なる。その量が増えるとまた事態が変わってくる。言語化したことが関連づいてきたり，意味づけが進化したりする。それは，体験活動の対象の変化に気づいたり，そのときそのときに記録した自分自身の成長にも気づいたりする。すると，次にどのようにしたいかが見えてくるからである。これは，教育実践の記録にもいえる。

　最初は，感性で捉えている。次第に対象の変化を追究しだす。それが，自分自身のあり方・生き方の追究に進化する。このように，追究の質が進化していくのである。

第12章　江口武正の学校経営実践

釜田　聡

1　はじめに

(1) 江口武正の学校経営実践の現代的意義

　江口武正は，1972（昭和47）年45歳にして，新潟県東頸城郡浦川原村立月影小学校長に着任した。当時の東頸城郡は「陸の孤島」，東頸城の各学校は「先生方のはきだめ」といわれ，ともすると無気力な教師集団の代名詞的存在とされてきたという[1]。

　江口は，こうした実態を「それぞれのすぐれた可能性をうちに秘めている教師たちのよさを引き出し，教育的意欲をかきたて力量を高めることが，どんなに子どもの発達と深いかかわりがあるかという自覚を教師たちにもたせ得なかった校長に，最も大きな原因があったと言わざるを得ない」[2]と捉え，自らを奮い立たせている。

　月影小学校に着任後，江口は，「子どもとともに伸びる教師集団」[3]を合言葉に，地域・家庭・学校を取り結ぶ学校経営を実践した。また，江口は，教職員と語り合い，地域と対話を重ね，真に子どものための学校づくりに邁進した。こうした学校経営の手法は，次に赴任する名立中学校，大潟町中学校，南本町小学校においてもいかんなく発揮され，その学校経営実践の成果は各方面で注目をされた。

　教育，あるいは学校の根幹が問い直されている今日，このような江口の学校経営実践の実相から学校経営上の知見を導き，学ぶ意義はきわめて大きい。

(2) 本研究の目的と研究の対象

本稿では，江口の学校経営実践の実相を，現存資料を基に現代の教育課題の視座から読み解き，今日の学校経営上の実践的知見を導き出すことを目的とする。具体的には，江口の学校経営実践の実相から，内発的な学校改革のあり方（学び合う集団づくりの形成過程）を読み解き，そこに江口自身がどのように介在したかについて明らかにする。

江口は，学級担任として，あるいは研究主任として，時代の変遷を鋭敏に察知し，目の前の子どもたちや学校・地域の実態に即し，授業実践を積み上げてきた。また，多くの先輩管理職の後ろ姿から学校経営実践を学んできた。そうした25年間の蓄積を管理職としてどのように整理し，自らの学校経営実践に取り込もうとしたかを明らかにする。

江口の管理職の時代は大きく三つの時期に分類できる。
・第一期は月影小学校の時代。
・第二期は名立中・大潟町中学校における中学校長の時代。
・第三期は南本町小学校の時代。

本稿では，第一期の月影小学校時代に研究の焦点を当てる。

その理由は，月影小学校は，へき地小規模校であり，時代は異なるが，江口自身が新採用教員時代に赴任した戸野目小学校の地域に相通じるところがあるからである。江口にとっては，まさに地域に根ざした学校経営実践を十二分に展開できる素地があったのである。また，小学校教員の経験が長かった江口にとって，教員時代に蓄積した知見を学校経営実践にどのように具現化したかを浮き彫りにすることで，現代の教育課題への示唆を導出することができると考えたからである。

(3) 先行研究との関係

江口の学校経営実践については，月影小学校の実践を中心に，江口自身が日々の取組みをまとめたもの，講演等で語ったものなどの資料が現存する。とりわけ，月影小学校時代の学校経営実践については，1978（昭和53）年に『地域に生きる学校』（明治図書）を出版し，当時の様子を生き生きと描写している。そうした学校経営に関する実践記録を一読すると，その時々の時代の変遷を鋭

敏な洞察力で読み解く江口の姿，あるいは目の前の子どもたちや教職員，地域の住民の意識を瞬時に捉え，日々の学校経営に具現化していこうとする江口の姿が生き生きと浮かび上がってくる。

いっぽう，江口自身が出版物に記述したものや，後に講演等で語った資料の多くは，江口が関係者に気兼ねした部分や，若干脚色したと思われる部分が散見される。また，江口が書き残した一次資料（「月影のメモ」など）を他者が現代的視座から読み解いたものはほとんど見られない状況である。

(4) 研究の方法

本研究では，研究目的に迫るため，次の手順で研究を進める。

最初に，江口が書き記したノート（月影のメモ）を参照し，江口の学校経営実践の実相を追う。次に，江口が後日回想し書き記した出版物（『地域に生きる学校』明治図書，1978年）などを補完資料として活用する。続いて，他者が江口の学校経営について書き記したものを参考にし，江口の学校経営実践の実相を描き出す。

以上の手順を踏み，江口の学校経営実践から現代の教育課題への示唆を次のように導出する。

第1節において，江口の学校経営実践から，どのような知見を導くことができるかを今日的教育課題や先行研究等との関連について記述する。第2節においては，江口の管理職としての略歴と主な教育実践を記す。第3節においては，江口が校長として，何を拠り所にどのような教育実践に取り組んだのかに迫る。主に江口が直接書き留めた月影のメモなど一次資料を中心に記す。第4節においては，第3節で導出された知見を整理し，江口の学校経営実践における今日的意義を抽出する。

2　管理職としての江口の略歴

江口は，1972（昭和47）年45歳で月影小学校長に着任した。前任の刈羽郡北条町立北条中学校教頭時代に，生死をさまようほどの経験[4]をした直後にもかかわらずの栄転であった。その後，1987（昭和62）年に上越市立南本町小学

校長で定年退職を迎えるまで，15年間にわたり校長職（途中2年間の指導主事経験を含む）を勤めた。江口の管理職としての略歴は次のとおりである[5]。

1972（昭和47）年　45歳
　東頸城郡浦川原村立月影小学校長として着任する。
　東頸城郡校長会調査研究委員（47年度）および委員長（48-49年度）として，「東頸の教育事情」を浮き彫りにし，これをまとめる。

1973（昭和48）年　46歳
　「地域に根ざした教育」の一環として，ノーカバンデーを実施し，各方面に注目される。サークル20周年記念授業研究会を月影小学校で行う。

1976（昭和51）年　49歳
　新潟県教育委員会指導主事中越教育事務所勤務を命ぜられる。

1978（昭和53）年　51歳
　新潟県西頸城郡名立町名立中学校長として着任する。

1979（昭和54）年　52歳
　新潟県中頸城郡大潟町立大潟町中学校長として着任する。

1982（昭和57）年　55歳
　2月　ＮＨＫ教育テレビにて「校長教壇に立つ」を全国に放映（25分間）。
　8月　『地域に根ざす教育と社会科』を出版（あゆみ出版）。

1985（昭和60）年　58歳
　上越市立南本町小学校長として着任する。

1987（昭和62）年　60歳　3月31日定年退職。

3　江口の学校経営実践から

(1) 月影小学校での学校経営実践

「月影のメモ」によると，月影小学校着任の前日4月2日（日）に，江口善吉校長と深沢一雄教育委員長（元教育長）から校長としての心構えについて指導を受けている。その後の江口の学校経営実践の礎石ともいえる内容だけに要約を記す。

江口善吉校長からは，次の指導があった。

① 土曜日と月曜日は必ず学校に居り，勤務を厳正にすること。
② 村の特定の人のところへ出入りしないこと。挨拶まわりはよいが他はいってはならない。
③ 子どもの力をつけることを第一義とすること。
④ 駐在所とはつかずはなれないように気をつけること。
⑤ 校長も特定の時間，授業をもつようにしたらどうか（特定単元，題材はよい）。
⑥ 職員の出張の時，出来るかぎり，教室に出て，子どもに接するようにした方がよい。
⑦ 年配の教頭からは，うんと事務をもってもらうようにした方がよい。だが，その人，その人の特質を見極めた上のことといえよう。

深沢一雄教育委員長からは，次の指導を受けた。

① 校長によって職員はどうにでも変革するものである。
② 月影はへき地としては最高の場所といえる。ここでは特に村の人とのつき合いをよくしてほしい。そのためにも下宿が望ましい。
③ すばらしい校舎が出来ているので，これをどう最高度に活用するか考えてほしい。
④ 校舎内の一つ一つ施設設備について，その意義・意味合いをどう捉えておくかが大切である。
⑤ 学校内に無駄があるということは大切なことである。

このような指導を受けた江口は，翌日4月3日（月）月影小学校に出勤した。当時の職員の年齢構成は，校長の江口が45歳，教頭50歳，教諭は39歳が一人，残りの5名全員が40歳代前半であった。

　着任早々，江口は子どもたちから洗礼を受ける。

　江口は，月影小学校の子どもたち120名を前にして，「皆さん，わたしたちの学校の横を流れている川は何という川でしょうか」[6]と問いかけた。すると，120名中の2名だけが，かろうじて手を挙げたという。初めての月曜朝会であり，子どもたちが緊張していたことを割り引いたとしても，新任校長江口に衝撃を与えるに十分な出来事であった。

　そのときのことを江口は，次のように語っている。

「私はこのことから，この目の前の子どもたちを，これからは家庭や地域のリアルな姿を自分の目で見，自分の足や体でたしかめ，自分の頭で考える，そんな子どもに育てなければと思った」[7]と回想し，子どもの生活の実態を捉え，父母や地域の人々との連携を深める必要があることを再確認した。

その後，始業式や学区内の挨拶など，新任校長の恒例行事をこなしつつ，満を持して4月17日（月）に学校経営の基本方針を全教職員に伝えることになった。その間，江口特有の観察眼を効かせ情報収集したことは想像に難くない。実際に，約2週間で地域をくまなく観察し，校名の由来を調べ，ＰＴＡの会合に積極的に参加している。もちろん，教職員との対話を重ね，子どもたちの日々の様子，清掃活動まで観察し，子どもたちとの交流を深めてもいる。

江口が全教職員を前にして語った学校経営の基本方針はおおよそ次のとおりである。

学校教育への要請を「創造的知性と豊かな人間性の育成」であると捉え，創造的知性を「生きて働く力であり，転移する基本的な力」と定義した。さらに，学校の課題は，学校教育目標の具体的な裏づけになる必要があると述べ，「よい子（民主的な子ども）・できる子（高い学力をもった子ども）・がんばる子（気力・体力の充実した子ども）」の実現をめざす必要があるとした。最後に，「学校教育の原点を子どもに求め，子ども第一主義に徹していくことにほかならず，学校経営上のすべての活動の価値判断は，すべてここに発することを意味する」と述べ，次のような具体的な方策を提示している[8]。

① 望ましい人間関係の確立をめざす，創意に満ちた学級づくりの重視。
② ひとりひとりを生かす学習指導の追求と確立。
③ 生活に充実感と生き甲斐をもたせる生活指導の重視。
④ 学校環境の整備と活用。
⑤ 日々の実践に根ざした共同研究の推進。

①については，江口は「学級経営は学校経営の基盤であり，特色ある学校経営は，特色のある学級経営の総和のなかから生まれる。ここにおける望ましい人間関係を確立するとは，ひとりの喜びがみんなの喜びとなり，ひとりの悲しみがみんなの悲しみとなるような生活集団にまで成長する」[9]とした。そのうえで，厳しく磨き合う学習集団をつくることを職員に求めている。

学級経営を重視する姿勢は、かつて「鏡子ちゃん事件」[10]に心を痛め、上越教師の会で徹底的に学級集団づくりについて討議した若かりしころの江口の姿そのものである。

江口は、さらに具体的な指針として、「自由に話せる雰囲気づくり、教師と子どもの結びつき、助け合う仲間づくり、学習集団として望ましい前進をはかる、父母の参加も求めつつ、集団の質を高める」[11]ことなどをあげている。

②については、「日々の授業こそ教育専門職としての教師の使命であり、教師は授業で勝負するという現場の合言葉もここから生まれる」[12]と説く。さらに、江口はよい授業の定義を「生き生きとして迫力のある授業、厳しくて激しい授業であり、このような授業のなかでこそ、ひとりひとりが生かされるといえよう」[13]として、教職員に示した。江口は、月影小学校の教職員に「生き生きとして迫力があり、厳しくて激しい授業」を求めたのである。その具体的な指針として、「学習内容の精選を図ること、子どもの実態をリアルに捉えること、主体的・発見的な学習過程の編成につとめること、主な学習指導法について工夫を図ること、効果的な評価法を工夫すること」[14]を示した。ほとんどの教職員が40代を越え、校長である江口とほぼ同年代であるにもかかわらず、ここまで激しさを全面に出したところに、江口の学校経営実践にかける情熱がうかがえる。

③については、生活指導は学習指導とともに、車の両輪的な役割を果たすべきであるという認識を示している[15]。そのために、教職員に対しては「共通意識のもりあげ」を求め、子どもに対しては「ひとりひとりにはっきりとした生活目標をもたせること」をうながした[16]。

④は学校環境の整備と活用についてである。江口は、月影小学校に着任する前日、深沢一雄教育委員長から「すばらしい校舎が出来ているので、これをどう最高度に活用するか考えてほしい。校舎内の一つ一つ施設設備について、その意義・意味合いをどう捉えておくかが大切である」[17]などの指導・助言を受けていた。まさに、この4番目の柱は、その指導・助言を具現化するための方針を提示したものである[18]。

⑤では、「日々の実践に根ざした共同研究の推進」[19]をあげている。共同研究の推進、とりわけ日々の実践を重視した共同研究の推進は、上越教師の会や

戸野目小学校，大手町小学校などの共同研究で，教師集団の力量向上に確かな手応えを感じていた江口の真骨頂である。

まさに，江口の学校経営方針は，25年間の教育現場で培われた教育哲学，教育の技法，月影の地域性が練り上げられたうえで，教職員に提示されたといえる。

しかし，共同研究の推進に対して，先生方が「わたしたちはここ何年来共同研究なんかやっていないんです」[20]と不安を口にしたという。江口自身は驚いたが，「研修こそ教職専門家である教師の使命である」と共同研究の必要性を訴え，徐々に先生方の理解を得ていく[21]。

このような手順を踏み，5月10日（水）には，「共同研究の推進」という綿密に整理された企画書を提案した。校長自らが，共同研究の企画書の立案に参画したところに江口自身の並々ならぬ決意がにじみ出ている。江口はこのときの様子を「月影のメモ」に次のように書き残している。

「本年度の県の実践上の努力点の学校□□（判読不明）は職員研修になった。だからといって職員の共同研究に力を入れようというのではない。職員研修，わけてもその中核となる共同研究は，教育専門職としての教師を支えるバックボーンともいうべきである。だからこそこの教育研究がどのような姿で推進されるかは，その学校の研究の質をあらわすと同時に，教育に対する教師集団の構えをあらわすものといっても過言ではない」と自説を展開した。

一方では，自分の学校経営の方針が教職員に受け入れられるか心配だったらしく，次のような内心も吐露している。

「なにはともあれ，あれやこれやと考え，次のようなプリントを用意し，約2時間協議し合い決定したのは共同研究テーマとサブタイトルであったが，実に有意義な話し合いであった」。

緊張感から解放され，「やれやれ」と一息ついた江口の姿が思い浮かぶ。

このとき決定した共同研究テーマは，「目を輝かして学ぶ子どもを育てる学習指導－課題に立ち向かう指導法の追求－」であった。なお，「月影のメモ」には，子どもの実態に根ざした真摯な教師一人ひとりの思いや願いが詳細に記述されている。

次に，江口らしさを発揮したのは，6月9日付で保護者向けに出された「た

より」である。その「たより」は，「春の農繁期休業について－アンケート実施のお願い－」と題するものであった。農繁期休業の意義について，学校でどのような指導をしたかということと，家の耕作面積や耕作に携わる人員など，現在であれば実施が困難な項目までが含まれるものであった。このアンケート調査からも，江口の地域の実態を把握し，地域に根ざした教育（学校経営）を行いたいという切実な願いが伝わってくる。

(2) へき地教育研究会

江口の学校経営実践が最も脚光を浴びたものの一つに，月影小学校でのへき地教育研究会がある。

月影小学校での共同研究が軌道に乗りつつあった1972（昭和47）年10月下旬のことである。東頸城郡のへき地教育研究会の総会が保倉小学校で開催された。ちょうど，来年度のへき地教育研究会の会場を決める議題に入ったときのことである。突然，司会が「来年度の研究会は月影小学校で引き受けてもらったら」と発言した。さすがに江口は困惑した。共同研究がようやく軌道に乗ったばかりでもあるし，来年度（昭和48年度）は月影小学校創立百周年で，数々の事業や行事で多忙になることが明白であったからである。

最終的には，江口はへき地教育研究会を引き受けることになる。これまでの江口の教育実践と月影小学校で取り組みはじめた学校経営実践が，すでに周辺校に認知され始め，新任校長の江口にとって引き受けざるを得ない状況になっていたからである。月影小学校は，東頸城のなかでも小規模校であり，創立以来，研究会を開催した経験もなかった。江口は，教職員に研究指定を引き受けてもよいかと打診するが，教職員は「どうせだったら前向きにやりましょう」[22]と快く回答してくれ，江口自身が感激している。

ところで，研究内容であるが，徹底的に江口らしさが浸透したものになっていく。

1972（昭和47）年5月「目を輝かして学ぶ子どもへの道」と共通テーマを設定して，共同研究を推進した。当初，「課題に立ち向かう学習指導のあり方」を中心に，共同研究を進めてきた。しかし，「地域性を大切にし，月影という地域に立脚した教育を学校ぐるみ，地域ぐるみで推し進め，新たな事実を作り

出すことが必要だ」と合意形成がなされ,「地域に根ざした教育実践」とテーマを変更した。

その後,埼玉大学の川合章教授,新潟大学の宮川貞昌教授,中村辛一教授を招き,校内研修を開くなど,研究の骨格を固めていった。

そして,1973（昭和48）年10月12日（金）「地域に根ざした教育実践」というテーマで,へき地教育研究会を開催した。

当日は,晴天に恵まれ,受付で確認された参加者は220名だったという。山間僻地の小規模校に,これだけの参加者が集まること自体が異例のことであった。

江口は,研究会冒頭の挨拶で,研究会の意味について,次の2点に言及している[23]。

・それぞれの地域や学校の実態の上に,しっかりと根をおろした教育を行うべきではないか。
・地域における子どもの全生活を対象にし,そのあるべき姿を追求すべきではないか。

つまり全国一律の学習指導要領にもとづいた一般的な教育のあり方に警鐘を鳴らし,今こそ子どもの実態と地域に根ざした教育を創造すべきであると訴えたのである。

公開授業は,1年生学級指導「あいさつ」（高山登美子教諭）,2年生国語「みかんの木の寺」（白銀文子教諭）,3年生社会「村の道路と交通」（塩崎敬子教諭）,4年生社会「山村と棚田」（渡辺了一教諭）,5年生国語「母ぐま子ぐま」（松浦恵教諭）,6年生学級指導「老人の智恵」（佐藤竜生教諭）の6授業が公開された。

ここでは,1年生の学級指導「あいさつ」を例に研究の成果と課題を当時の研究紀要に記述された指導案で検討する。

1年生学級指導「あいさつ」では,「みんなのしている挨拶にはどんな挨拶があるか」（生活経験からの問題把握）という主発問から授業が始まる。次に,この地域（月影）で朝昼晩にどんな挨拶をしているか録音で聞く場を設定している（解決への計画）。その後,「どうしてこんなにたくさんの挨拶があるか」について考え（課題への追求）,気持ちのよい挨拶はどんなことに気をつけるべきか話し合う（整理と一般化）。最後に,素直な挨拶ができるように練習する時間が

確保されている（個別化と生活化）。

この「あいさつ」の授業は，「目を輝かして学ぶ子どもへの道－地域に根ざした教育実践－」と題しての共同研究の成果が見事に表出された学級指導案である。共同研究に取り組んだ当初は，「地域生活に根ざした学級指導とは何か」について問題となり議論を重ねたというが，「あいさつ」の授業では，見事に共同研究の成果が結実したといえる。

たとえば，子ども自身の挨拶を地域の挨拶（他者の挨拶）のなかで考える場を設定し，生活経験から問題を掘り起こし地域とかかわらせる学習活動は，共同研究の最も根幹部分（地域生活に根ざす）を提案したものである。また，地域の挨拶のなかから，子どもの課題意識を醸成させつつ，授業の最後では自分の挨拶に立ち返り実践の場（ロールプレイ）を設定する展開は，子どもの生活に密着しつつ具体的に行動（実践）できることをめざした教育実践といえる。

こうした実践は，川合章教授や宮川貞昌教授，中村辛一教授らの適切な指導があったからこそであろうが，そこまでのグランドデザインを構想し教職員を導き子どもを育てていった江口の指導力は特筆すべきである。

(3) ノーカバンデー

江口の月影小学校における学校経営実践のなかで，特に脚光を浴びたのは，通称「ノーカバンデー」である。名称のとおりカバンを持たないで，登校する日のことである。「ノーカバンデー」が意味することは，もちろん単にカバンを持たない日ではない。そこには，並々ならぬ江口の思いが秘められていた。

以前から江口は，「昭和33年の改訂指導要領から系統的な知識が重視され，その後，規格品的な学校が加速度的に増加した」という認識を示していた[24]。また，もともと江口自身が「子どもたちにはゆとりがあり，充実した生活が必要である」という問題意識があった。そうしたとき，月影小学校創立百周年記念の日（昭和48年2月25日）に何をするかということが話題になった。例年2月25日は記念行事としてスキーツアーを実施していたが，この年，降雪が少なく，実施が困難な状況であった。そこで，江口が「手ぶらで子どもの心深く残る記念日にしたい」と切り出し，実現に向け準備が始まった[25]。

もちろん，「ノーカバンデー」は江口の思いつきで決まったのではない。こ

こにも江口の緻密な学校経営の戦略が見え隠れする。新任校長の江口にとって，月影小学校の伝統行事（スキーツアー）を理由もなく変更することは，教職員や子ども，地域に説明し納得してもらうことは容易なことではない。また，楽しみにしている子どもたちもいたであろう。

　雪不足という外的な要因はあったものの，日ごろ密かに温めていた学校経営実践の隠し球をこの期に乗じて投げたのである。

　江口自身は，「ノーカバンデー」を地域に根ざした教育実践の基本的構想のうち，「小さな生活者として，たくましく地域の生活に取り組む子ども」，「学級・学校の主人公としての，子どもたちのあり方を追求する」の具体化として生み出されたものととらえる。また，単なる思いつきではなく，地域に根ざした教育実践のあり方を模索し続けてきた，月影小学校教師全員の願いの結実であったとする[26]。まさに，ゆとりのないつめこみ教育に対抗し，月影の地から，子ども中心の学校経営実践を発信したのである。

　具体的な活動としては，毎月第三土曜日を「ノーカバンデー」とし，その基本型を次のように設定した。

　第1校時：地域生活をふまえた学級指導
　第2校時：体験発表や，学校生活を豊かにする催し物
　第3校時：集団体育や全校うたごえ，父母や祖父母との意見交換会

　最初の1年間は，試行錯誤を繰り返しての実践であったが，その後，「地域生活をふまえた学級指導計画」が完成したころから学級指導は軌道にのり始めた。また，PTAの協力体制を徐々に構築し，マスコミ報道を上手に利用し教職員にやりがいや勇気を与えた。何よりも月影小学校の子どもたちが「ノーカバンデー」の活動を通じて，自信をもち始めたことが大きな成果であろう。

　江口は，この「ノーカバンデー」で成長した子どもの姿を，次の3点にまとめている[27]。

① いつでも，どこでもだれでも大勢の前で堂々と自分の意見や感想が述べられる自信と，発表力を育ててきた。
② 児童会が運営に参加するようになってから，子どもの主体性の確立に大きく役立った。
③ 新たに家族生活のあり方や，地域の自然や生活のあり方のよさや見直し

の目を育ててきた。

①②については，江口が月影小学校に着任した早々の全校朝会での衝撃（驚き）を払拭する成果である。まさに，家庭や地域での生活体験に根ざした発言ができ，自ら主体的に発言できる子どもたちに育った証拠である。

③については，かつて江口が実践した『村の五年生』の実践の延長上の成果でもある。

戸野目小学校時代の江口は，社会科の授業を通じて，「村や子どもたちをとりまく現実的な問題をとりあげ，それをはっきりと見つめさせ，捉えることのなかから夢をもたせ，なんとかこの夢を実現していくような心がまえをつくりあげ，実行するように仕向けていこう」と努めていた。そうすることによって，子どもが変わり親も一緒に動き出すと考えていた[28]。

年月を重ね，江口は管理職として教育課程全体，あるいは学校経営実践全体を通じて，子どもにリアルな社会を捉えさせ，そこから夢をもたせ，その実現に向ける心構えと実践力を身につけさせ，地域に働きかける素地を築くことができたといえよう。

ここに社会科教育実践者から学校経営実践者としての江口の成長と管理職として着実な足跡を残していく江口の姿が確認できる。

「ノーカバンデー」が定着してから3年後の1976（昭和51）年12月18日，教育課程審議会から「ゆとりある，しかも充実した学校生活」実現のための，教育課程の基準の改訂についての答申が発表された。それは，授業時数10％削減，教育内容の精選，ゆとりの時間（「学校裁量の時間」）の創設が柱であった。ゆとりの時間については，特に基準を設けず，各学校の創意工夫に委ねられること[29]，などが盛り込まれた。

まさに，山間僻地の月影小学校が「ゆとりと充実」の時代を「ノーカバンデー」の学校経営実践として先取りし，その成果を世に問うことになったのである。

4 まとめにかえて

「3 江口の学校経営実践から」では，月影小学校における江口の学校経営実

践の実相を，現存資料をもとに現代の教育課題の視座から読み解いてきた。こうした江口の学校経営実践の実相から，今日の学校経営上の実践的知見を次の3点に整理した。

(1) 地域に根ざした学校経営実践

江口は，管理職としてどっぷりと地域につかった。しかも，地域に埋没するのではなく，常に月影という山間僻地がかかえる問題と正対し，子どもと家庭，地域に働きかけを行ったのである。「月影のメモ」には，新聞の切り抜き記事や地域のアンケート調査の結果も添付されている。そうした資料からも，江口が山村僻地の課題をしっかりと受け止め，学校教育実践に取り入れていたことがうかがえる。

江口にとって「地域」とは，本来，地理的空間と歴史的空間，そしてそこに生活する人々の心を取り結ぶ一つの「磁場」であり，江口自身が本来「地域」がもつ「磁場」としての機能を回復させるための手だてを講じたともいえる。

(2) 教職員への気配り

『村の五年生』の実践に取り組んでいたころの江口について，松丸志摩三は「こんな活動ができる江口君という人は，今の農村の学校の先生たちの中では，少し異常な存在なのではなかろうかという気がする」と評している[30]。それほど，江口の教育実践にかける情熱や実践力，行動力は際立ち，教育においては妥協を許さなかったのである。管理職としての江口も，その情熱は衰えることがなかった。江口は理想と夢を学校経営実践というかたちで結実させていく。その際，見逃してならないのは，どのように教職員の協力を得ていったかである。

月影小学校において，江口は次々に新しい教育活動，研究活動を提案した。しかし，教職員に対しては，最大限の配慮をしている。たとえば，校長室に気軽に入れるようにドアを解放したり，会議には事務員や給食調理員にも出席をうながしたりもした。また，教職員の誕生会を開いたり，研究会後の宿泊旅行を実施したりもした。教育に対しては妥協を許さず厳しさを求める反面，教職員への心配りを忘れなかった。

(3) 教科指導と共同研究

　江口は，戸野目小学校時代から，学習指導案を作成したり，教育実践記録をとったりすることを重視した。こうした実践の成果は，日々の授業実践記録や，それを集積した授業ノートとして保存されている。まさに「なすことによって学ぶ」ことを実践してきたのである。管理職としての江口も，月影小学校において，自らは「月影のメモ」に日々の学校経営実践の足跡をまとめ続けた。また，共同研究を立ち上げ，教職員には日々の教育活動を重視するようにうながし，「へき地教育研究会」を利用し教職員をともに学び合う集団に変容させていった。

　山間僻地のごく普通の教師集団を，全国から注目を浴びるほどの共同研究集団へと高めていったのである。しかも，江口が大切にした「子ども」と「地域」に徹底的にこだわってである。

　筆者も，江口と同様の問題意識をもつ。教師自らが自己改革に努め，あるいは学校そのものが学び合う集団となってこそ，教育改革が真に子どものための改革になる。昨今の固定化された官制研修の増大と成果主義，学校間競争による教育改革からは，実りある教育改革は生まれない。教員一人ひとりのライフステージに応じた，あるいは問題関心に応じた可変的な研修の機会を保障してこそ教員の内発的な研修意欲が高まり，真の子どものための教育改革が行われると信じる。だからこそ，今一度，目の前の「子ども」の姿をもとに，互いに切磋琢磨できる学校内の共同研究，あるいはサークル等でのお互いに磨き合える場を再評価すべきと考える。そうした意味からも，江口の学校経営実践から学ぶべき点は多い。

　最後に，江口の学校経営実践の実相について，課題を一つ指摘する。

　それは，あまりにも江口が書き残した実践記録がまとまりすぎていることである。江口が書き残した資料やすでに公表された出版物に目を通しても，学校経営実践で挫折した事例や教職員が抱いたと思われる疑問や不満などは少ない。江口の私的なノートでさえも，他者への批判等の記述は皆無である。

　しかし，実際の学校現場では，保護者からの批判・不満や教職員間の共通理解の不徹底，管理職への不満や誤解等が少なからずある。江口が在籍した各学

校においても，そうした生々しい事例があったはずである。江口が書き残した事例は，すべてが見事に，そしてドラマチックに解決されているのである。

　また，学校経営実践記録に掲載されている子どもの感想文や教職員の反応，保護者の声は江口自身が取捨選択したものであり，感動的なストーリーとして再構成され描かれている。これは江口独特の読者を引き込む筆致と関係者への配慮からであろうと思われる。すべてを前向きに，あるいは肯定的に捉える江口らしさがここにもあらわれている。

　しかし，今日の学校経営を取り巻く教育課題を見ると，失敗した学校経営実践から学ぶべき点はある。また，直面した危機をどう乗り切っていったかという事例からこそ学ぶべき点もある。江口の学校経営実践にこうした事例が少ないことが課題としてあげられる。また，そうした事例を読み取ること，あるいは再構成していくことを，今後の研究課題としたい。

注
(1) 江口武正「地域に根ざした教育実践の中で」『生活教育』No.308　明治図書，1974年，57頁。
(2) 同上，57頁。
(3) 江口武正『地域に生きる学校』明治図書，1978年，236頁。
(4) 1972年（昭和47）年3月9日，江口は「高血圧，心筋炎」で倒れ，救急車で刈羽郡病院に入院した。
(5) 江口武正『私の年譜』(1998.10)
(6) 前掲 (1)，56頁。
(7) 江口武正「地域を生かす教師の役割―親・地域との結びつきをめぐって―」『特別活動研究』明治図書，1978年，66-70頁。
(8) 江口武正「昭和47年度学校経営の基本方針とその具体的方策」『月影のメモNo1』1972年。
(9) 同上
(10) 1954（昭和29）年4月19日東京都文京区元町小学校で，授業中に2年女子児童（細田鏡子）がトイレで絞殺された事件（阿部彰『戦後教育年表』風間書房，2005年，170頁）。
(11) 江口武正「昭和47年度学校経営の基本方針とその具体的方策」『月影のメモNo1』1972年)。
(12) 同上。
(13) 同上。
(14) 同上。
(15) 同上。
(16) 同上。

(17) 同上。
(18) 1971（昭和46）年4月総工費1400万円の近代的鉄筋3階建ての本校舎が完成。9月総工費3200万円の屋内体育館が完成し，江口は1972（昭和47）年4月新任校長として着任した（前掲(3)，29頁）。
(19) 江口武正「昭和47年度学校経営の基本方針とその具体的方策」『月影のメモNo1』1972年。
(20) 前掲(1)，90頁。
(21) 同上。
(22) 前掲(3)，125頁。
(23) 同上，160-161頁。
(24) 江口武正「地域とつながる学校づくりの構想」『学校運営研究』No.213　明治図書，1979年，68頁。
(25) 前掲(3)，192-193頁。
(26) 江口武正「昔話にわきたつノーカバンデー」『子どもと教育』8月号，あゆみ出版，1977年，16-25頁。
(27) 前掲(3)，192-204頁。
(28) 江口武正『村の五年生』国土社，1992年，14頁。
(29) 阿部彰『戦後教育年表』風間書房，2005年，600頁。
(30) 松丸志摩三「あとがき」『村の五年生』国土社，1992年，291-292頁。

第13章　学習評価のあり方からみた青年期における江口武正教育実践に関する研究

若林　政徳

1　はじめに

　本稿は，学習評価（以下，評価と略記）の視点から江口武正（以下，江口と略記）教育実践（以下，江口実践と略記）について，目標に準拠した評価（いわゆる絶対評価，以下，絶対評価と略記）のあり方を念頭におきつつ，論じるものである。キーワードは「評価」と「江口実践」である。本稿の柱は以下の2点に大別できる。

　1点目は，評価のあり方について論じることである。評価の手法としては，手順から区分すると，診断的評価，形成的評価，総括的評価がある。また，目的に応じた具体的手法としては，テスト法，観察法，作品法，評定法，逸話記録法・面接法，自己評価，相互評価，ポートフォリオ，ルーブリックなど，さまざまなものがある。ここでは，これらの評価方法について個々に論じるのではなく，江口実践において，どのような評価方法がとられたかについて，江口実践をその実践内容に応じて，3期（青年期：1947～1958年，中堅期：1958～1969年，管理職期：1969～1987年）に分けて考察する。なかでも本稿では，江口実践にかかわる一次資料（以下，一次資料と略記）をもとに，青年期の江口評価論について具体的に論考する。

　2点目は，江口実践，とりわけ，評価に密接な関連を有する授業づくりについて考察することである。上越市立南本町小学校長などを歴任した江口は青年教師時代にコア・カリキュラム連盟に参加し，上越教師の会などのサークルを通してともに学びつつ実践を重ね，児童生徒に学びの成就感を与えつつ，その成果を発信し続けたことでも知られる。江口の社会科実践と，戦後に誕生した

社会科の歩みはほぼ同時期をたどっており，その授業づくりと評価の変遷について研究を行うことは，今日の指導と評価をめぐる問題に一石を投じ，今後の社会科学習のあり方を考えるうえで実践的かつ重要な示唆を受けることができるものと期待される。

2　問題の所在と研究の目的

　今，学習評価のあり方が問われている。議論の発端は2000（平成12）年12月，教育課程審議会答申「児童生徒の学習と教育課程の実施状況の評価の在り方について（答申）」を受けて，平成14年度より絶対評価が学校現場に導入されたことに始まる。児童生徒を序列化する従来の相対評価には「個々の子どもの学習の到達度が見えない」「子どもどうしを互いに競わせることは教育的ではない」「クラスの中にあらかじめ5が何人，1が何人と決められているのは不合理である」[1]という批判が根強くあり，学習目標と照らし合わせて評価を行う絶対評価には相対評価の問題点を是正する可能性があるのではないかという期待感をもって迎えられた。

　しかし，絶対評価を導入して数年が経過した現在（2006年），筆者の教職経験を想起したかぎりでは，絶対評価に対する運用上の混乱が少なからずみられる。評価者である教師には，「どのように学習評価すべきか」という戸惑いを，被評価者である児童生徒には「どれだけ力がついたのか」という不安を，それぞれかかえている。このような児童生徒を見守る保護者は学校への期待と不安が入り交じった状況であるものと思われる。

　こうした状況のもと，安彦忠彦は学習評価の最近の動向について以下のように述べている。「このごろ学校現場に入って耳にすることは，絶対評価のためのデータを得ることに夢中になり，かえって指導や学習を改善するという元来の学習評価の目的が見落とされている，という」[2]。筆者の実践をふり返ってみると，学習評価が指導要録や通知票記載のための評定へといつの間にかすり替わってしまい，たとえば，五段階評定の場合「何をもって『2』とするか」「『3』と『4』の違いをどこにおくか」ということに汲々としていたことが思い起こされる。各自の実践を回顧するとき，安彦の指摘に合点がいく教師も多い

第13章　学習評価のあり方からみた青年期における江口武正教育実践に関する研究　　243

のではないだろうか。

　社会科学習では体験的学習・調査学習を積極的に取り入れる必要が指摘されるが，基礎的・基本的内容に目を向けると認識教科であると考えることもできる。児童生徒のなかには調査などの体験的な活動には意欲をみせるものの，いっぽうで「社会は勉強したことを覚えないといい点がとれない（いい評価を得られない）」という認識も根強い。児童生徒の立場から考えると評価から想起することはテストであり，テストで高得点をとるには暗記をせざるを得ない，という思いがある。このことについては，ベネッセ教育研究所が行った調査[3]で「勉強についての悩み」として57.4％の生徒が「覚えなければいけないことが多すぎる」ということをあげていることからも明らかであろう。この方向で考えると，場合によっては，評価を受けることが学習意欲の高揚につながらないことも起こりうる。一日あたりの家庭学習時間の減少傾向[4]と結びつけて考えるとき，「学びからの逃走」が加速している恐れすらある。絶対評価が導入されたにもかかわらず，学習評価が指導と学びから分離しつつあるのは憂うべき現状であると言わざるを得ない。

　評価をめぐるこれら諸問題の打開策を探るためには，単なる方法論的研究では限界がある。ここでは江口の実践史をたどり，評価にかかわる実践例から学び，改善のための糸口をうることを目的とする。

3　江口資料と江口評価論の概要

　江口資料[5]は，著書35点をはじめとして740点にわたる。江口の年譜（経歴）と著作数および評価にかかわる実践を3期に整理して示したが，表13.1である。3期に分けた江口実践の概要は以下のようにまとめることができる。

■**青年期**　この期における江口実践の特徴を典型的に示す著作として『村の五年生』がある。『村の五年生』では，子どもと子どもを取り巻く保護者の生活そのものを見つめ，改善の方策を探ることに主眼がおかれている。この考えによると，当時の社会科は知識・理解に比重をおいた認識教科としての社会科ではなく，生活に根ざした社会改造科としての意味合いが強い。ここでの主たる評価方法は作文を用いた評価である。社会的な背景として生活綴方運動やコ

表13.1 江口年譜と江口評価論の概要

分類	年（西暦）	年齢	年譜(経歴)と著作数	評価に関わる実践
	1926	0	新潟県中頸城郡保倉村で出生	
青年期	1947〜1958	20〜31	戸野目小学校教諭 青年期の著作 　著書　5点 　論文　29点	・「私達の生活と災害」記録集（1949）で個人内評価的手法を採用。テスト結果に基づいて学力の伸長度をグラフ化。 ・単元「中江用水」で独自のテスト問題[6]を作成（1957）。 ・作文による評価の重要性を指摘[7]（1957）。
中堅期	1958〜1966	31〜39	大手町小学校教諭	・『ひろば6号』（現在の学級通信に相当）でテスト結果について記載している。度数分布，学級平均点，男女別平均点について記載。 ・小学校中学年の政治学習を行うにあたって，市役所を題材としてとり上げている。既有知識を問う予備調査を実施し自作テスト問題を使って学習評価を行っている[8]。
	1966〜1969	39〜42	直江津市教育委員会指導主事 中堅期の著作 　著書　11点 　論文　58点	・昭和42年度新潟県教育課程研究会社会科部会で，「1. 焦点づけられた評価」「2. 現行評価方法の問題点」「3. 思考や認識の変容をどうとらえ，評価するか」の3点について自らの考えを述べている。
管理職期	1969〜1972	42〜45	刈羽郡北条中学校教頭	・昭和44年度は1年1組・4組の授業を受けもつ。ノートに毎時間の略案を書き授業に臨む。
	1972〜1976	45〜49	浦川原村立月影小学校校長	・行動を考えさせる手だてとして，児童による自己評価を学期末ごとに実施した。
	1976〜1978	49〜51	新潟県教育委員会指導主事（中越教育事務所勤務）	・生産労働の科学的認識の発展段階（事実認識，問題認識，条件認識，主体的認識，科学的認識）を提唱する[9]。
	1978〜1979	51〜52	名立町立名立中学校校長	・「昭和53年度学校経営の基本方針とその具体的方策」で効果的で手づくりの評価を職員に求めている。
	1979〜1985	52〜58	大潟町立大潟中学校校長	・単元「近代日本の成立」で授業実践を行っている。質問紙法による意識調査，感想文による学習のまとめを行っている。
	1985〜1987	58〜60	上越市立南本町小学校校長 管理職期の著作 　著書　9点 　論文　95点	・「昭和53年度学校経営の基本方針とその具体的方策」で年間指導計画の改善，評価資料の集積，評価資料に対する職員集団による十分な検討の必要性を主張している。
	1987	60	3月31日定年退職	

ア・カリキュラム運動があり，これらが江口実践に影響を及ぼしたものと考えられる。詳細は次節で述べる。

■ **中堅期**　この期にかかわりの深い著作として，大手町小学校が著した『学習指導の現代化』(明治図書，1966年)がある。授業実践を大切にした江口であったが，あくまで授業実践を基盤としつつ理論化への傾倒が見られた時期でもある。社会科学習に関しては「思考発展の五段階」を提唱し，社会科学習における思考の過程を動的に捉えた点に研究の成果がうかがえる。

■ **管理職期**　この期の江口実践は以下の二つに大別することができる。一つは授業者としての江口である。北条中学校では，江口にとって初めての中学校への赴任ということであり，教頭職という激務にもかかわらず，毎時間の教材研究を行い指導案を書き授業に臨んでいた。校長職に就いても1年間のうち何時間かは授業を自ら行った。これらの授業では事前に既有知識を問う調査を行いこの結果をもとに授業を組み立て，学習後に作文を子どもに書かせることでまとめを行うというスタイルを貫いている。もう一つは学校経営に最終責任を有する者，すなわち校長としての江口である。校長は学校の施設面の管理責任者であるばかりでなく，教育課程を編制する者としての最終責任を負っている。江口は校長として年間指導計画の重要性を指摘し，教科会や学年会などの諸会合を通して学び喜びを生む評価を志向した。これらのことから，児童の学びに資する見通しをもった指導論・評価論であったことがわかる。

4　青年期における江口評価論の特徴

　青年期の江口は評価に関して，具体的には3点の実践を残している（表13.1参照）。以下，青年期における江口評価論の特徴について述べる。

(1)「私達の生活と災害」記録集(1949年)にみられる個人内評価的手法をとった評価

　この記録集をみると，江口が個人内評価的手法をとっていたことがわかる。江口は学習の前後で児童にどれだけの力がついたか自作テスト問題で比較し，その結果をグラフ化して示している。個人内評価について辰野 (2003) は「①

その過去の成績水準や，②他の種類の目標の発達水準を評価基準として，①時間の経過における進歩の状況や，②異なる目標（能力）間の長短や優劣を明らかにするような解釈の方法である」[10]と定義している。江口が行った方法は前者に属する。

　ただし，筆者が個人内評価「的」と表記した理由として，グラフ化した資料に，学級内平均点が併記されており，学級に準拠した相対的な評価も行っていたと思われる点があげられる。つまり，純粋な個人内評価ではなく，個人内評価と学級を母集団とする相対的評価の併用を試みた点に江口評価論の特徴がある。

　児童の学力の伸長度をグラフ化することは，言い換えると，テストなどを利用して学力の伸びを数値化することである。「私達の生活と災害」では，このとき用いた自作テスト問題も保存してあった。このテスト問題が学習前に使われたものか，学習後に使われたものか不明ではあるが，ここで，このテスト問題について論じてみよう。

　テスト問題のタイトルは「私の力がどれだけついたか」である。自作テスト問題は全部でNo.1 [11]とNo.2の2種類がある。形式はいずれもB4判である。No.1は短文による記述の問題が15題，選択式の問題が6題，語句（具体的な内容は火山名や火山帯名）の記入を求める問題が8題ある。No.2は記述式の問題が16題，選択式の問題が1題，語句（具体的な内容は河川名や温泉名など）の記入を求める問題が32題ある。全体的にはNo.2の出題量が多い印象がある。また，「関心・意欲・態度」「思考・判断」「技能・表現」「知識・理解」の4観点で分けると，圧倒的に知識・理解を問う問題構成になっている。この単元では「学級測候所」を設置したり，「分団学習」[12]方式の導入，「消防署へのお礼の手紙」の執筆，劇・人形芝居・紙芝居などの創作など，多様な学習活動を採っている。テスト問題では知識・理解面の評価が比較的容易であることは周知のことであるが，先述した多様な学習活動がテストによる評価ではほとんど考慮されていないことは問題であろう。青年期の江口は初期社会科の理念[13]を念頭におき，児童の生活と結びついた社会科を模索していた。しかし，このテスト問題を見るかぎりでは，江口のそうした考えが反映されていない。知識・理解面以外の側面についてテストでいかに問うか，その困難さを指摘することができる。

(2) 単元「中江用水」での自作テスト問題にみられる観点に対応した評価

単元「中江用水」での自作テスト問題の特徴は観点別の問題作成を試みた点にある。小問ごとに分類すると，問題数は，理解度を問う問題が16題（内訳は穴埋めが10題，選択式が4題，短文記述が2題），態度を問うものが3題（子どもどうしの相互評価，ノートの記録の調査，教師による観察，から構成），技能を問う問題が3題（白地図記入，グラフ化など）である。この自作テスト問題は，分担執筆された江口論文に紹介されているものなので，実際のタイトルや形式は不明である。

観点に応じた評価方法を考案した点は江口実践の先見性を示すものであるといえる。しかし，これらの評価方法をどのように具体化するかが大きな課題である。たとえば，態度を問う際，児童の相互評価を取り入れているが，実際にはどのように行ったのか明らかではない。評価手法の内実が不透明なのはノートの記録の調査や教師による観察でも同様である。評価方法は示されたが，これだけでは評価の実際まではわからないという課題が残る。

もう一つの問題点は，1998年版学習指導要録によるところの4観点のうち，「思考・判断」が欠落していることである。思考判断については，江口は後に管理職期において「生産労働の科学的認識の発展段階」を提示するなど，次第に重要視することとなる。青年期の江口が社会科における思考判断をどう捉え，評価しようとしていたのか，この単元「中江用水」の評価を見るかぎりでは，明らかにされてはいない。

(3) 作文を活用した生活に立脚した評価

無着成恭らの生活綴方に見られるように，作文を通して生活を見つめさせることは，学習の一形態としてさほど珍しいことではない。一般的な評価手法ともいえる作文による評価を江口が重要視したのはなぜか。このことについて，江口は以下のように述べている[14]。

> 子どもの具体的意識や思考力，それにともなう問題にたちむかう実践的態度の評価には，作文による方法がもっともよい一つの方法だ。

作文を評価資料としてどのように活用すべきか，その具体について江口は以下のように指摘する[15]。

作文を評価に役立たせる場合は，単に一回の作品によってみてはならない。予備調査から始まり，学習が終る（ママ）時書かせる感想文・報告文にいたるまでの連続的なものであることと書かれたことについてその児童またはその児童の所属する集団と話合う活動がなければ，真に知り生かすことはできない。

　江口のこの指摘をみると，個人内評価，児童理解，小集団（グループ）学習など，さまざまな内容が作文による評価に関連していることがわかる。作文を「学習の締めくくりとしての一つの儀式」であるかのように形骸化させることを江口は戒めている。書くという行為を継続することで子どもの変容が浮き彫りとなる。書いたものを互いに語り合い，子どもたちが一つの集団としてかかわり合うところから，質の高い学びが生まれる。そのためにも作文が重要であると述べたものである。

　この作文を用いた学習の典型的な活動例として「こうちせいり」をあげることができる。「こうちせいり」の学習は『村の五年生』(新評論社，1956年)に所収されている。自分たちの家の田んぼの広さ，分散状況などについて児童が学ぶにつれて，耕地を整理することの必要性に気づき，そのことを保護者に働きかける過程を綴ったものである。

　山本弘子[16]は学習をふり返って以下のような作文を綴っている[17]。

　　たんぼのくぎりはどうして小さいのか，昔小作せいどがあったため，田んぼのくぎりが小さく，きかいを使って仕事をすることが出来ないことがわかりました。

　　日本の国では，古い考え，おくれた考え，めいしんがまだたくさんのこっている。迷信を信じているとあぶないこと，どれが迷信かということもわかって役に立った。金もちとびんぼうは，せんそうによって出来て来たということもわかった。そして今まで，びんぼうははずかしいと思っていたが，そう思わなくなった。

　　家では，この耕地整理のべんきょうをしてから，ごはんのもるじゅんばん，風呂へ入るじゅんばんがかわって来た。ほんとうにいいことをしたと思う。

この勉強まで社会科がきらいだったが，いろいろなことをじっさいにしたり，いろいろなことがわかったのですきになった。

　この作文には，学習によってこの児童にどのような変容が生じたのか克明に記されている。小作人制度（地主制度）などの事実を知り，それを自分たちの生活に照らし合わせて考えを深め，保護者（家）に働きかける。そして，一連の過程を書き留める。このとき大きな力を発揮するのが作文である。もちろん，すべての学習活動がねらいを達成するとはかぎらない。保護者（家）の守旧的な考えを突き崩せないこともあろう。しかし，書き留め続けた作文を読み返すとき，児童は自らの成長を実感することが多いものと思われる。ここにこそ，作文を評価資料とする大きな理由と価値がある。

5　江口評価論のまとめ

　本稿では青年期の江口実践を中心に一次資料の整理・分析を行った。中堅期および管理職期の江口実践を含めると，江口評価論の特徴は以下の４点に要約できる。
① 　個々の児童生徒をないがしろにしマニュアル化された小手先の技術論が先行するような評価観を排し，児童生徒の成長を見届け可能なかぎり保障する評価論であること。
② 　コア連の活動など社会科教育をめぐる時代の趨勢を意識し，社会科学習を単なる知識の蓄積と捉えるのではなく，自分たちの生活の向上と結びつけ，思考力の高揚に寄与する評価論であること。
③ 　学習評価は１時間の授業に始まり，再び授業に帰結することを念頭におき，教師の授業改善に貢献する評価論であること。
④ 　「学習（指導）した成果をテスト等でふり返る（評価する）」という当たり前のことにこだわり，ねらいや観点に即した多彩な評価手法を用いつつ，指導と評価の一体化をめざした評価論であること。
　以上の４点についてその一つ一つを見るかぎりでは，江口の評価論に斬新さは見あたらない。どれをとっても学習評価を行ううえでは必要不可欠な要素ば

かりである。その意味では，江口の評価論は平凡であるという見方もできる。

しかし，そもそも評価は何のために行うのかという，いわば，評価の原点に立ち返って再考するとき，江口評価論の中心には絶えず授業と児童生徒が存在し，そして，さまざまな評価方法を駆使していることがわかる。多様な評価方法の活用は評価者である教師の主観によって無意識のうちに生まれる偏りを努めて排除しようとしたことにつながる。絶対評価のあり方を模索するとき江口の評価に対するこれらの考え方は注目に値する。こうした江口の授業中心主義・児童（生徒）中心主義に立脚した評価論，および，均衡のとれた評価方法は江口実践史のある一時期から急に生まれたものではない。青年期から一つの基軸として，授業と子どもを中心にすえた評価論に徹した点が，江口評価論の最も大きな特筆すべき点である。サークルで学び合い，評価の根幹を意識したように，一見平凡にみえる評価方法（作文やテスト問題の作成）を維持発展し続けたところに江口評価論の非凡さがある。

6　江口評価論を今日の絶対評価にどう反映させるか

江口は1987（昭和62）年に定年退職を迎えている。絶対評価が導入されたのは平成14年度であり，江口資料を見るかぎりでは絶対評価の考え方を踏まえた著書および論文はない。また，江口実践を俯瞰すると，その柱は「学級づくり」，「思考発展の五段階論」，「地域に根ざした社会科教育」である。比重をおいたのは評価論よりもむしろ指導論であり，評価そのものを正面から取り上げた実践もほとんど皆無であるといってよい。

筆者は「2　問題の所在と研究の目的」において，自らの教職経験をもとに今日行われている絶対評価の運用における問題点を指摘した。絶対評価による評価は児童生徒・教師双方にとってメリットがあるものの，学校現場ではそれが生かされていない。この問題点を突破する糸口を研究を通じて見いだしたい。これが本稿において究明を試みたテーマである。今日の学校現場がかかえる授業づくりと評価をめぐる問題に，江口の授業論・評価論はどのような示唆を与えてくれるのか，筆者は以下のような知見を得た。

第1は，テストのあり方についてである。定期テストは従来，ややもすると，

結果のみが関心の対象となることが多かった。青年期の江口実践では個人内評価的手法を用い，学習の前後で個人の学力の伸長度を見ようとしている。結果のみに意識が向き，100点満点中自分が何点であったか，あるいは平均点と比べて自分の点は何点上回ったのか，あるいは足りなかったのか，ということだけにこだわるのではなく，この学習によって自分にどのような力がついたのか，また，不十分なところはどこか，これらをテストを通じて明らかにする。それを可能とするようなテストにすべきであるという考えに江口は到達したものと思われる。また，テストそのものに過度なストレスを生む現在の評価方法は子どもを過剰に追いつめる[18]ことにもなりかねない。現在，2学期制を導入する学校が増えつつあるが，これによりテストそのものが少なくなると「一発勝負」の感はますます強まる。少なくとも思考判断をみるテストについては回数を増やして小テストに近いかたちにし，学習内容によっては100点満点という形式から離れるべきである。学んだことを純粋に問うということを念頭において，たとえば，「今回は35点満点のテストとする」ということがあってよいのではないか。児童生徒にとってテストをストレスと恐怖の対象としないためには，出題範囲を狭くし，実施回数を増やし，児童生徒にとっては仮に不本意な結果に終わったとしても，教師は児童生徒に挽回のチャンスを用意することが重要である。

　テストについてはその意義について否定的な見方[19]もあるが，テストそのものを批判，否定するのではなく，作問や運用の方法を改善することが現実的であると筆者は考える。旧来の定期テストから，児童生徒の学びの履歴を明らかにするテストへ転換，改善することが，児童生徒の学びを活性化することにつながることは確かである。

　第2は日々の授業のあり方についてである。江口が校長を務めた大潟町中学校では「学習診断票」を用いて指導と評価に役立てている。指導をないがしろにし，毎時間常に評価に追われるのは，もちろん本末転倒であるが，「学習診断票」[20]（図13.1）のような，いわば学びの履歴を蓄積するカルテのような評価材を用意し，絶えず改善に努めることは重要である。大潟町中学校では毎時間行っていたが，毎時間ではなく，単元ごとあるいは週単位で活用するかたちにし，学習の前後や学期間で個人内比較ができるようにするほうが現実的であろ

学習診断票			年 組 氏名		
月日	予習課題	豆テスト	発言・発表	態度	総合
9.10	① ② 3	3/5	〃 2	B	B
9.12	1 ② .3	4/5	〃 1	C	C
9.13	① 2 3	1/5	0	C	B
9.16	① ② ③	4/5	〃〃 3	A	A

図13.1 「学習診断票」(大潟町中学校)

う。この営みを年間指導計画のなかで継続できるように位置づけ，単なる学習評価の一方法と見なすだけではなく，教師の指導法改善に資するように位置づけることが授業改善につながるものと思われる。

第3は，とるべき評価の考え方は相対評価か絶対評価かという二者択一の考え方ではなく，児童生徒にとってどのような評価が望ましいのかということである。換言すれば，児童生徒にとって成就感を与え，学ぶ喜びをもたらすことができる評価であるかということである。そのためにも評価自体を外部から「評価」するしくみが必要である。保護者や児童生徒の声に謙虚に耳を傾け，観点に即して明確な評価規(基)準を設定し，それをもとにていねいな評価を行うことが求められている。説明責任を果たす評価，児童生徒の学びの過程を大切に考える評価が重要である。

以上のことをまとめると，評価の改善の手がかりはテストを含めた単元ごとの学習をいかに充実させるかにある。学習指導要録の4観点を考慮した評価規(基)準をあらかじめ明示し，これにもとづいてテスト問題を作成する。あわせて学習診断票の収集蓄積により，児童生徒の学びの履歴をさまざまな角度から集積する。この二つの手法をバランスよく評価に活用すること，そして評価されることが次の学びを喚起できるようなサイクルを生み出すことが今の学校現場には求められている。

7 おわりに——今後に残された課題

江口の評価実践史を論ずるにあたって，おもに青年期の一次資料を整理，分析しながら考察を行った。評価は一単元の終末ではなく，次の学習に向けた重要なステップである。また，評価について考えることは，指導と学びについて考えることにつながる。しかしながら昨今の学校現場をみると，生徒指導はより難しくなり，教科指導だけでなく，学級経営，総合的な学習の時間，不登校

(傾向)生や軽度発達障害をかかえた児童生徒，その保護者への対応，命の教育，安全指導，情報教育，諸行事への対応，課外活動など，学校が果たすべき教育活動は多様化，複雑化の度を増してきている。加えていじめによる自殺が報道されるなど，社会全体が学校や教師に対して厳しい目を注いでいる現実もある。このような状況下，多忙化のなかで余裕がなくなってきている教師のメンタルヘルスも無視できない。日々の職務に忙殺されればされるほど，教師は創造的な取り組みをしなくなり，本来最も力を注ぐべき児童生徒への対応も形骸化されることは想像に難くない。

本稿は学習評価改善の糸口を江口実践のなかから見いだすことであった。学習評価をどう捉えるか，評価の原点に立ち返り，先述したように具体的で実践的な知見を得ることができた。

今後に残された課題としては，個人内評価を可能とする指導計画の立案・指導案の作成，教材プリントや自作テストなど学習材の開発がある。さらに，筆者は現在，長野市内公立中学校の社会科教師として勤務しているが，学びの意欲を喚起する評価方法の確立が急務であることを日々の授業実践を通して痛感する。これから行う学習に対しての素地力を確かめ，学びを蓄積し，ついた力は何かについて児童生徒自らが自覚できるようにする評価が求められている。「このことを学べてよかった」と思える授業実践，学習評価であることが今こそ求められている。江口は「学ぶ喜び」ということを研究紀要のなかでしばしば指摘していたが，これこそ今まさに教育現場が直面している課題であると思われる。

しかしながら「社会科は暗記すればするほど，いい点が取れる」という児童生徒・保護者の意識を突き崩すことは容易ではない。江口実践にかかわる今回の考察をきっかけとし，今後自らの実践を通してこれらの課題にささやかではあるが，迫りたいと思う。

注

(1) 田中耕治・水原克敏・三石初雄・西岡加名恵『新しい時代の教育課程』有斐閣アルマ，2005年，195頁。
(2) 安彦忠彦「教育評価の最近の動向」『指導と評価』2005.1 vol.51，2005年，5頁。
(3) Benesse教育研究開発センターのホームページ (http://www.crn.or.jp/cgi-bin/LIBRARY/

search/pl) によると, 「(社会科を) 暗記ものの教科だと思う」かどうかの問いに対して「とてもそう思う」と答えた生徒が41.9%, 「わりとそう思う」と答えた生徒が27.2%, 「ややそう思う」と答えた生徒が19.5%, あわせると88.6%にのぼることがわかった。なお, このホームページのデータは「生徒の社会科についての考え方」『モノグラフ・中学生の世界』vol. 48, Benesse 教育研究開発センター, 1993年, 42頁に依拠している。
(4) 　藤沢市教育文化センター『「学習意識調査」報告書』(2001)によると, 「帰宅後の勉強時間」について「毎日2時間以上」という生徒が, 1965年は20.8%, 2000年は13.8%, 逆に「まったくしない」という生徒が1965年は1.6%, 2000年は11.9%という結果を示している。なお, この調査は中学校3年生を対象に5年ごと実施している。
(5) 　具体的には下表の通りである。なお, 分類については以下の文献に依拠している。上越教育大学学校教育総合研究センター釜田聡研究室, 上越教育大学学校教育学部和井田清司研究室『江口武正「上越教師の会」教育実践資料集, 2004-2005年度上越教育大学研究プロジェクト研究成果報告書 (第2集)』深堀印刷所, 2005年, 23-45頁参照。
(6) 　江口武正『小学校社会科細案三・四学年用』牧書店, 1957年, 321-330頁。
(7) 　江口武正「(1)作文による評価の重要性」『カリキュラム』1957年3月号, 1957年, 74-75頁。
(8) 　江口武正「『市役所学習』のひとこま」『生活教育』1963年4月号1963年, 70-80頁。
(9) 　江口武正『子らと地域を見つめて—サークル20年の歩み—』山田商会, 1977年, 68-70頁。
(10) 　辰野千壽「第2章　教育評価の領域と手順」『2003年改訂版　教育評価法概説』図書文化社, 2003年, 37頁。
(11) 　江口はNo.2以外のテスト問題についてはNo.1とは表記していない。ここでは両者の混同を避けるために, 未表記のテスト問題を仮にNo.1とする。
(12) 　「グループ学習」の意であると思われる。
(13) 　このことに関連して, 『学習指導要領一般編』(1947年3月20日)では社会科について「この社会科は, 従来の修身・公民・地理・歴史をただ一括して社会科という名をつけたというのではない。社会科は, 今日のわが国民の生活から見て, 社会生活についての良識と性格とを養うことが極めて重要であるので, そういうことを目的として, 新たに設けられた」と指摘している。
(14) 　江口武正「(1)作文による評価の重要性」『カリキュラム』1957年3月号, 1957年, 74頁。
(15) 　同上, 75頁。
(16) 　児童名は仮名とした。
(17) 　江口武正『村の五年生』新評論社, 1956年, 226-227頁。引用にあたっては漢字および句読点については原文のままとした。
(18) 　江口武正「中学生の苦悩とそれを救う道」『生活教育』1984.8, 民衆社, 1984年, 2頁によると, 江口は「能力主義に結びついたきびしい受験体制が, 現在の中学生の心をどのように蝕み, 生徒はどのように苦悩しているか」と述べている。
(19) 　キャロライン・V・ギップス (Caroline V. Glipps) は, 「テストの結果が, 将来の教育の選択や人生の選択の唯一の規範, あるいは一定の規範ということになると, 社会はテストの結果を学校教育の主要な目標と見做し, 学校教育の成果の指標として, 役に立つことも, 誤ることもある指標の1つであるとは見ない」とし, 「これはテストがもたらす弊害のなかで最も深刻なもの」であると述べ, テストに対し批判的に捉えている (鈴木秀幸訳「テストがカリキュラムや学習指導に与える影響」『新しい評価を求めて——テス

ト教育の終焉』論創社，2001年，50頁)。
(20) 大潟町立大潟町中学校「学力をのばす学習評価」『研究紀要第3集　研究のあゆみ』1983年，25頁。

第14章　江口武正実践記録が描き出す教育専門職としての教師像

梅野　正信

1　教育実践史

　実践的で即応的な教育が求められている[1]。ともすれば，実践的な方法論を中心とした講義や演習が脚光を浴び，大学における教育実践史など無用の研究ともみられかねない。だが，優れた教育実践史は，歴史の検証を経た共有すべき事例素材である。眼前の実践や事例を理論的・歴史的にふり返り，位置づけることのできる実践的な教育実践史研究は，実践的・即応的教育に欠かせない。

　教育実践史が事例素材としての実体をどのように備えるのか，江口武正の業績から引き出してみたい[2]。

　江口武正は，『村の五年生』(1956年) で名を世に知らしめた教育者である。だが，江口の実践記録は，個々の特色ある論考のみにあるのではない。江口は，経歴の各段階で常に時々の課題を論じ，自身の実践に基づく事例研究を積み重ねてきた。江口の実践記録は，そのまま，今日の課題に付すべき教育専門職の事例素材となっている。

2　地域に根ざす

　改めてことわりをいれるまでもなく，江口は「地域に根ざす」ことに強いこだわりをもつ教師であった。

　今日話題とされる「地域の教育力の低下」についても，すでに1977 (昭和52) 年の論考で，「地域の教育力」を高めるとは「家庭における教育力」と「地

域住民の教育力」を高めることにほかならず,「家族や地域住民が,子どもをとらえる目を確かなものにし,子どもに働きかけその可能性を引き伸ばす力をもつことは,家庭生活,地域生活を営む子どもにとって,極めて重要なことである」と述べている(「村に生きる学校」(3) 1977 年)。

　この場合,江口の手にかかる教育実践記録が,「地域の教育力」を「家庭における教育力」と「地域住民の教育力」とに分けて考察し,学校の外側にある社会問題として論評することにとどまるものではないことを,まずは確認しておきたい。なんとなれば,江口の実践記録は,社会的課題を常に学校における教育実践の課題,教師の実践的課題として読み替え,自身の事例をもって改善の方途を提案し,取り組む優先的な方策をさし示すことにあるからである。

　「地域の教育力」を学校の問題として捉えなおした一つが「地域に根ざす教育」である。では,「地域に根ざした教育」とは何なのか。中越教育事務所指導主事時代(4)の論考,「村に生きる学校」(5)で,江口は,「地域に根ざした教育実践とは何か」との問いに,三つの条件(①地域の人々の期待に正しく答える,②地域で生活する子どものなかで欠けているものを補っていくための重点を追求する,③授業の場面で地域のものを教材化したり教材を生活実感に結びつけていく指導法)をあげて,地域に根ざした学習指導については,「ことばを豊かにする国語指導」「地域課題にとり組む社会科指導」など各教科について「地域に根ざした教科指導の観点をたて」ての,「地域教材を生かした学習指導計画の立案」が大切であると述べている。

　しかしなぜ,このような「地域に根ざした学習」が,地域に生活する子どもを教える教師にとって必要なのか。これをよく説明するのが,大手町小学校時代の論考「高田市と社会科」(6) (1958 年) である。

　　A君とD君はこの高田市の中心部である大手町,通称家中とよばれるところの長屋に住んでいた。この長屋は五軒つづきであり,この二人の小さい時からのかや葺きの屋根は五年生になってもそのままの姿であった。二,三年前からこの長屋の近所に新しい住宅が立ち並びはじめた。A君とD君はこのすばらしい近代的な住宅を見るにつけ,わが家の貧弱さが気になり,何となく肩身の狭い思いを小さな胸に抱いていたが,……五年生になって新しく担任になられたE先生の一言が,この二人に明るい気持ちを

持たせるとともに，日々の生活を楽しいものに一変させた。その話というのは，朝の打ち合わせの時間が終わったあとで，「A君とD君のお家は，江戸時代から，ほとんどそのままの形で残されてきた足軽長屋で，高田市でも珍しく，文化財として保存されるようになるでしょう。なお高田市でも，もう二十二，三か所このような長屋があるので，これを調べてみると，江戸時代と今の高田市のちがいや移り変わりなどがわかって，とても面白い上に，よい研究になるでしょう」といわれたことだった。

E先生とは，おそらく江口自身のことであろう。地域に根ざした教育は，地域を知るための学習に具体化される。それには教師が地域を知らなければならない。そうして教師は，地域を知る教師でなければ語れない言葉，地域に生きる子どもたちの生活に分け入る力をもつ言葉を獲得する。江口が声を上げて「地域に根ざす」と言い続けてきた理由の一つには，このことがあるように思われる。

3　生活集団と学習集団

江口は，教師になってすぐに「若い教師の会」を結成した。下記は1968（昭和43）年に書かれた回想の一節である。「若い教師の会」結成の年，1954（昭和29）年4月19日，新聞は，細田鏡子さん（小学校2年生）の暴行絞殺事件を報じていた。この事件は，5月の「若い教師の会」で取り上げられている。

> やがて共鳴者が五人になり，隣校にも二人の共鳴者をえた。二十九年一月六日，江口，梅沢（戸野目小），山賀昭治（上雲寺小）の三人が中心になって，北国特有の雪の降りしきる晩，梅沢の下宿で"若い教師の会"を結成した。……発足後まだ間もなかった頃であるが，サークルでこの鏡子ちゃん問題をとりあげ，夜を徹して語りあった。……私たちは，鏡子ちゃん事件を機に，学級のなかに"みんな意識"（のち仲間意識に修正される）をつくることの重要性を認識し，その後合宿研究会をへてこの考えが練り上げられていった。（「時代の潮流に竿さす教師」1968年）[7]。

今日でいえば学校安全の話題ともなるだろうか。「いじめ」問題になるのかもしれない。江口は，このような社会的問題を論評する立場にとどまらない。

第14章　江口武正実践記録が描き出す教育専門職としての教師像　259

教師としての，教育実践の課題を導きださずにはおれないのである。ここで江口が教師の課題としたのは，「学級づくり」である。「鏡子ちゃん事件」と「学級づくり」がどのように結びくのか，次の一節をみてみよう。

　　私たちはこの事件のあらましを確認したあと，担任教師のあり方から，学級の子どものあり方から，校長のあり方から，という3つの視点から，その問題点を熱っぽく論議した。そしてこの論議から「1人ひとりの子どもの命を大切にする教育をしよう。学級の子どもの友達意識を育てよう。教師として誠実に生きよう」という，学級づくりにおいて欠くことの出来ない視点を探り求めたのである（「現場の教育実践を支えた新潟大学高田分校」1981年）[8]。

江口の関心は，さらに，「すぐれた学級をつくり出す力とは何か」という課題へと進む。

江口にとって，「すぐれた学級づくり」とは，「生活集団としての質を高める」ことであった。したがって，江口による学級担任としての課題（①自由に話せる雰囲気づくりにつとめる，②教師と子どもの心の結びつきを図る，③助け合う仲間づくりの努力をさせる，④学級集団の規則づくりにつとめること）は，いずれも，すぐれた「生活集団」としての「学級づくり」をめざすための指標でもある。

だが，江口は，「生活集団」が子どもの一面であり，もう一つの側面，「学習集団」としての視点を欠いていたことに気づく。こうして，「望ましい学習集団づくりをする」ために整理された指標が，⑤助け合い学習の確立をめざす，⑥リーダーの養成と，リーダーを核とする学習の進め方を体得させる，⑦小集団対小集団の人間関係を深める，である（「教師としての力量を磨くために」1979年）[9]。

こうして，江口は，「生活集団と学習集団の質を高めることが，すぐれた学級づくりへの道であり，またこのことが，実はすぐれた授業をつくり出すためには欠くことのできない基盤」なのだ，と結論づける。

この，「生活集団」であり「学習集団」である学級という理解は，1984（昭和59）年に記された一文において，こう言い換えられている。

　　学校とは本来子どもにとって，「学ぶ喜び」を体得させるところであり，

また子どもを人間らしく「生きる力」をたくましく育てるところでなければならない。そして，このようなことが学校づくりの根幹となる。今日，少年非行や校内暴力が続出し，教育の荒廃が大きく叫ばれているが，特に中学校において，この「学ぶ喜び」を体得させ，「生きる力」を育てることが薄れてきたことに起因しているように思われる。

（大潟町中学校に赴任した1979年4月以来）二十四名の教職員と力を合わせ，約四百五十名の生徒に「学ぶ喜び」を体得させ，「生きる力」を育てることを中核にしながら，子どもを主人公にする中学校づくりに取り組み，早四年七か月の歳月が流れた」（「子どもを主人公にする中学校づくり」1984年[10]）。

「生きる力」の語は，10年の後，「21世紀を展望した我が国の教育の在り方について」（1996年第15期中教審第一次答申）からあまねく用いられることになるが，「生きる力」と，その後，学力低下論をもって浮上した「確かな学力」は，元来，対置・対比的に論じられるものではない。江口は，「生きる力」と「学ぶ喜び」とについて，すでに30年近くも前に，明確に説いていた。そしてそれは，江口が，教師になったばかりのときから説いてきた，生活集団としての学級と，学習集団としての学級を，ともによいものにしていくという，教師としての初発の信念を説く言葉でもあったのである。

4　学級のリーダー

よき「生活集団」であると同時によき「学習集団」となる「すぐれた学級づくり」に取り組むとき，教師は，まず何をなすべきなのか。江口が第一にあげたのは，学級におけるリーダーの養成である。

1986（昭和61）年の論考で3年前と記されているから，1983（昭和58）年ごろをさしているのであろう。「いじめ」による自殺事件が社会問題となる直前である。校内暴力のなか，苦境にたつ若い教師をみた江口は，こう述べている。

　　県教育庁上越教育事務所の指導主事と，地区指導主事の合同会議がもたれた。その席上，激増する非行や校内暴力の原因が話し合われたが，学校側の大きな問題として，「教師，特に若い教師の学級づくりの指導力の低下」が議論の的になったという。私もむべなるかなと思った。そればかり

ではない。私は，市教委や県教委の指導主事を経験し，数多くの授業に接したが，心に残る感動的な授業は，きまって学級づくりが着実に行われていた。学級会も例外ではない。思わずうなりたくなるような，見事な学級会を展開していた学級も，実にしっかりした学級づくりが，その基盤になっていることを確かめることができた。……更に考えなければならないのは，リーダーの養成である。各教科の学習において，小集団学習が行われる。この場合ともすると教師は，学習力の優れた内容的リーダーのみを司会にさせがちであるが，さけた方がよい。それよりも，民主的に話し合いを進めることのできる，方法的リーダーの養成に努める必要がある。この民主的・方法的リーダーの養成によって，学級の中に民主的な人間関係を高めつつ，学習集団の質を高めることができると言えよう。……考えておきたいのは，先にも述べた発言・話し合いのルールを，担任教師自らが範を示すことである。この場合，教師が議長になっているような子の空席に座り，発言・話し合いのルールを，具体的な場面で適切に示してやることが，大きな効果を生む（「議長の力量は学級づくりを基盤に」1986年[11]）。

　江口の提言の特徴は，①現実の課題を教師自身の実践的課題として読み替え，②自身の実践的経験を事例として示し，③改善の方途，ポイントを具体化し，優先的に取り組む活動を明示することにある。抽象論にとどまることのない一連の実践記録は，30年を経た現代にあっても，説得力ある提言の力をもっているように思われる。

5　教師集団

　1976（昭和51）年，江口は新潟県教育庁中越事務所指導主事となる。江口の関心は，教育活動の中核的立場にある教員の役割に向けられた。「学級集団をどのように育てるのか」から「教師集団をどのように育てるのか」へと問いが発展したのである。

　指導主事になる以前，江口が教頭職にあったのは1969（昭和44）年から1971（昭和46）までの，北条中学校での3年間であった。「校務分掌の責任分担を巡る問題処理」（1972年）[12]は，この教頭時代に書かれている。

江口は，校務分掌をめぐる課題について，教師集団の二つの側面，教育実践者としての側面と，教育実務者としての側面を論じ分け，後者について，「校務分掌における教頭の位置づけが明確でない」「おおよそ年功序列で，女教師や若い教師の能力が生かされていない」「細かい仕事になると，どの係りの仕事に属するかが，明確にされていない」等々の課題を確認し，改善策をあげている。

　　年功序列型を破る第一は，まず女子教員の正しい位置づけから考えねばならない。……特に小学校における女子教員の比率は，加速度的に増加している現状といえる。このような中にあって，女子教員は教務主任，学年主任はおろか，主な校務の主任クラスに着くことはなく，ほとんど副任級どまりの現状が多いのではなかろうか。このことについても私は，教頭二年間の時，校長と相談して，かなりの数の主任をお願いした。ところが彼女たちは結構やるではないか。次に考えなければならないのは，若い教師の登用である。これも同じく教頭二年目の時四十代の主任クラスからは思い切って一歩退いてもらい，三十代，二十代の人に，学年主任をはじめ各種の主任をやってもらったが，これも結果的には成功であった。

　　公文書，雑文書等，連日かなりの量が学校へ押し寄せてきている。まさに文書公害というべきである。誰の担当かわからず，宙に浮いてしまう文書がたまにある。このような場合庶務係が処理するのが通例になっているが，庶務係からも苦情がでた。あたり前である。その場は何とかとりつくろったが，根本的な解決方策として，校務分掌細則を作り，かなり細かい仕事まで明示することとした。たとえば，教務係には，教務一般，行動計画，日課，教科書，学籍などの係があると，それぞれの係ごとに，何をすべきかを明確にすることである。このような校務分掌細則を作ることによって，今まで「この仕事は誰のものか」などといって，不明確なまま，宙に浮いてお互いに困った場合があったが，これ以来そのようなことがなくなり，職場の明朗化に大きく役だったと思っている。だが，いかに係ごとに具体的な仕事を明記しても，どんな処理手続きで，どのように処理したらよいか，ということまで，考えておかないと，ゆきづまりを生じる場合がある。……職員がそれぞれ分掌している仕事を円滑に遂行するために

は，報告，協議の方法の工夫が必要である。簡単な事柄は朝の職員朝礼もしくは板書の活用がよい。あらゆるものを職員会議に持ち込もうとすると無理が生ずる。職員会議の場合は，提案者は事前にプリントを配布しておくこと，司会者は提案者とし具体的な打ち合わせを行っておき，どこに論議の焦点を求め，どう話を進めるかを，あらかじめ考えておく配慮がほしい。……よく外部から，色々の問い合わせがくる。ところが，係がいないと，即座に答えられない場合が多い。特に係が出張の時などお手あげといった場合に出合う。書類は文書整理棚に整理されているのであるが，その係でないとわからない整理のされ方がなされていることに起因する。このような不合理をなくすのがファイル方式である。私は教頭二年目から，ファイル方式を行なったが，この場合，校務分掌組織に合わせたため，「全校の校務分掌の責任分担と，自分の仕事の位置づけが明確になり，処理が非常に便利になった」と，全職員に喜ばれたことが有意義な思い出となっている。

　教師集団を，教育実務者としての集団と教育実践者としての集団に切り分けて，その両方に専門性を求めたところは，学級集団を学習集団と生活集団の両面から見ようとしてきたことの応用であろう。それは同時に，教職専門性の具体的イメージを示す，貴重な実践事例ともなっている。

　他方，教育実践者の側面では，「良き授業者」としての教師がなすべき課題として，「教育的力量にすぐれた教師集団をどう育てるか」と「子ども・教師・学校にとっての四月とは」が，明快な説明を加えている。前者は魅力ある教師のイメージを語り，後者では良い授業の具体的な姿が描き出されている。

　　1. 人間的に魅力ある教師を育てることである。魅力ある教師にするためには，魂の技師としての自覚を持たせ，「教えながら学ぶ」姿勢を育てねばならない。その姿勢の中から，自ずと自己を厳しく磨きながら，自己変革をしていく教師が生まれるといえよう。2. 子どもをとらえる鋭い目を育てることである。子どもは，日々刻々と変化している。先ずこの事実に着目させることである。そして，子どもを固定化して見ることから脱却し，現場の底にあるものを鋭く見とり，これを子どもの教育に生かしていく力を育てることである。3. すぐれた学級を創り出す力を育てることで

ある。

　「学級づくりこそ，すぐれた授業を創り出すためには，欠くことの出来ない基盤である」という認識が，特に若い教師に乏しい。学級づくりとは，「質の高い生活集団と学習集団を育てる」という，基本認識が必要である[13]（「教育的力量にすぐれた教師集団をどう育てるか[14]」1985年8月）。

　子どもたちは教師を選択する自由がないため，いやでもこの一年間，私と一緒に生活しなければならない。だからこそ教師である私は，よい先生，信頼される先生になるよう，精一杯努力しなければならない。そのためには，絶えず今まで以上に，子どもの真実の声に耳を傾け，自己反省を厳しく行いつつ歩まねばならない。そして，このことは私ばかりでなく，全教師が肝に深く銘じなければならないことだ。……良い授業とは，教える教師と学ぶ子どもの両方の努力によって創り出される授業であり，授業の中心は子どもで，教師がこれを援助し，助けていく授業がよい授業である（「子ども・教師・学校にとっての四月とは」1990年）[15]。

では，どのような授業が「良い授業」なのか。江口は，自身の実践事例をあげている。

　私が授業に入る前に必ず子どもたちに，「良い授業とは，教える教師と学ぶ子どもの両方の努力によって創り出される授業であり，授業の中心は子どもで，教師がこれを援助し，助けていく授業がよい授業である」ということを，わかりやすく話し，次いで「よい授業にするために努力してほしいこと」として①この時間は何をするかという－学習課題をしっかり持つこと，②学習課題を追求するために－予習課題をしっかりやってくること，③自分の考えをたしかにするために－学習ノート作りをすること，④学習を深め充実させるために－話し合い，発言のルールを大切にすること，⑤みんなが伸びるために－グループ学習をさかんにしたり，助け合い学習をすること，の五点をあげ，学年の発達段階に応じて，具体例を示しながら説明してやった。そして「授業は"つらくて苦しいものだ"という考えから，"わかる喜び"を修身に，充実感の持てる楽しい授業になるよう，みんなで努力しよう」と，呼びかけることにしていた（「子ども・教師・学校にとっての四月とは」1990年）[16]。

具体的実践事例であるとともに，教師論としてもすぐれた一文といえる。

6 中核的教員と管理職

　教育実践者としての集団と，教育実務者としての集団の両側面を統一的に把握し，学校を運営するのが，学年主任をはじめとする中核的教員である。「学年主任の基本職務と教頭との職務関係」(1978)[17] は，江口が，新潟県教育庁中越教育事務所指導主事(1976年)から，西頸城郡名立町立名立中学校校長(1978年)に移動する時期に書かれた論考であるが，学年主任と教頭との関係を，こう述べている。

> 　(学年主任の基本職務は) 当該学年の教育活動に関する事項について，連絡調整，及び指導・助言に当たるということである。だが，この基本職務を遂行するには，教頭の指導・助言を受けたり，連絡調整を受ける必要がある。何故なら，教頭は学校における最高の連絡調整者に外ないからである。そこで学年主任と教頭とは次のような関係が必要になる。学年主任は，学年会，学年行事，学年PTA等を実施する場合，事前の連絡と事後の報告を教頭に行う。教頭はこれに対して指導・助言を与えたり，調整を取る。また，場合によっては，教頭の方から報告を求める。学級経営案や週指導計画を教頭に提出するに当たり，学年主任は取り持ち役をする。特にこの場合，内容の充実したものを，期限におくれないよう，また気持ちよく提出するよう働きかける。学年経営の方針や具体案を立案するに当たり，事前に全校的な立場から教頭の指導・助言を受ける。また実施後の評価に当たっては，教頭からも参加してもらう。学年会に，時に教頭から出席してもらい，学年としての子どもや父母の問題点について，教員の意見を聞いたり，指導・助言を受ける。
> 　学年内の職員の校務分掌上の問題点や，一身上の問題点について相談し，指導・助言や調整を受ける。

　また，江口は，教頭職について，教頭には「企画者」「組織者」「指導・助言者」「調整者」「事務者」という5つの責任があるのだと説明している。すなわち，

① 企画者として (あらゆる企画について，教職員が意欲的に協力するよう，趣旨

の説明，実施上の細目につき，きめ細やかに配慮する），
② 組織者として（各種の会議及び行事について企画し，運営し，調整を図り教職員の意志の疎通に努める），
③ 指導・助言者として（教育実践に必要な指導計画，年間の配当時間，学校行事等の計画樹立，更に日々の授業の在り方や子どもの問題について指導・助言する），
④ 調整者として（学年主任や各種の主任から，時に応じて必要な報告や意見を求め，運営をよりよくするための，方策について協議し調整する。また学年会や各種部会に努めて出席したりして，運営上の障害点についての調整を図る），
⑤ 実務者として（校務処理上の実務については，その目的，内容，方法を熟知し，計画的に処理したり，担当者に処理の依頼をする），

である。分析と論旨がきわめて明快，的確である。雑務と責任の一切であるかのような皮相的教頭職論に対する専門職としての教頭職論，あざやかな対論であるといえよう（「学年主任の基本職務と教頭との職務関係」1978[18]）。

　教職員に対する世の注目が集まるとともに，社会の要求は，必然的に教職員の持つ専門的力量に大きく向けられてきた。そしてこのことは教師集団のリーダーである，校長・教頭のあり方の問い直しに直結するといってよい。教職専門家としての力量とは何であろうか。

こう江口が問いかけたのは，「問い直される校長・教頭のあり方」（1976年）における教頭・校長の条件を説いた次の一文である。

　1つには，すぐれて人間性豊かでなければならないということであろう。このことは人の子の師であり，魂の教師といわれる教師にとっては当然のことである。2つには，わかる授業，わからせる授業のできる教師でなければならないということであろう。そのためには，子どもをみとる力，教材解釈力をもつ力，子どもの認識を発展させる教育課程を組む力，子どもの創造性を刺激する指導のできる力。これらの力にすぐれていなければならない。3つには，教育法規に明るく，教育公務員としての厳正な生活と，教育活動を営むことができることであろう。このような教師の専門的力量を，一人ひとりの教師の中に確立し，学校の主人公としての，子どもの全面発達を保障する，教師集団を育てあげることこそ，今校長・教頭に望まれる基本的な力量である（「問い直される校長・教頭のあり方[19]」1976年）。

江口は，続けて，こう締めくくっている。

　気合や腹芸のみで学校経営に望もうとする校長は，もう過去の姿であり，みじめでもある。今，正に校長・教頭のあり方が問い直されている。わたしは学校訪問をしながら，しみじみとこのことを感じさせられている。

　驚かされるのは，この一文が，30年以上も前に書かれていたという点である。30年を遡っての言葉であるが，まったく色あせていない。今日においてこそ傾聴されるべき言葉である。

7　実践記録――総括にかえて――

　江口武正は教育実践史に何を残しているのか。繰り返しになるが，江口は，①現実の課題を教師自身の実践的課題として読み替え，②自身の実践的経験を事例として示し，③改善の方途，ポイントを具体化し，優先的にとり組む活動を明示した。だが，いまひとつ，これらが，すべからく「実践記録を書く」ことから始まったという事実を忘れてはならない。

　人の子の師としての教師には，魂の技師としての専門的力量が要求される。その一つは，すぐれて人間的であり，その二つは，生き生きとした創造的な授業ができるということである。このような教師に成長するため，わたしたちは週案を週指導記録に改め，計画と実施記録を書きつづったが，まさにつぎはぎだらけの貴重な記録であった。又，特定単元の授業記録も精力的によく取った。全学級毎週学級だよりも発行した。わたしも月影のメモを大学ノートに書き綴ったが，十七冊にもなった。そして共同研究の成果を，用務員のおじさん，給食のおばさんも含めて全職員で，筆を取り，毎年紀要にまとめ共同の遺産とした。書くことはきびしく，そして苦しい。だがその中から子どもとともに伸びる教師が生まれ育つのだということを，わたしたちは心深く自覚し合ったのだった（「村に生きる школу」1977年）[20]。

　人間的な教師，創造的な授業ができる教師，子どもとともに伸びる教師は，江口においては，実践記録に筆をとり続けることをもってして，得られるべきものであった。「教育的力量にすぐれた教師集団をどう育てるか」（1985年）においても同様である。ここでも，江口は，一文の最後を，「更に，一年に二つ

や三つの，手応えのある実践記録を残す教師集団を，是非育てたいものである」[21]と締めくくっている。江口が，教師の専門的力量を象徴するものとして，優れた実践記録をあげていることがわかる。

　新しい言葉，新しい理論があるとしても，それは，子ども，保護者，地域と向き合うなかで生まれ，教師はそのなかで改善と解決の方途を考えていく。このことは，本質であって，これまでも，これからも，変わることはない。

　江口武正は，長い年月をかけて，子ども，保護者，地域，そして教師と向き合い，記録にとどめてきた。

　実践記録を残すことは，江口にとって，自身の実践を事例となさしめることでもあった。その事例は，いまや時を経て，私たちの事例として受けとめられようとしているのである。

注
(1)　中央教育審議会答申『今後の教員養成・免許制度の在り方について』2006年7月。
(2)　上越教育大学研究プロジェクト（2004年度研究代表者　和井田清司，2005年度研究代表者　釜田聡）は，『江口武正「上越教師の会」教育実践資料集』第1集（2004年），同第2集（2005年）を編纂した。第2集「あとがき」において和井田は，教育改革の流れにふれて「教育改革が教育改善にむすびつくには，『下から・内から』の改革と連動することが大切」であり，「先行研究の成果に学びつつも『戦後教育実践の知的遺産を確認し今後の示唆を導出すること』が大切であり，そのために，資料集が「今後の江口氏及び上越教師の会の研究に際し，『公共財』として活用」されるよう求めている。本稿は和井田による資料集作成に負うところが大きい。執筆にあたり謝意を表しておきたい。
(3)　江口武正「村に生きる学校—地域に根ざした教育実践」『地域に根ざした教育　寒川教授退官記念論』実業之日本社，1977年，39頁。
(4)　1976年の新潟県教育庁中越教育事務所指導主事着任から，1978年の西頸城郡名立町立名立中学校校長着任までの2年間。
(5)　前掲(3)，38頁。
(6)　江口武正「高田市と社会科」『母と子』1958年3月，84頁。
(7)　同「時代の潮流に竿さす教師」『教育研究サークルの思想』明治図書，1968年，118頁。
(8)　同「現場の教育実践を支えた新潟大学高田分校」新潟大学高田分校編『高田分校三〇年史』1981年，167頁。
(9)　同「教師としての力量を磨くために」『生活教育』1979年12月，101頁。
(10)　同「子どもを主人公にする中学校づくり」『生活教育』1984年1月，28頁。
(11)　同「議長の力量は学級づくりを基盤に」『特別活動研究』1986年10月，15頁。
(12)　同「校務分掌の責任分担を巡る問題処理」『学校管理研究資料』1972年1月，45頁。
(13)　すぐれた授業を創り出す手だてとしても，(1)教材をしくみとしてとらえる教材研究　(2)子どもの見方・考え方をとらえる子ども研究，(3)学習課題を大切にした学習過程の

編成，(4) 子どもの着想や発想を生かす指導方法の工夫などを，具体的に指導することが大切となる，と述べている。
(14)　江口武正「教育的力量にすぐれた教師集団をどう育てるか」『初等教育』1985年8月，49頁。
(15)　同上「子ども・教師・学校にとっての四月とは」『生活教育』1990年4月，9頁。
(16)　同上。
(17)　江口武正「学年主任の基本職務と教頭との職務関係」『学校運営研究』No.200　明治図書，1978年，62頁。
(18)　同上，62頁。教頭と授業とのかかわりについて「子どもをよく知り，教師としての専門的力量を高め，研修のリーダーシップを取るには，教頭も数時間の授業を持つことが望ましい」と述べている。
(19)　江口武正「問い直される校長・教頭のあり方」『廿二会三〇周年記念誌』1976年，93頁。
(20)　前掲(3)，43頁。
(21)　前掲(14)。

第15章　旧高田市における幼小連携
―「学習指導の現代化」と高田幼稚園の教育課程―

杉浦　英樹

1　はじめに

　上越地域における就学前施設の嚆矢は明治20年代，高田の寄大工町（仲町6）西林寺に岡田諦賢らが設立した幼稚保育所とされている。その後1911（明治44）年に高田高等小学校（現大町小学校）の敷地に私立高田幼稚園が，1925（大正14）年に上小町（本町4）に紅葉幼稚園が設立され，また同年には陀羅尼町（北本町2）に，翌1926（昭和元）年には関町（南本町2）や直江津町藍屋区専崇寺に，託児所がそれぞれ開設された[1]。

　数々の就学前施設は地域の幼児を受け入れ年月を重ねたが，その実践は義務教育である小学校のそれとは一線を画してなされた。しかし戦後，様相は変化している。1951（昭和26）年，旧高田市において高田幼年教育研究会が発足し，相互理解と連携への模索が始まった。同会の会長は当時の大手町小学校校長で，同校敷地内の西に軒を連ねた市立高田幼稚園の園長も兼任した，長谷川増吉である。長谷川は一般の理解がまだ高くはなかったこの時期，幼児教育の重要性を唱え，同校園を舞台に幼小連携を具体化しようとした[2]。

　高田幼年教育研究会は高田幼稚園を本部に幼小連絡協議会を組織している。ここで市内公私立幼稚園教諭・保育園保母と小学校教師が定期的な会合をもち，幼児児童と互いの実践についての理解を深めた。1955（昭和30）年には大手町小学校で，学校学級経営をテーマに幼小合同で研究会が開催されている[3]。

　さて，その大手町小学校に1958（昭和33）年，江口武正が赴任した。彼は同校における学習指導研究の中心的役割を果たす。1964（昭和39）年以降は研究主任として「学習指導の現代化」を主導し，1965（昭和40）年に「上越教師の

会」のメンバーと『生産労働を軸とした社会科の授業過程』を，また1966（昭和41）年には旧直江津市教育委員会に転じた後，それまでの研究成果を踏まえて同校著『学習指導の現代化』を出版した[4]。

　一方の高田幼稚園においては，1961（昭和36）年と1968（昭和43）年にそれぞれ教育課程が改訂されている。前者は戦後，長谷川園長のもとで試みられてきた教育課程研究の成果であり，後者は1936（昭和11）年以来同園に在職し，幼児理解と指導に精通した竹下キク園長のもとでの改訂であった[5]。

　時期的にこの二つの教育課程は「学習指導の現代化」のエポックの前後に位置する。江口らによって推進され全国的にも注目を集めたこの取組みの傍らで，高田幼稚園はどのような教育課程編成を行ったのであろうか。実は同園は県内有数のキャリアをもちながら，その実践についてまだ本格的な歴史的検討がなされていない。そこで行われた幼小連携の試みもまた，忘れ去られようとしている。本稿では地域教育実践史研究の一環として，江口が大手町小学校に在職した当時の高田幼稚園の教育課程の変化に着目し，同校の教育課程研究との関係において記述する。その作業を通して，1960年代の旧高田市における幼小連携が，教育課程レベルでどのような実状にあったのかをみることにしたい。

2　大手町小学校における教育課程研究

(1) 1950（昭和25）年～1957（昭和32）年――学校学級経営の研究

　まず，1950年代の大手町小学校における教育課程研究の経緯について確かめておこう。

　同校では1950（昭和25）年1月に長谷川校長を迎えて後，4月から7月までに学区住民，市内・校内児童，地域の小中高等学校を対象に調査が実施され，その結果に基づいて教育目標が設定された。1951（昭和26）年に改訂された学習指導要領を参考に，学習指導を主とした教育課程の編成がなされ，また1953（昭和28）年9月から1954（昭和29）年2月にかけて，生活指導を主とした日常生活課程の編成が試みられた。そして1955（昭和30）年ごろから，学校学級経営を主題に教育課程，日常生活課程，安全教育，健康教育，給食教育，施設設備の充実等について包括的な検討が進められ，1957（昭和32）年にはそ

の成果が『私たちの学校学級経営』にまとめられた。

この時期の同校における研究の特徴は学校学級経営の改善の文脈で教科課程と日常生活課程が検討されたことである。まず日常生活課程が次のように編成された(6)。

① 学校内における児童の生活の場の分類研究
② それぞれの場に含まれる問題の整理と解釈
③ 右の各問題の解決策及び問題に対する児童の行動の限界の検討
④ 個別指導と社会性（集団）指導の組み合わせ方及び方法の検討
⑤ 児童の活動の場と教育の指導の機会の検討
⑥ 指導組織及施設の検討
⑦ 要素表の作成
⑧ 日常生活課程の編成（領域別計画表）——領域別に全学年を通したもの：食事，排泄，睡眠等の「個人として必要な基本的習慣の形成の面」と「時間を守る」等の「社会生活の基礎的態度の育成の面」の2領域に分けて指導事項を抽出した。
⑨ 学年別月別計画表の作成——⑧の領域別のものを学年毎にまとめ月別に配当操作したもの：「児童の1年の生活の流れ，行事学年学級経営の方針等を合わせ考え，学年別月別に指導計画表（学級経営計画表）を作成」した。

表15.1がその学級経営計画表の書式である(7)。教科課程は日常生活課程と密接な関連を保ちながら，この「学級経営計画表を参考として，学級担任が創意工夫をなし，調和のとれた学習指導を行う」ものとされた(8)。

このように同校では，児童の生活上の問題や課題を抽出しその解決や達成を図ることが学校学級経営の基本とされ，生活全般の指導のなかに学習指導が位置づけられていた。こ

表15.1 学級経営計画表の書式

| 学級経営計画表とは一頁より | 年生児童の特質 | 学級経営の方針 | 月 35頁より 二頁より | 経営の重点 | 教科指導 | 行事 国語 社会 算数 理科 音楽 図工 家庭 体育 給食時の指導 教科外の指導 生活指導 PTA活動 |

れは教育課程が日常生活に基盤をおくべき包括的なものとして，1951（昭和26）年版学習指導要領にいう「望ましい学習経験を発展させていくための組織」と理解されていたからだといえる。このことは『私たちの学校学級経営』における総論以外の各章が幼稚園，1年から6年までの各学年と養護学級のそれぞれの示した問題提起的な研究主題と，それをめぐる取組みについての記述によって構成されていることからもわかる。

(2) 1961（昭和36）年〜1966（昭和41）年──「学習指導の現代化」の研究
　『私たちの学校学級経営』では，学習指導に焦点化した研究は部分的にしかみられない。しかし1961（昭和36）年，校長に就任した小泉孝のもと「知力の開発」こそが学校教育の主要な役割であり「4領域（各教科，道徳，特別教育活動及び学校行事＝引用者）の核は，各教科の学習」[9]とされるに至って，同校の研究は1時間ごとの学習指導を中心としたものに一変している。1965（昭和40）年の『学習指導の改善をめざす教育研究の歩みと現状』には，当時なされた研究の過程が4次に整理してまとめられている[10]。
■第1次研究：1962（昭和37）年1月〜7月　「4名の研究委員を中心として，ひとりひとりにたしかな力をつけるための個別学習の研究として，全職員が一体となり，プログラム学習，シンクロファクス活用の学習研究を行なった」。
■第2次研究：1962（昭和37）年8月〜11月　「プログラム学習は個別学習に最も適切であり，シンクロファクスは教具として活用すべきであるという第1次研究結果にたち，更に集団学習のあり方の研究を加えることとした。ここでは集団学習の授業分析による研究，個をいかすプログラム学習，教具として集団学習にも個別学習にも活用される，シンクロファクスによる学習の研究の3部門にわかれての研究を行った」。
■第3次研究：1962（昭和37）年12月〜1964（昭和39）年9月　「3部門の学習指導の位置づけから集団学習，個別学習の相補を求めての研究を行なった。授業研究の範囲は，各教科中，国語，社会，算数，理科の4教科を対象とし，更に学習ノートの活用という立場から，図工も研究対象とした」。
■第4次研究：1964（昭和39）年8月〜現在　「第3次までの研究は，ともすると，学習方法の面にウェートのかけられたものであったという反省の上にた

ち，思考を高めるためには，教材の構造性，学習のすじ道のたて方，主な学習指導方法の三者の統一をはかる事によらねばならないという考えに基づき，『思考を高める学習過程はいかにあるべきか』を追求し現在に至っている……」。

そして，①教材構造（中心観念，基本要素，副次要素），②学習過程（思考発展のすじ道・五段階，学習形態等），③学習指導法（発問と助言，板書，資料の活用提示，話合い等）の3領域に分けて研究成果が総括された[11]。

1966（昭和41）の同校の著書『学習指導の現代化』は，以上の研究の集大成であった。本著では，教材構造の「副次要素」を「具体的要素」に置き換えたり「生活の論理」と「教材の論理」を対峙させて学習過程を説明したりなどの，タームの一部変更やかなりの加筆修正はみられる[12]が，基本的に①②③の領域を骨子に構成され，その内容はそれ以前に出された一連の報告書[13]の理論部分をベースにまとめられている。

このように同校における「学習指導の現代化」をめぐる研究は，科学的概念を獲得させるために一人ひとりの子どもの思考をどのように指導したらよいかという課題意識から，まずプログラム学習とシンクロファクスによる個別学習を集団学習と相補的に組織する方法的検討から始められ，それに教材の精選と構造化という内容的検討を加えながら進められた。研究対象は学習指導の領域に限定され，また教科内容とそれに関係するかぎりで子どもの「生活の論理」が問題にされ，さらに教材の精選と構造化の効果を実際の授業において検討することを通して，学習過程の合理化や学習指導法の工夫がめざされたといえる。『学習指導の現代化』において実践例は教科ごと，①②③の領域ごとに整理して紹介された。

同校では一方で1964（昭和39）年に，長期教育計画立案の基礎研究として教育目標の見直しがなされ，翌1965（昭和40）年には新たな学校目標と重点目標を設定し，4領域の指導全般に反映させる課程編成も開始されている。同校で日常の実践において学習指導のみが重視され，子どもの生活経験が軽視されていたわけではけっしてなかった[14]。ただし教育課程研究の出発点については，1957（昭和32）年までとは異なり，日常生活に取材した問題提起的な主題から教科内容へと転じていたということができる。

3　高田幼稚園における教育課程研究

(1) 1961(昭和36)年――「学習指導の現代化」前の教育課程

さて、軒を接した高田幼稚園の教育課程はどうなっていたのであろうか。

まず、「学習指導の現代化」が試みられる前のものをみよう。同園は1961 (昭和36)年、長谷川園長の退職直前に教育課程を改訂、発刊している。この課程は彼自身によって、同園の『昭和26年度保育計画』(1951)とそれを補正して編成された『昭和32年度教育課程』(1957)に続く、赴任以来「過去11年にわたる集積」として位置づけられている[15]。

『昭和26年度保育計画』と『昭和32年度教育課程』はまだ実物を確かめ得ないが、後者の内容については先の『私たちの学校学級経営』における幼稚園担当の章[16]から、その一端を推し量ることができる。そこには研究主題「楽しい一日の園生活の計画をどのようにしたらよいか」があげられ、盛られるべき内容やその組合せ、時間的配列、自由遊びの指導のあり方等が吟味されたうえで、入園当初、2学期、3学期それぞれの「1日の指導計画」案が示されている。1956(昭和31)年版幼稚園教育要領は、健康、社会、自然、言語、音楽リズム、絵画製作の6領域を新たに示したが、指導計画を教育目標を達成するための「望ましい経験の組織」として捉えており、また指導計画の作成とその運営について「年・月・週・日というような時間的単位」による組織を求めていた。同園はこれを受け、幼児の日常生活に立脚した「望ましい経験の組織」のために、まず最も実際的な日案レベルの再検討から始めたものとみられる。

1961(昭和36)年の教育課程の改訂時にも、この方針に基本的な変化はなかった。そのことは、同課程のはしがきにある以下の記述から確かめられる[17]。

1. 子どもの生活を考えて1年を大きく6期に分け、1期ごとに単元をおき、中心となる幾つかの活動によってゆるやかな流れのなかに目標を無理なく達成できるようにした。
2. 幼児の活動は教育要領に示された望ましい経験内容の何れもが、適当に組み合わされ、各領域がお互いに関連して行くようにした。
3. 小学校教育が幼児教育を基盤として発展して行くのであるからこの関連については数年にわたる小学校との共同研究のもとに無理なく移行できる

よう計画した。

こうして編成された同園の課程は，年間指導計画，期案，週案，日案の各レベルにおける幼児の「望ましい経験」の系列についての，110頁にのぼる記述となっている。その全体の書式を表15.2に示す。

年間が6期に分けられ，1期1単元で各期の教育目標，中心生活，幼児の実態，家庭連絡，行事が整理されている。このうち「中心生活」は，入園式から修了式に至るまでの四季折々の生活，行事，遊びなどの園における一連のさまざまな活動である。その都度の幼児の実態についての理解をふまえ，この「中心生活」を充実させることを通して，各期の教育目標の達成をめざすという書き方である。また各期について，健康・社会安全・自然・言語・音楽リズム・絵画製作の各領域ごとに，複数の目標があげられている。そして幼児の経験内容に

表15.2　1961（昭和36）年版教育課程の書式

○年間指導計画

期	単元	教育目標
1～6		

（各期ごとに6領域について目標等を記載）

	目標	経験内容	教材その他	指導の留意点
健康				
社会安全				
自然				
言語				
音楽リズム				
絵画製作				

○期案

期	単元	教育目標	中心生活	幼児の実態	過程連絡	行事
1～6						

○週案例

期	単元	今週の主題	目標	今週の予定					
				健康	社会	自然	言語	音楽リズム	絵画製作

○日案

即して，それらの目標の達成のためにどのような教材や指導が必要かについてわかるようにまとめられている。

週案例，日案例もあげられている。週案については単元，今週の主題，目標，各領域ごとの今週の予定が，日案については日課表（1日の指導計画）のスタンダードを併記しながら目標と1日の展開（時間，プログラム，幼児の活動，指導上の留意点，資料）が，それぞれ記されている。

内容的には，「中心生活」を軸に教育目標との関係で幼児の「望ましい経験」が記述されている。また健康や社会安全の領域等において，大手町小学校の日常生活課程や安全教育・健康教育の内容に連なるものも見いだされる。『私たちの学校学級経営』では幼稚園の章も含まれるが，総論部分は必ずしも幼稚園を意識した文章にはなっていない。しかしこの幼稚園の課程においては，新年に単元「もうすぐ1年生」が設けられ，「学校入学について希望と自覚を持たせ，よろこんで入学を待つようにする」という目標のもとに「学校ごっこ」を行ったり，文字や数への興味を高める指導を含めたりするなど，小学校教育に「無理なく移行できるよう」工夫された部分を確かめることができる[18]。

1961（昭和36）年当時，大手町小学校において江口らは「名門校，伝統のある学校のよどみと，実践への安座への懐疑」を抱き始めていたという[19]。小学校側の学校学級経営研究が停滞するなかで，傍らの幼稚園では幼児の「望ましい経験の組織」を集成する作業が行われていたのだった。

(2) 1968（昭和43）年――「学習指導の現代化」後の教育課程

さて，1966（昭和41）年にかけて大手町小学校では「学習指導の現代化」が試みられた。その後，高田幼稚園の教育課程はどうなったのであろうか。

当時，幼児数の増加や文部省の幼稚園教育振興計画を背景に各地で続々と新たな園が設立されていた。旧高田市においても戦前からの2園に加え，1953（昭和28）年にさくら幼稚園（1963（昭和38）年にカトリックさくら幼稚園と改称）が設立されていたが，1963（昭和38）年，市街の北部と南部に1園ずつ創設する構想が浮上し，翌1964（昭和39）年には東本町幼稚園（同年，ひがし幼稚園と改称）といずみ幼稚園が開園した[20]。

その1964（昭和39）年には幼稚園教育要領が改訂され，各領域の指導書の刊

行とともに6領域の教育内容の検討が各地で開始された。1966（昭和41）年度からは，全国各地において文部省主催の幼稚園教育課程研究会が開催され，高田，ひがしの市立2園も旧高田市学校教育研究会幼児教育部として「幼稚園教育の目的に添って，効果的な教育を進めていくための教育課程並びに指導計画の編成について（1年保育5才児の場合）」を主題に1967（昭和42）年から2ヵ年の共同研究を開始している。その成果として発刊されたのが1968（昭和43）年度の教育課程である[21]。

同課程のはしがきには，発刊をもって高田幼稚園をあとにした竹下が「私どもは……毎年教材の精選・指導方法や指導内容について検討を行い，幼児の実態・実践記録をよりどころとしながら，お互いが自園の教育課程の補正・改善を加えながら，5年を経過した」と記している[22]。ひがし幼稚園との共同研究は2ヵ年間であったが，検討作業は竹下が園長に就任した1964（昭和39）年から続いていたわけで，同課程はその成果でもあった。

34頁にまとめられた記述の全体の書式を表15.3に示す。1961（昭和36）年のものより構造化された体裁である。年間3学期となり，各学期のねらい，各月の主題とねらいが1項目ずつ示され，また「中心生活」が今度は「中心となる活動」と称され，各月に割りふられている。年間指導計画では週のねらいも加えられ，主題的ねらいと生活習慣的ねらいに分けて記されている。

この一連のねらいに基づいて月案と週案が作成されている。月案については各月の主題，ねらいを再び記したその右に，のぞましい経験と指導上の留意点，行事が示されている。

週案については今度は例ではなく，年間の全週について依拠すべき形式と内容として示されている。そこでは週のねらいと「中心となる活動」が改めて記され，健康・社会安全・自然・言語・音楽リズム・絵画製作の各領域ごとの教育内容が，教材資料とともにあげられている。また日案については「1日の流れ」として生活の展開（時間，幼児の活動，指導上の要点，管理等）を示した，日課表のスタンダードが掲載されている。

(3) 1961（昭和36）年版と1968（昭和43）年版の比較と教育課程研究

■書式の比較　双方の教育課程を比較し，どのような変化があったかを確かめ

よう。まず表 15.2, 3 にみる書式である。年間の時期区分が 6 期から 3 学期となり，学期・月・週のねらいが明確にされ体系づけられるとともに，月案・週案レベルで詳細な一覧作成がなされた。

なぜこうした書式に変えられたのであろうか。それは 1964（昭和 39）年に改訂された幼稚園教育要領が，それまで 6 領域ごとに列挙されていた「望ましい

表 15.3　1968（昭和 43）年版教育課程の書式

○教育課程

学期	学期のねらい	月	主題	月のねらい	中心となる活動
1〜3		1〜12			

○年間指導計画

学期	学期のねらい	月	主題	月のねらい	週のねらい	
					主題的なねらい	生活習慣的なねらい
1〜3		1〜12				

○月案：月ごとにねらい等を記載

期	主題	月のねらい	のぞましい経験や活動	指導上の留意点	行事
1〜4					

○週案：週ごとにねらい等を記載

期	週のねらい	中心となる活動	今週の予定					教材資料
			健康	社会	自然	言語	音楽リズム	絵画制作	
1〜4									

○日案

経験」を「ねらい」に変え，より簡潔に示したことによる。しかし変更のより具体的な理由は，研究の経緯に見出される。2カ年の共同研究では，第1年次（1967年）に教育課程の編成が，第2年次（1968年）に指導計画の編成が，それぞれ重点的になされた[23]。第1年次の当初，高田幼稚園では教育目標の改訂と重点目標の設定がなされ，教育課程の見直しが開始されたが，このころ「現行高田幼稚園教育課程（＝1961年版，引用者）についての反省と補正の方針」として，以下の3項目があげられていた[24]。

1. 現在のものは1年を6期に分け，1学期毎に大単元を設け目標を挙げているが，期間が長すぎて目標達成があいまいである。
2. 1カ月の単元，目標，幼児の活動が1頁におさまり領域別に別頁に分かれて示されているので見にくく活用しにくい。全部が一覧して示されていれば，関連がついて見易いと思う。
3. 領域別の指導計画は明細具体的であるが，これは指導計画の形式をとり，繁雑である。指導内容についてはもっと研究して行く必要がある。

つまりこの研究は，さしあたりは教育課程・指導計画における「使い易いわかり易い形式」を追求するもので，書式の変化は当然の結果だったのである[25]。

ただし同時に「年間の季節の移り変わりと生活，主な行事……子どもの遊びの3つから子ども中心生活を見つける」とともに「教育目標と中心生活を結びつけて月のねらいを設定」し，さらに「月のねらいから週のねらいまでを決める」作業も並行して行われた。そして立てられた「週案，日案は必ず各園で実践し教育課程改訂の参考とするとともに，次年度月別指導計画作成の資料とするように」進められた[26]。こうしてこの研究は，書式の検討に止まらず，従来からの実践内容についての再検討も伴うものでもあった。

第2年次には指導計画に関する研究に本格的に移行し，月案・週案を1カ月1頁の見開きで一覧できるまでに整理するために，A.1人1カ月〜2カ月の月案を受け持ち，記入する，B.各園毎に毎週研修日を設けて教材について研修する，C.各自が立案した月計画をもち寄り1学期ずつまとめて検討協議する（部会3回），D.指導事例の立案とこれについての検討協議を行う，という仕方で作業が進められた[27]。

作業の過程で，新潟県国公立幼稚園協会『昭和42年度教育課程編成資料』

が参照された。同資料は，各月におけるのぞましい経験や活動，指導目標，指導上の留意点と，6領域の教育内容，園行事について記した1年分の月案例で構成されている。幼児教育部の研究においては，同資料における月案レベルの内容を，従来から両園で行われている生活，行事，遊びに基づいて修正敷衍し，また6領域の教育内容に関する記載については週案レベルにまで落として一つひとつ改めて検討し直すことによって，月案・週案双方のレベルの指導計画の体系的な整備が進められたとみられる。

　当時の両園のスタッフは合わせて10名であった。この1968（昭和43）年版は，このように実践に基づく検証と評価を共同で地道に進めることを通して，作成されたのだった。

■**内容の比較**　では，そこに盛られた内容はどのように変わったのであろうか。結論的に言うならば，課程全体の軸となるべき1968（昭和43）年版における「中心となる活動」の内容は，1961（昭和36）年における幼児の「中心生活」のそれと大差はない。双方の記述を比較すると，1968（昭和43）年版では交通安全指導が年間計画のもとに行われ，その内容が主として健康領域の教育内容に反映されている点が異なっている[28]。また行事や小単元にかなりの追加があり，それぞれが週案レベルの「中心となる活動」として新たに挿入されている[29]。ただし，従来からあるさまざまな行事や活動と比較するとその変化は部分的である。

　そして，年間・月・週のいずれのレベルでも，これらの「中心となる活動」を教育目標と突き合わせ，「のぞましい経験や活動」を抽出することによって課程が組まれている。幼稚園においては『私たちの学校学級経営』以来，編成の基本方針に変化は見いだされないのである。就学を意識した単元についても同様である。2月の主題「元気で入学を待つ」が立てられ「小学校への期待と関心をもち，寒さに負けず元気にあそぶ」というねらいのもとに，移行学級の経験後に「学校ごっこ」を行い，自分の意見をはっきりと言えるようにしたり，文字や数への興味を高めたり，学校をめぐる表現や製作をうながしたりする指導が行われるよう組まれている。

　日課表については細部ではかなりの変化が認められる。まず登園時間が8時から8時30分に，降園時間が1時50分から1時30分へと変更された。また

「相談の時間」「間食」「昼食」「帰りの話し合い」と頻繁に保育室に集まっていたのを，間食を外し，午前中に自由遊びの時間がまとめてとられるようになった。ただしいずれの課程においても，最初に全員が集まった後，主として教師の計画にそった遊びを展開し，視聴覚の時間や昼食をはさんで，次第に個々の幼児のイニシアティヴによる自発的，活動的な遊びへと移行していくというそれまでの１日の全体的な流れが，変わらず採用されている。

このように，1968（昭和43）年版の教育課程は，1961（昭和36）年版以来の編成方針や内容の多くを引き継ぐものになっている。高田幼稚園においては従来の生活の流れがほぼ維持され，そのうえに課程の再編がなされたのだった(30)。

4　1960年代における幼小連携の実状と考察

(1)「学習指導の現代化」と高田幼稚園

以上，1968（昭和43）年の高田幼稚園の教育課程改訂は，基本的に書式を変更したものであり，園生活の内容において大幅な変更を伴うものではなかったことをみてきた。では大手町小学校における「学習指導の現代化」と，こうした同園の課程編成への努力とはどのような関係にあったのだろうか。

まず明らかなのは，少なくとも1961（昭和36）年以降，教育課程研究の領域において双方の接点が失われていたことである。小学校側の研究が学習指導に焦点化したものになった以上，それは当然の帰結であった。1960（昭和35）年度から江口は初めて１学年の学級担任となり，その後３学年までもち上がったが，この時期，彼は低学年社会科の課程編成や学級経営，家庭教育に関して論じることはあれ，就学前教育について直接ふれることはなかった(31)。また彼が編集を担当したPTA通信(32)にも，幼稚園のことは一切出てこない。幼稚園からも，小学校に対する公式の発言は見いだされない。

当時，幼小の双方が互いの現場について何を考えていたかについて探りうる唯一の資料は，幼小連絡協議会のメモ記録である。この記録からは，上記のような状況から生まれる予想とは逆に，互いの実践や教育課程に対する関心の高さをうかがい知ることができる。ただし，幼稚園において課程改訂のための努力がなされた時期，教育課程研究そのものについて立ち入った論議はなされて

いないこともわかる[33]。

こうしたことから，おそらく高田幼稚園は大手町小学校の「学習指導の現代化」研究の影響を直接には受けなかったと推察される。幼稚園側はさまざまな意味でその内容を深く理解する状況にはなかったし，また小学校側も授業こそ教師の勝負どころと考えるようになっていた。幼稚園の教育課程についてはこれを迂遠なものとして感じ，江口をはじめ多くの教師は視野から外していたと考えられるのである。

(2) 教育課程研究の出発点の相違

とはいえ，先述のように1968（昭和43）年版の教育課程のはしがきで，竹下は「毎年教材の精選・指導方法や指導内容について検討を行い…」と記している。指導効果を高めるための内容の精選や構造化という高田幼稚園の方針は「学習指導の現代化」のそれと共通していた。にもかかわらず，双方の研究の実際の様相は，大きく異なるものになった。

なぜだろうか。ここでは両者の「教材」や「精選」の見方の相違について指摘しておきたい。同じ「教材」でも，大手町小学校における「教材」が中心観念，基本要素，副次要素によって構造化されるべき観念としての教育（教科）内容であるのに対し，高田幼稚園における「教材」は幼児の望ましい経験や活動を組織，深化するための具体物としての「教材」であった。前者においては，先行する教育（教科）内容としての「教材」が，後続のそれとどのような論理的，構造的関係にあるかの視点で教育（教科）課程が捉えられ，洗練されている。それに対して後者においては，先行する経験や活動が後続のそれにどのように連続するか，またそのプロセスを通して幼児の内側にどのような望ましいものを残せるかという文脈において教育課程が捉えられ，改善されている。

したがって「精選」の意味も異なっている。指導効果を高めるためにさまざまな無駄を削ぎ落とすという課題意識は共通していたが，対象が違っていたのである。大手町小学校においては教育（教科）内容の理解を妨げる，余計な「教材」を排除するという意味の「精選」であり，高田幼稚園においては幼児の経験や活動の流れの必然性や援助の一貫性を損なう，不要な目標や主題を排除するという意味の「精選」であった。結果，前者においては教育（教科）内容・

教材が，後者においては目標・主題が，それぞれ明瞭で簡略なものにまとめ直され，構造化され，またそれに思考過程や活動過程に即した指導過程（方法）を組み込むことによって，新たな教育課程が編成された。

幼稚園側の「研究の手順」は次のようなものであった[34]。
・現行の教育課程について検討しながら，教育課程として盛られなければならない内容，枠組，形態について考える（利用し易いもの）。
・教育要領で示された目標，園の教育目標を基本として年間の主題及指導目標を設定する。
・望ましい経験や活動の組織を考える（幼児の経験内容，教材の精選，配列）。

以上の行論から，ここに言う「教育課程として盛られなければならない内容」「教材の精選，配列」の意味が，「学習指導の現代化」のそれとは異なっていたことが理解されるだろう。両者の教育課程研究の出発点は，教科内容と経験とに分化していた。この時期においては，両者が研究のプロセスを共有すること自体，困難な状況にあったのである。

3　おわりに――幼小連携史研究の課題――

本稿が対象とした1960年代は，小学校学習指導要領と幼稚園教育要領の相次ぐ改訂を背景に，幼小それぞれが教育課程の独自性を打ち出してきた時期である。「望ましい経験の組織」を緩やかに共同で追求できたいわば蜜月期の1950年代から一転して，双方の課程編成に裂け目が生じている。大手町小学校と高田幼稚園もまた例外ではなかったのである。その根本には上述のような教育課程研究の出発点の相違があった。結果的にみて「学習指導の現代化」研究は，それを顕在化させる「最初の一打ち」であったということができる。

大手町小学校の「学習指導の現代化」研究は，言うまでもなく1960年当時における小学校の教育課程研究を代表する取組みの一つであり，また高田幼稚園の取組みは，幼稚園教育要領の「各領域別に示してある事項から，教育の内容を導き出して，それを集めれば教育課程が出来上がる」[35]といった安易な風潮のみられたこの時期にあって，幼稚園教育の本旨である幼児の総合的な経験や活動に基づく課程編成を貫こうとした，堅実なものであった。いずれの取

第15章　旧高田市における幼小連携　285

組みも，幼小おのおのの歴史的文脈から評価されるべきものである。
　ただし大手町の同じ敷地で，幼小の教育課程がそれぞれの特徴を含みつつ併存したという事実はさらに重要である。二つの異質な教育課程がなぜ併存することになったかをめぐって，それらを別々に理解する以上に多面的な解釈を加え得るからである。幼小の教育が相互に関連をもちにくい事情は，歴史的に形成されてきている(36)。幼小連携の問題や課題をより具体的に明らかにするために，同様の事例の発掘と検討が期待される。

注

(1) 『高田市史』1914 年，370-371 頁。『高田市史第 1 巻』1958 年，737-739 頁。『高田市史第 2 巻』1958 年，117-119 頁。『上越市史通史編 5 近代』2004 年，420-421 頁。『直江津町史』1954 年，677 年。なお『高田市史』は幼稚保育所設立を 1887（明治 20）年 10 月とし『高田市史第 1 巻』(1958) は 1888（明治 21）年 10 月 20 日としている。また 1901（明治 34）年には，旧春日村木田に清水佳之助により幼児も含めた孤児の救済を目的とした和敬院が設立され，1929（昭和 4）年まで存続した（『上越市史通史編 5 近代』316-317 頁）。
(2) 長谷川はこの頃「県下の校長先生，教頭先生，上席の女の先生に対しアンケートを取ってみたが，幼児教育には無関心で幼稚園，保育所の区別を知らない人が半数以上もあり…」と語っている。またこの調査結果をもとに高田幼稚園の竹下キク教諭がお茶の水女子大学で「幼稚園の立場から見た小学校との連携」に関する研究発表 (1953) を行ったとされている（高田市立高田幼稚園『創立 50 周年記念』1966 年，1966 頁，上越市立高田幼稚園『創立 60 周年記念』1976 年，1976 頁）。
(3) 高田市立高田幼稚園，同上，17 頁。
(4) 本書，関連年表を参照。
(5) 上越市立高田幼稚園『高田幼稚園創立 80 周年記念誌「写真で見る我が園の 80 年」』1997 年，44-49, 73-74, 80-81 頁。
(6) 高田市立大手町小学校『私たちの学校学級経営』1957 年，5-6 頁。
(7) 同上，4 頁。
(8) 同上，3 頁。
(9) 小泉孝「わたくしたちのねがい」（高田市立大手町小学校『思考を高める集団学習と個別学習の実践研究―授業の分析的研究　プログラム学習　シンクロファクスによる学習指導の改善』1963 年，1 頁。
(10) 高田市立大手町小学校『学習指導の改善をめざす教育研究の歩みと現状』（ガリ刷，1965.9）1965 年，3-4 頁。なおシンクロファクスとは静画・音声記録の再生装置である。媒体にシートを用いるが教材用に自由に作成でき，また 1 枚あたり 4 分程度の再生が可能で，イヤホーンを差し込めば 6 人一斉に使用することができたという。
(11) 同上，5 頁。この総括は，研究委員会の中で「全体理論の研究」を担当した江口を中心になされたと言ってよい。
(12) なお著書執筆にあたり，以前より指導を受けていた広岡亮蔵（当時，名古屋大学）の援助があった。江口は 1965（昭和 40）年 6 月以降，広岡から出版への協力を取りつけた

うえで，翌 1966（昭和 41）年 2 月には出版の目処をつけ，原稿の修正等の援助を受けている（「江口武正教育実践資料」江口ノート No.4，上越教育大学附属図書館所蔵）。

(13) 『思考を高める集団学習と個別学習の実践研究―授業の分析的研究 プログラム学習 シンクロファクスによる学習指導の改善―』1963 年，『研究紀要第 2 集 思考を高める集団学習と個別学習の実践研究―シンクロファクスによる学習指導の改善―』1965 年，『学習指導の改善をめざす教育研究の歩みと現状』1965 年。なお日本生活教育連盟『生活教育』1964 年 11 月号にも研究の過程や内容についての同様の記述がある（江口武正「私たちの授業研究―思考を高める集団学習と個別学習の相補を求めて―」59-66 頁）。

(14) 高田市立大手町小学校「教育課程の構造」（製作年不明，ガリ刷）。江口も「子どもたちに問題意識をどうやってもたせるか」（「問題解決学習の問題点」広島大学附属小学校教育研究会『学校教育』臨時増刊号，1956.1）の視点を失ってはいなかったであろう。彼は同校の今後の取組みにおける教育方法面の課題として「きびしい生活現実に立つ，子どもの生活の論理を的確に把握する方法を明らかにすること」をあげていた（『授業研究』1967 年 1 月号，59 頁）。

(15) 高田市立高田幼稚園『教育課程 昭和 36 年 3 月』3 頁。

(16) 高田市立大手町小学校『私たちの学校学級経営』30-41 頁。

(17) 高田市立高田幼稚園，同上，4 頁。

(18) 1956（昭和 31）年の幼稚園教育要領「第Ⅲ章 10．小学校の教育課程を考慮して計画すること」の規定を受け，幼小連絡協議会の論議を経て設定されたものと考えられる。

(19) 日本生活教育連盟『生活教育』1964 年 11 月号，59 頁。

(20) 『高田市史第 2 巻』1958 年，751-760 頁，『上越市史通史編 5 近代』2004 年，97-98 頁，『上越市史通史編 6 現代』2002 年，224-225 頁。

(21) 高田市立高田幼稚園『昭和 43 年度 教育課程と指導計画』。

(22)(23) 同上「教育課程編成の経過と研究活動」。

(24) 高田市学校教育研究会幼児教育部「幼児教育部の活動 昭和 42 年度の研究経過」（ガリ刷，レジュメ）。

(25) 週案の書式も，それまでのものが 1967 年 6 月，1968 年 5 月の 2 回にわたって改善された（高田幼稚園「昭和 43 年度新潟県幼稚園教育課程研究集会第一部会・第二部会資料」（ガリ刷，白川順子執筆部分）。

(26) 高田市学校教育研究会幼児教育部，同上資料。

(27) 同上「教育課程編成の経過と研究活動」。

(28) 高田市立高田幼稚園「交通安全年間指導計画」（製作年不明，ガリ刷）。

(29) 体操祭への参加（5 月），父の日の行事（6 月），敬老の日の行事（9 月），「のりものごっこ」（10 月），農業高校への小遠足（11 月），「節分ごっこ」「新入園児歓迎会・進学進級お祝の会」（2 月）など。逆に消防署見学（12 月）がなくなっている。

(30) 内容面での変化は多くはなかったが，週案レベルまで形式面での整備を進めたことにより，次のようなジレンマも生じた。「週案から日案におろす場合，毎日の指導では主題外の活動が多くなること，しかもこども達の意欲的な活動が力強い位置をしめることがある。予定外の突然的な活動，興味深い自然発生のあそび，ごっこ等の継続的な活動なども，指導の大きな要素と考えられるので，月～週～日とすっきり系統立てようとする時，それらのものをどのように位置づけたらよいか，考えさせられてしまう。」(同上「昭和 43 年度新潟県幼稚園教育課程研究集会第一部会・第二部会資料」)。

(31) 本書，江口実践資料による。

(32) 大手町小学校 PTA 通信「いずみ」(1960〜1962 年度)。この通信において，1960 年度から大手町小学校に子息を就学させた竹下は，保護者として発言している (1961 年 3 月 22 日)。
(33) 「幼小連絡協議会記録」(白川順子によるノート)。1967 年 2 月，同年 7 月 7 日，1968 年 2 月 5 日開催の旨の記載がある。
(34) 高田市学校教育研究会幼児教育部，同上資料。
(35) 文部省『幼稚園教育百年史』ひかりのくに，1979 年，414-415 頁。
(36) 拙稿『幼小の接続・連携の歴史的経緯と現状』(テキスト)，2005 年。

(謝辞) 本稿は，白川順子氏 (元高田市立高田幼稚園教頭) の資料提供に多くを負うている。記して感謝申し上げる。

特別寄稿　戦後教育実践史のなかの上越教師の会
（講演記録）

中野　光

1　はじめに——私と江口武正先生と上越教師の会——

　ご紹介いただきました中野です。きょう，ここにお招きいただいて，本当にうれしく思います。私の尊敬する江口武正先生の研究成果が，上越教育大学に収められたとのこと，収まるべき所に収まったという感じがいたしております。提供してくださった江口先生のご家族のみなさまと，そういうことを実現してくださった上越教育大学の関係者の方々に，深い敬意を感じています。そして，その記念すべき日，特に私に話すチャンスをくださったことを，大変感謝しております。

　江口先生，あるいは上越教師の会について，私にはたくさんの思い出があります。この限られた時間のなかで，どういうことを話したら一番いいだろうと，あれこれ考えて参りましたけれども，なかなかすっきりした整理ができませんでした。みなさんにはB5の用紙1枚，コピーで差し上げましたが，直前にこういうメモを書きました。ここに記したいくつかの内容をお話しして，あとはシンポジウムで貴重な，そして詳しいご報告があるでしょうから，それをご理解いただくための一つの資料・材料としてご参考になればと思います。

　その前にちょっと，みなさんにご紹介したいものを用意して参りました。3点，コピーしていただきました。私と上越教師の会，あるいはその会に所属されている先生方，特に江口先生とはどういう関係にあったかということを，自己紹介をかねてお話ししたいと思います。

　資料1，2，3（未掲載）となっていますが，1はたぶん江口先生の目録をていねいにつくったとしても，洩れるのではないかと思うものです。雑誌『カリ

キュラム』1953年10月号で，江口先生が同僚であった梅澤さんについて，「梅沢君の『かべのない学級』づくり」という題で執筆されたものです。

「梅沢君は，子どもたちとずばぬけて仲がよい。子どもたちは，教室に，運動場に彼の姿を見つけると，たちどころにむらがり寄せて来る。そして所かまわずぶらさがる。いやはや大変なさわぎである。子どもたちは，何でも心に思っている事は少しのためらいも抵抗も感じないで彼に話しかける。自分の困っている事，家庭の出来事，はては父母のけんかの事まで，"正に子どもと教師の間にかべのない学級"である」

こういう調子で，梅澤先生の新卒1年目の姿を江口先生は生き生きと書いておられます。確か，松丸志摩三先生の『村を育てる教師』のなかで，「江口君の実践は，梅澤勤という優れた共同者がいたからできたんだ」というふうにちゃんと書いておられました。皆さんご存じでしょうけれど，梅澤さんはここに居られます。こちらには山賀先生もいらっしゃいます。上越教師の会のトリオです。江口，梅澤，山賀，このお三人を中心に上越教師の会は最初7人から出発したそうです。この地域の教師たちが自発的に，友情と信頼と，そして課題への挑戦という立場から結成されたもので，何と50年の歴史をつくって今日に至るという，日本の教育実践史のなかでも大変貴重なサークルです。

さて，江口先生はご承知のように，その中心メンバーであります。私はこういう人こそ「先生」だと思って参りました。先生というのは，「先生と言われる程にバカでなし」という文脈でも使われますが，私はやっぱり，「先に立って生きている人」だというふうに思っております。ですから，若い人であっても，私の先に立って生きているような人を「先生」と呼びたくなります。江口先生は，そのような意味で，私にとっての先生でした。先生です。今も。その江口先生を中心とした上越教師の会が，戦後教育実践史の中にどう位置づくのか，教育実践史の中でどう評価されるべきかということが，私に与えられた課題です。しかし，これはなかなか難しい問題です。私は上越教師の会について，それほど詳しいわけではありません。これからの研究課題です。そういう意味では，上越教育大学の先生方，あるいは学生さん方が，今後本当に研究を深めていただきたい，というふうに願っております。

2 教師にとって教育実践とは

　教育実践史という言葉は，今日ではあまり抵抗ないとは思いますが，教育史のなかに教育実践の歴史は，確かにあるわけです。なぜなら，教育というのは教師によって担われてきたわけですから，担っていた教師が子どもとともにどういう教育を創り出したかという，それには歴史がある。日本の教育史は，たいていは，戦前は教育思想史，ペスタロッチ，あるいはルソー，シュタイナーなど，外国の教育思想をたどっての教育思想史でした。もちろん日本教育史もあります。戦後になりますと，教育制度史，教育行財政の歴史というものもあるわけですが，私は，やはり教育史というのは教育を担ってきた教師のその実践を中心として書かれるべきだという立場をとって参りました。しかし，これはなかなか難しいです。

　第一，「教育実践」という言葉は，昔からあった言葉ではないわけです。明治から大正，昭和10年ごろ，あるいはせいぜい遡っても昭和5年以前には「教育実践」という言葉を使った人は，ほとんどいなかったと思います。「教育実践」というのは新しい概念です。では，それに近いどういう言葉を使ってきたかというと，「教育の実際」です。あるいは「教育の実地」です。教育の理論ではなくて，実地，実際，そして実践，この三つの漢字は，意味が違うのです。実際と実践は，どう違うのでしょうか。実地と実践とは，どう違うのでしょうか。

　私が調べたかぎりでは，実践という言葉は昭和の10年に近いところで使われるようになったと思います。たとえば上田庄三郎の『激動期の教育構図』という著書，昭和9年の発行ですが，「『実践』は現代教育の標語であるとともに，現代社会の合い言葉である。『践』の一字が最近には生彩を帯びて来たようである。従来，『教育の実際』などと用いられた実際という言葉が，何となく迫力を失い，新たに『実践』という意志的な言葉が愛用されるのは，時代への動きを表している。そこには教育研究態度の自らなる自己批判が見える」こういう風に，昭和9年，上田庄三郎は書いております。上田は，現代の教育が，表面的には一応革新的であり，復興の機運を見せているけれども，内実は未曾有の空白時代である。教育改革，教育改革というようには言っているけれど，中

身は空っぽだと，そういうことを昭和9年に上田庄三郎は言っているのです。非常時という言葉が喧しくなっていた時代です。あのきな臭い時代であります。上田は，とにかく実践という言葉の前には文句はあるまいという，若干功利的な警戒心からきている風潮と見られることもないでしょうけれど，ともかく従来の教育研究がいかにも欧米追随的であり，大家の学説の方に傾いていた所から，教育の現実のなかに深く突入して，そこから新しい創造的な教育原理を打ち立てようと主張したわけです。実践こそ，教育打開の唯一の鍵であるという，実践家の自覚からきたものでしょう。現代的実践の魅力は，そうした教育研究の自己批判からきているというふうに言っておりますから，教育実践という言葉には，非常に重い意味が込められていたのです。

誰によって初めて使われたかということはわかりません。わかりませんが，昭和9年から10年にかけて，教育実践という言葉が教師の合い言葉になった。私の実践によればとか，私は実践的にこれをどういうふうに拓いたかとか，つまり教育という仕事を主体的に，自覚的に担って，子どもとともに新しいものを創り出していく営み，それを教育実践と言ったわけです。

3 江口武正も読んだ『女教師の記録』

その教育実践の代表的なものとして，私にはこの『女教師の記録』，1940（昭和15）年発行，平野婦美子のこの本が印象的です。私は古本屋で何冊もこの本を買っているのですが，たまたまここへ持って来ようとして取り出して，後ろを見たら昭和15年発行の初版のものでした。初版が15年で，2年後の昭和17年には何と106版，版を106も重ねたわけで，文字通りのベストセラーでした。

この本は，なかなかおもしろい本です。ていねいに紹介するとそれだけで時間はなくなってしまいますが，最初は平野さんが教えを受けた千葉師範の先生に書いた手紙から始まっております。

「毎朝，出席簿をめくります。その度，私は児童の欠席の多いのに驚かされました。毎日五人から六人，多い時は，十二，三人も欠席するのです。初めの二，三日は，きっと私の教育方法が悪いから休む子が多いのだろうと悲観したのですが，そうではなかったのです。一日の仕事を終えて休む児童の

家々をたずねてみました。病気の子が多いのです。それが殆ど医者になどかかっていないのです。その病気の種類も色々です。うす暗い納戸の隅などに侘しく，ぽつんと寝ている子供の，年寄のようにひからびた手を握りしめ，私はじっとしては居られなくなります」

こういう子どもの現実を描く所から，話は始まっているのです。そして，そういう子どもに対して，どういう教育をすればいいか，国定教科書をそのまま教えて，テストをして通知表に点をつけるという教育では，教育にならないということを，彼女は自覚するわけです。

「砂浜へ腰を下して，私達は輪になった。教室ではむっつりしている子供達がここでは実によく話してくれる。私はここだ，ここだと思って嬉しくなった。『先生いくつ？』『私，十九よ』『先生みたいじゃなくて，あねさんみたいだ』『そうよ，あなた達の姉さんよ。学校の姉さん，お母さんよ。だから，遠慮なんかしないで，何でもお話しなさい。何でも聞きなさい』」

こういう，子どもと教師との関係が学校の外で成り立っている。学校の外で成り立ったその関係が，学校のなかの教育をどんなに豊かにしていくか，学校の内と外とを合わせた彼女の教育，教育の実際が，実践の全体像がここでは描かれていました。

今もそうですが，教育書というのは，そんなに売れるものではありません。それが昭和15年から戦争中にかけて，こんなにもこの本が読まれたということは，日本の教師たちのなかに，こういう教育に対する憧れがあったということです。そうだ，これこそが教育だ，これこそ私たちが望んでいた学校の先生の姿だと思ったということでしょう。

実はこの本を江口武正先生は，敗戦直後の教師になって間もないときに読まれたのでした。私もそのころ，この本によって教育への道を歩もうという気持ちになりました。

4　教育実践のいのち

時は下がって1981年，黒柳徹子さんが，『窓際のトットちゃん』という本を書きました。黒柳さんは教師ではありません。昭和13年ごろに小学校に入っ

た子どもです。おしゃべりで，落ち着きがなくて，今でいえば，ADHDとか言われているかもしれません。ところが，校長先生は，そんな子どもの話，おしゃべりを，我慢してではなく，おもしろく聞いてくれたのです。嫌な顔なんて一度もしないで。おもしろいなと言って，徹子さんの話を聞いてくださった，そこから話しが始まります，あの本は。

　時代がだんだん暗くなっているその時期に，ああいう教育があったのだということを，黒柳さんはファンタジーのように復元して，講談社から出版したのです。初版2万部の予定でした。その位は売れるだろうという見通しだったのです。ところが，売れるは売れるは，その年の秋には100万部を越えました。出版市場では希有の出来事でした。当時，私は立教大学に勤めておりましたけれども，読売新聞社から取材を受けました。「どうしてこの本が，こんなに売れるのでしょうか」と。私は，一口に言って，教育荒廃，不登校，校内暴力，そういうものが蔓延している今日の日本社会のなかで，ここに描かれている教育こそが望まれているという証ではないでしょうかと答えました。最終的には，この本は700万部売れました。この記録はまだ破られてはいないということです。日本の人口1億，その1割というと1000万でしょう。売れたのが700万部ですから読んだ人はおそらく1000万だ思うのです。10人に1人は『窓際のトットちゃん』を読んで共鳴した。教育改革のモデルは，あの本に描かれているような教育にあると思われたのでしょう。今，教育基本法を変えようという意見があります。私は『窓際のトットちゃん』のなかに，教育基本法の思想がすでに先取りされていたと思っています。今も，日本国民の大部分が教育基本法を深く理解することが大切なのではないでしょうか。この立派な法律の理念が実現していないだけですから，法律を変える必要などありません。むしろ，その理念を実現する実践こそが必要ではないか，そう思うのですがいかがでしょうか。

　実践というのは，いくらか理論的に説明すれば，まずは，教師が教育についてこうしたいという願い，期待，希望を，誰からも強制されることなくもち，子どもたちと向き合うことから始まります。そうすれば自分の今やっていることとその願いとの間にズレが見つかるでしょう。どうしたら，願いの方に実態を近づけることができるだろうか，そのためにきょうは何をすればいいか，明

日はどうすればいいか考える。分からなければ，誰かに聞く。職場で，みんなで，子どもと向き合いながら，教育のあり方を研究する。そうなれば教職員集団は，教育研究集団になる。学校だけで足りなければ，外に出てサークルでもいい。気の合う人たち，先輩，後輩も交えて集団で教育研究，教育運動をするというような，そういう新しい教師が出てきたとき，それは教育実践家と言えるのではないでしょうか。

明治，大正の時代にはそういう言葉はまだなかった。なかったけれども，教育実践あるいは教育実践家という言葉がピッタリするという，昭和10年代の初めには，そういう時代になっていったということです。

5　『村の五年生』を書かせたもの

戦後もすぐには，教育実践という言葉はそれほど使われませんでした。しかし，1951（昭和26）年に，無着成恭の『山びこ学校』という本が出ました。昭和30年には江口先生の『村の五年生』が出ました。同じ年，小西健二郎の『学級革命』という本も出ました。ちょうどその年，1955（昭和30）年に，私はある小学校の教師になりました。桐朋学園という学校です。小学生を1年生から4年生まで受けもちました。その4年間，小学校が私の教員生活のふり出しでした。そのとき，この江口武正先生の『村の五年生』を本屋で見つけ，買って読んだのです。こんなふうにバラバラになっておりますが（現物を示して），年数が経ったからではなく，本当にバラバラにして，一体何度読んだことでしょうか。江口先生には本当に感謝しております。

いつでしたか，江口先生に会って間もないときに，「先生，あの島田淑栄という子どもは，今どうしてますか。塚田豊くんという子もいましたね。どうしてますか」って言ったら，確か，奥さんも「先生よく覚えていますね」とおっしゃったことがありました。忘れられないのです。その位何度も読みましたから。塚田豊くんというのは「ひやめしをたべた父」というすばらしい詩を書いた子どもでした。

ひやめしをたべた父
おはちにはひやめしが残っている。
母が　茶碗にもろうとした時
「つめたいごはんは　母にどくだ」といって
父は自分でもって　おゆもかけずに
ムシャムシャとたべた。
僕は「へいたいの時は　えいせい兵だったから，よくしっているんだなー」
と思った。また，
「母をだいじにしているなー，命をだいじにしているなー，父はえらい
なー」とつくづく思った。
あしたは　このことを詩にかいて
もっていこうと思った。

　こういう詩が子どもから生まれるということは，偶然ではありません。子どもを育てる教師と，子どもとの間にどういう人間関係が成り立っており，さらにその子どもが自分の生活をどういう眼差しで見たか，見て何を感じ，何を考えたか，そこを私たちは深く理解する必要があると思います。
　これは戦争の後に平和な時代が訪れた農家の情景です。冒頭に出てくるお鉢には，冷や飯がいっぱい残っていた。お鉢とは，炊き上げたご飯などを保温のために入れておく木製の容器です。こういう風に言わないと，今ではもうわからないかもしれません。この塚田くんのお父さんは軍隊では衛生兵，医学や栄養学の知識に詳しかったのでしょう。そして，お母さんには冷たいご飯はよくないと言うのですから，このとき，塚田くんのお母さんはちょっと胃腸を悪くされていたのではないでしょうか。この詩の上手下手は問わないまでも，5年生の作者の塚田くんの眼差しは，読む者に人間的な温かさを感じさせます。そして，このような生活，家庭における親子の共同生活が，この詩を生み出す土壌としてあったことは誰しもが理解できるでしょう。ここでは，生活が教育力をもっていました。
　「生活教育」というときの「生活」は，こういう風に「生活」が子どもを教育するのです。

昔は「修身」という科目があって、「親孝行をしましょう」「汝、臣民、父母に孝に」という風に、教師が子どもにモラルを教える、これが教育だと考えていたのです。そうではなくて、「生活教育」というのは、「生活」が教育する。どういう生活が、子どもを育てるのか。冷や飯がいっぱい残っている。お母さんが、それを食べようとしたら、お父さんが冷たいご飯はお前には毒だ、俺が食べてやると言ってお湯もかけずにムシャムシャと食べた。子どもはそれを見ているわけです。お父さんは兵隊のときに衛生兵だったから、栄養学とか衛生学の知識があるのだなと、感心した。しかし、もっと大事なことは、お父さんはお母さんを大事にしているな、命を大事にしているな、お父さんは偉いなと、つくづく思った。これが「生活が教育している」ということです。

　私は、この『村の五年生』のここの所を、江口先生に断わりもなしに、講演で何度も紹介させていただきました。忘れもしません。1960年代の中ごろ、石川県の能登半島の山村で少数でしたがお母さんたちを相手に講演したとき、この詩を読んで、ぱっとお母さんたちの顔を見たら、何人ものお母さんたちが涙を拭って目を赤くしていらっしゃった。お母さん、私は、子どもたちがこういう教育を、生活のなかで受けることができれば、特別の道徳教育なんて必要ありませんね。生活そのものが、こんなふうに教育する力をもっているのですから、とそんな話をしたことがありました。

　さあ、当時と時代は変わりましたが、どういう生活をすればその生活が教育することになるのでしょうか。中国の陶行知は、「生活が教育する。教育が生活する」。生活と教育の「同一と合一」という運動を、非常に厳しい時代の中国で、中国全土に向けて提唱しました。生活教育という言葉は、日本独特の言葉だと思っていましたら、同じ時期に中国でも使われていたことを、後になって知りました。それはやはり、アメリカのジョン・デューイの思想が入っていたのでした。「学ぶ」というのはどういうことでしょう。学ぶ、ラーニングは確かに大事ですが、もっと大事なのはリブ、つまり生きることはもっと大事なんです。生きるということを原点にして、学ぶということを考えなければダメじゃないですかということを、ジョン・デューイは『学校と社会』という書物のなかで言っているのです。

6 読みつがれ語りつがれる実践記録

　先ほどちょっと名前をあげた，無着成恭の『山びこ学校』は，まさしく生活教育による，教育実践記録です。冒頭の，江口江一くんの長篇の作文「母の死とその後」。そして，最後に載っている佐藤藤三郎くんの，卒業式での答辞。これを読むと，本当に凄い教育が行なわれたのだと思いました。本当に感動しました。

　「先生たちと別れることはさびしいことです。しかし，私たちは本物の教育を受けました。だから私たちは，今まで教えられてきた一つの方向に向かって，なんとかかんとかやっていきます」そういう宣言をして，学校を巣立っていったのです。無着先生は，あとがきでこういう子どもが，どのようにして育っていったかということを書いています。

　時代は新しくなったけれども，その日本の国，日本社会のあり方というのはまだまだ古かった。一人ひとりが人間としての尊厳に目覚め，新しい社会の創り手として成長していってもらいたい，その成長を助けるのが教師の役目だと。無着成恭という青年教師が，こういうふうに考えたということは，彼が教育実践家としての自覚を深めていたということです。

　小西健二郎の『学級革命』もそうでした。子どもが家でバリカンで頭を刈られるのです。専門の床屋さんではありません。お父さんに，頭を押さえつけて刈られる。刈り方も上手ではありません。「痛い，痛い」と言うと，お父さんにコツンとやられる。「下手や」と言うと，「散髪してもらっておいて，文句を言うな」と，またコツンとやられる。しかし，「痛かったら痛いと言わな仕方がない」というその子の言葉に，小西先生は，「そうだ，痛かったら痛いと言うべきだ。痛いのに痛くないなんて言えないよね。痛いときは誰に何と言われようと臆せずに痛いと言わなくてはいけないんだ」。こういう教育観，子ども観で子どもたちと向き合っていたのです。

　江口先生の『村の五年生』も，その延長上にあったと言えるでしょう。島田淑栄という子どもが「風呂の順番」という，やや長い作文を書いています。家では男が先，女はその後で，お母さんはいつでも一番最後の落とし風呂です。江口先生は，学級で子どもたちと話し合います。その結果，変える必要が

あるということになるわけです。子どもたちはそれぞれ家へ帰ってお父さんお母さんと話します。風呂の順番は，男女の別を問わず，一番汗まみれになって家に帰ってきた順序でいいのではないかと，そういう新しい順序で風呂に入ってもよいのではないかと。島田，よっちゃん，よっこと言いましたね。よっこの家はうまくいったのです。しかし，別の子どもは，お父さんから「一体お前は学校で何を習っているのか」という調子で叱られた。それをまた学級に戻って話し合う。先生は誰々くんのお父さんと話し合ってほしいと言うことになり，江口先生はその家庭を訪ねて話し合います。その家のお父さんも「いやあ，ちょっとカッカしてしまいまして失礼しました。確かに子どもの言い分も正しいです」と，そんな結論を，親ももちろん子どもたちと共有した，社会科の実践なのです。

　社会科という教科は，社会をよりよく変えていくための教科です。もし，社会が教科書に書いてある通りになっていなかったら，教科書にあるように，社会の現実を，家庭の現実の方を，どうしたら変えていくことができるか，それを考えて実行する，実践していくのが社会科の学習なのです。それが戦後初期の社会科の考え方ですから，無着先生も江口先生も学習指導要領も，社会をよくしていく子どもたちを育てたい。現実との間に開きがあるなら，現実の方を理想に近づけていく。まさにそういう教育実践者としての自覚のもとに実践を展開していかれたわけです。

7　上越教師の会のしごと

　幸いにも，同じ学校には梅澤さんという同志がいた。学校の外には山賀さんをはじめ，たくさんの同志もいた。いっしょに新しい社会科のあり方を考えていこうということで，上越教師の会はスタートしたはずです。最初の7人はやがて10人になり，20人になる。私は1980年，81年，82年と3年間，連続して，金谷山の旅館晴山荘に通いました。金谷山公園，旅館晴山荘，上越の方はよくご存知でしょう。先生方からあのとき教わった「高田の四季」という詩，今でも覚えております。あの3年間，私はお盆が来るのが楽しみでした。早めに来て，江口さんの奥さんに御馳走になり，それから金谷山の晴山荘に連れていっ

ていただきました。上越の先生方の礼儀正しさが，まず印象的でした。私など「よう，よう」という調子ですぐに本題に入ってしまうのですが，こちらの先生方，仲がよいのにお互いに正座して「いや，どうも」という具合に挨拶されるところから始まるのです。さすが城下町，この町にはこういう伝統が生きているのだと感心致しました。

上越教師の会というのは，無着成恭とか小西健二郎とは違って，実践家の集団として誕生しました。教育研究集団として誕生したのでした。そして30年のあいだに，3冊の研究成果を世に問うたということです。

東京という所は，便利な所でして，ちょっとその気になってこの本を出版してくれと言えば，実現しやすい所です。しかし，新潟県の高田，あるいは上越という所で本を出版したいということになると，出版社はそれほど易々とはOKしません。ところが，全国規模で3冊の本を1960, 70, 80年代，10年間に1冊ずつ世に問うた教師の研究集団，そういう例が他にあるか，というとなかったのではないでしょうか。

となると，それは一体何だったのかということです。もちろん，上越教師の会の皆さんが研究成果を世に問いたいと，それだけの研究成果を創り出したということはもちろんです。しかし，同時に，それなら読んでみたいと期待する読者が，全国にいたということです。

最初の出版は，『生産労働を軸とした社会科の授業過程』。これは1965年です。70年代には71年の5月，『生産労働を軸にした社会科教育の現代化』。いずれも明治図書でした。

そして，80年代には『地域に根ざす教育と社会科』，これはあゆみ出版です。ここには，きょういらっしゃっている寺田喜男先生や小林毅夫先生，山賀昭治先生の実践も含まれております。

私は江口先生から，出版社を紹介して，序文かあとがきでも書いてくれと言われたと思いますが，お一人おひとりの先生方が本当に力を込めて書いておられましたので，余白をつくってもらって，簡単な批評を書かせていただきました。編集に協力させていただきながら，私は1980年代初めの日本の社会が，どういう問題に遭遇していたか，その問題に上越教師の会の先生方がどう取り組まれたか，そのエネルギーは一体どこから出たのかということをずっと考え

させられていました。

　上越教師の会の先生方の実践は，この時期，一般の先生方の実践とは一味も二味も違っていたと思います。困難な状況にもかかわらず，やはり『村の五年生』の社会科の考え方が基本的には継承され，生き続けているということを，この本でも確かめることができると思います。

　山賀先生は「関川ダム」の実践を報告されていました。当時，先生は校長でした。校長でしたが，教師としての自分の実践を世に問おうとされたわけです。当時，先生は発電の問題を社会科の単元として組むことは意味のあること，子どもにとっても意味のあること，この現実から逃げては社会科が社会科ではなくなる。そう考えられたわけです。寺田先生の場合は「伝統工芸の越後上布」を取り上げておられました。題材はさまざまですが学習指導要領や教科書からではなく，地域の現実からその内容を創り出していく発想ではみな共通なのです。『村の五年生』の発想なのです。それがずっと生きていることをはっきりと物語っているわけです。

　内容においては地域の現実から，方法的においては「単元習作」なのです。単元習作というのは，単元の内容を地域の現実から取り出し，それに対し子どもと教師がどのように取り組むかという具体的方策を，みんなで練り上げていくことです。単元習作をやらずして社会科の授業は成り立たないのです。これには苦労が伴います。時間とエネルギーを必要とします。しかし，こういう苦労は，避けてはならないはずです。教育運動として，全国的規模でそういう苦労，努力をずっと重視し，一貫して継続してきたのが，今，私が委員長をしております日本生活教育連盟の伝統です。今の学校の現実ではそれだけの余裕がない，困難だという事態もあるでしょう。しかし，社会科というのは，あるいは総合学習というのは，そういうことをやらないと本物にはならないのです。そして，授業をおもしろくするためには，それをやらざるを得ないのです。おそらく，上越教師の会の先生方は，授業が好きだったと思います。だから，それは先生方にとっては，やりがいのある苦労でもあり喜びでもあったということでしょう。

8 上越に生きてきた「総合学習」の実践

　小林毅夫先生が，大手町小学校の教頭だったとき，生活科が発足しました。低学年社会科と理科が解体され，生活科となったのです。やがて総合的な学習の時間が始まることにもなりますが，小林先生は附属小学校に在職され，総合活動とか総合的な教科活動を先取りしてやられていたのです。先生の実践のなかには「総合の伝統」というのがすでにあって，社会科を含み込み，教科の枠を越えて，地域の現実を学習課題へと結びつける発想が必要なことを，理論的にもすでに提起しておられました。ですから，生活科とか総合的な学習が文部省から出てきたとしても，小林先生にとっては別に新しくもないという受け取り方をされたろうと思います。

　江口先生は，どうだったでしょう。私は，「生活科や総合的な学習，そういう文部省の構想と上越教師の会の先生方が提起されているものとの間に，基本的な違いはないでしょうか」と，端的に聞いたことがあります。先生の答えは，「文部省のは，短編小説みたいなもので，私たちが願っているものは大河ドラマです。もっと大きな課題に挑戦していくという，そうでないと本当の総合とは言えないのです」と。生活科も総合も，どちらも大河ドラマであるべきだという提言，私にとっては大変印象的な江口先生のご意見でした。おそらく，この発想は，今も上越では生きているのではないでしょうか。

　お配りした３番目の資料，これは柴田義松さんたち，教育方法学会の有志メンバーで，大手町小学校と附属小学校を参観させていただいたことがあります。そのときの報告は１冊の本になっておりますが(水越敏行・吉本均編著『生活科と低学年カリキュラム』ぎょうせい，1993年)，そこでの柴田義松さんとの対談部分からとったものです。

　そこには，戦後新教育の伝統が生きていましたし，民間教育研究の成果も蓄積されておりました。指導的立場にあった人達が，かなり柔軟な学校運営をされていたように思うのです。私は，そのような研究をしている学校の実践に接して，日本の教師の力量は相当高いレベルだと感じました。ですから，文部省は，低学年カリキュラムについてもあまり窮屈な枠をはめないで，自由に研究してみてくれというふうに委嘱すれば，実に様々な個性的でユニークなカリ

キュラムや実践が試みられると思っています。

　その一つに，上越の総合活動があげられます。コア・カリキュラムの復活を思わせるような大型単元でした。ヤギの飼育をした時には，時間をたっぷりとって，しかも通年でやるとか，あるいは地場産業としての味噌を取り上げたものもそうでした。子ども達は大豆を蒔いて，収穫し，豆をにて味噌づくりをする。そういう地域の特徴を活かした実践を拝見して，とても感動しました。江口先生のおっしゃる大河ドラマの実践の，一つの典型だろうと思います。

　最後に，江口先生単独の著書としては最後になった『教師と父母へのメッセージ』について申し上げようと思います。1994（平成6）年3月に発刊されたものです。これは先生の教え子や身近な人たちからの，たっての要望に応えてつくられた本だとうかがっております。

　このころには出版事情はますます厳しくなっておりまして，知り合いの出版社の社長に是非にとお願いして実現し，先生にも大変喜んでいただいたものです。この後お話をお伺いすることができます二谷貞夫さん（現上越教育大学名誉教授）にも，ひと肌脱いでいただきました。もう一人，江口先生の『村の五年生』を若いときに読み，『農業のたいせつさ知った』（ゆい書房，1992年）という社会科の実践記録も出している西口敏治さん（前和光学園教諭），さらに上越教育大の山本友和さんにも誌上参加をしていただいて，『村の五年生』を，今日どう評価するか，この貴重な遺産をどう引き継ぎ，発展させるか，そういう問題についての座談会を致しました。内容は豊かだったと思いますが，もうあれから10年以上経ってしまいました。この座談会の内容も，ぜひ検討の材料にしていただければと願っております。

　日本の農業をめぐる問題，あるいは日本の農民の現状，これは現代の新しい状況のなかで問い直されなければいけない課題です。今もアメリカ産の牛肉の輸入が問題になっております。日本の農業の現状は惨澹たるものです。これを社会科，あるいは総合の学習として，上越教師の会の遺産を踏まえて単元習作するとすれば，一体どういう展開になるのか。誰かがやらなければいけない，いや誰もがやらなければいけないという風にも思いますが，なかなか難しいです。江口先生と最後に話し合ったとき，江口先生も「日本の農業問題，これをどう理解し，『村の五年生』を活かす立場で，農業についてのどんな単元習作

したらいいか，これは中野先生，なかなか難しい。しかし，課題であり続けるでしょう」と言っておられたこと，私は忘れられません。

9 むすびに代えて——忘れ得ぬ思い出と提言と

　最後に，忘れられない思い出を一つ語らせていただきましょう。

　この本は実際には1993年の秋に書き上げられました。座談会が行なわれたのは，翌94年の初めで，出版が3月10日。丁度そのころ，山田洋次さんの映画『学校』が評判になっておりました。江口先生は私の家に一晩泊まってくださって，この本の題名をどうしたものかと相談していました。私の娘が「『教師と父母へのメッセージ』がいいんじゃない」と言いましたら，すぐにそれはよいと言って，わが娘の提案を採用してくださいました。大変，光栄なことでした。朝ご飯を食べ，「先生，きょうはお暇ですか」と訊ねると「ああ，暇です」とおっしゃいました。「じゃ僕も暇ですから，山田洋次の『学校』を観に行きませんか」と言ったら，「あ，観てないから行きたい」ということで，いっしょに渋谷の映画館に行きました。

　当時，東京の映画館は，ガラガラが普通でした。いい映画でもいっぱいになることはめったになかったのですが，江口先生といっしょに入ったときは満員でした。しかし，幸いにも一番後ろの列に二つ，空きがありまして座って観ることができました。そうしたら，江口先生の癖がよくわかりました。先生は，映画を観ながらも時々，「うん，そうだ」とか「いいね」とか言うのです。西田敏行役の黒ちゃん先生が，夕陽を見ながら感動して大関松三郎の詩を朗読する場面があるのです。生徒たちは黒ちゃん先生とは違って，夕陽に感動なんかしていないのですが，「授業というのは，教えたいと思う教師と，学びたいという生徒がいっしょになって創っていくものだなあ」と黒ちゃん先生がしみじみと言ったとき，江口先生は，周りの人たちに聞こえるような大きな声で，「中野先生，いいこと言うねえ」とおっしゃいました。人間的な感性が本当に豊かで，非常に敏感に反応される。そのときも思いましたし，今思い返してもつくづくそう思います。

　江口先生から学ぶことは，たくさんあります。どうか，先生のお仕事の成果

が上越教育大学において，長く保存され，たくさんの人達の研究に役立ち，ここから新しい江口２世，３世となる教師が巣立っていくことを願っております。

　２年にわたって，私はこの上越教育大において集中講義をする機会を与えていただきました。そのとき，江口先生の実践についても紹介しましたが，学生たちは江口先生についても『村の五年生』も何も知りませんでした。私は，「じゃ，あした，江口先生にここへ来てもらいましょうか」と言ったとき，学生諸君は大きな拍手をしてくれました。そこで私は江口先生を訪ね，「突然ですが，上越教育大へ来てくださって，学生たちに話をしてくださいませんか」とお願いしましたところ，先生は快く引き受けてくださいました。先生の話は学生たちに深い感銘を与え，講義が終わったとき大きな拍手が鳴り止みませんでした。そのことも忘れ難い思い出です。

　ここ，上越教育大学において，江口先生の研究が進むことは江口先生にとっても大きな喜びであろうと思います。研究が進むためにも，江口先生とともに実践して来られた方々を，いわゆるゲスト・ティーチャーとしてお招きすることも積極的に考えてもいいと思うのですが，いかがでしょうか。

　上越教育大学における研究が成功し，ますます発展することを最後に願って，終わりといたします。

　　（付記）ここに掲載した講演記録は，上越教育大学研究プロジェクトの一環として，2006年3月に企画された研究成果報告会の記念講演を収録したものである。

資料

村の五年生 ―『近代日本教育の記録』より―

『近代日本教育の記録 下』
編著者 浜田陽太郎
　　　　石川松太郎
　　　　寺崎昌男
日本放送出版協会
昭和五三年四月三〇日発行

村の五年生

〔対談〕
江口　武正
浜田陽太郎

〔回想〕
相上倉浦部
馬野友恵
保又愍
楠子子良

農村での社会科教育の取りくみ

戦後、わが国で行われた教育改革の中で、現場の教師たちにとってもっとも重要だったことは、カリキュラムを改造することであった。今までの伝統的な型をあらためるということは、ひじょうに困難なことであったが、当時の教師たちは、それこそ寝食を忘れて何をどう教えたらよいのかという問題に取りくんで実践したであろう。そして昭和三十年代の後半になって、それらの実践記録として数多く出版されるようになった。

この『村の五年生』も、昭和三一（一九五六）年に出版されたもうした実践記録の一つである。これは、地域との結びつきに重点を置いて、農村での社会科教育に取りくんだ、新潟県中頸城郡浦有村野目小学校教諭、江口正武氏による実践記録である。

「村の五年生」──『近代日本教育の記録』より──

江口氏は、昭和二二(一九四七)年、新潟第二師範学校を卒業後、もともとは近戸野目小学校に就職、農村の教師として社会科教育にとりくんだのである。江口氏は、その頃で農村の教師としてはめずらしいコース、つまり、地主の長男──旧師範学校──故郷へ帰って教師となるコースを歩んで就職した、したがって、幼い時から教師にあこがれ、情熱をもちながらも、農家(やや富裕な農家)の長男がいく自然に歩む道を歩んだのであり、その意味では普通の教師であった。

故に、その頃の事情を、つぎのように回顧している。

回想

江口武正

　私は昭和二〇(一九四五)年に旧軍に行かず、繰り上げ卒業で再び高等学校にもどりました。その中で教員への道を選びましたが、どの教育にしても書物はならんだものの、何をいかに教えたらよいのかわからなかったです。そんな中で平野婦美子氏の『女教師の記録』であるとか国分一太郎氏などの、幾人かの師、そして、鈴木道太氏の「生活する教室」という書物を見つけ、買いへんへんく読みながら今もなお読んでいます。そして私は、特に「生活綴方」というものは、教科書を教えるというものではなく、子どもの実態からは追求していく、あるいは子どもたちらの生活からの、地域と自分の住いにつなげていくという、そういうものとして行きつきました。

　新卒で戸野目小学校に行きましたら、小学校の教頭先生のおられましたが、私の授業をみてくれ、『農村の教師というなら日常業というような「町で実態調査をしている」というのを言われました。それは、自分の足で役場の資料「市の用水」であるとか
全部聞いてやはり記録くらいだらなけりゃ、もうちょっと勉強している。そうして社会科の教師になれるものだ、そう大体その年の九月の社会科が始まって、その気が湧き始まったわけです。

　つまり、すぐれた先人の実践が、普通の道を歩んできた教師に大きなる影響を与えるのだろうか。また「生活綴方」の実践という、教科書という「教えるべき何か」にさきだって、自分の創意が生きるというところが新卒教師をひきつけたのだろうと言えるだろう。

　さて、その「村の五年生」という実践記録は、新潟県の米どころ高田平野のほぼ中央、北津有村の戸野目小学校を舞台に、昭和二九年の九月から十一月にかけてのものでの、五年生の社会科戸野目地域特有の「耕地整理」という身近の展開記録である。

　内容は、当時、津有村にとってはたいへんだった生活問題の一つである「耕地整理」の問題を、大人たちが分散している田と田とをたばねて、互いにゆずりあいながら寄せなけりゃ解決しないだろうというのを子どもたちに教えさせながら、しかもそこから実態調査をさせ、土の原因を探究しながらそうものを見つけるという学習をもさせ。またそこから、前提として考え、新しい考えるというものもかねで、村人たちの中で古くからの考え方である。子どもたちもそうものかながけ、子どもたちが自分たちで学んだものを親に伝え実践していくという形をとりながら学習してる。

　この学習をとした当時の子どもたちは、「つぎのような感想を語っている。

座談会

無記名委員
先生の授業は一社会科の時間が何かどうしてもすきでしたけれども、午前中の教科をやったら社会科にかけたんだった。先生の思い出っていうと、社会科の時間だったような気がしますね。地域と自分の生活と密着な、家庭と結びつけるようなものが多かったんです。だから家でも田んぼのいる人間だったなんかするごとに、社会科の勉強を聞いてくれるというと、家の人も初めはびっくりしたとしても、なんか学ぶことをね。

阿部又愛子
印象に残っているのが、自分の家からもよく近い田んぼとかへつれてゆかれたりするとか、自分の家から歩いて何歩あるかはっきりさせなさい、宿題があったとか、そのいった活動は楽しむというか、お手の分からもどんどんやるものに感じていてね。

上野友子
社会科の学習でノート的なものよりも活動をしたして、地域のあちこちへつれていっただけ、いろいろな場所を実際に見ておられたらもうちょっとちがうような気が出しますね。

田馬保雄
川の農村におけると風習とかまたいろいろある場所がらあったりする、先生の考えだったんだね、私は思いますけれど、封建性だとかあるかないというのも先生は社会科というごとをならなくか、何もを発言できる人間であるから……。

学習の過程

浜田 川のような単元学習をやる頃の戸野目小学校の教育というのは、どのような状態だったんですか。

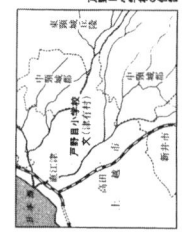

江口 当時の戸野目小学校というのは、コミュニティ・スクールでいわゆる地域社会の学校です。もうからりと言えば学校でみんな全員で努力しておったままに。学校のあることかだけ学校としての内容を模索し、教師全体で学校のナラリーの戸野目の子を作ることなど。その中では特に農業生産ということにウェートをおき地域と一年から主として五年生まずとの仕組まれておったわけです。それは戸野目が農村であるからいうから、地元の子どもたちの目で自分たちの社会科を探源するなら、当然農業を中心にしていくというと考えとなるわけです。あらゆる生産の仕組みが、生産の方法そのものというものを子どもたちも学ばらいといけないというどです。

浜田 先生のおっしゃりはいわかるのですが、あの頃の地域ご結びつくような教育の中でよく受けた批判というのは、それは大人の間題なんだ、子どもはそれをも問題として感じているだろうか、という批判があったと思うとですね。その耕地整理の農業との

「村の五年生」──『近代日本教育の記録』より── 309

「耕地整理」の実践をめぐって

浜田 地元の実際の生活情況と、それから学習している子どもとのつながりが非常によくねらわれている五年生の段階にもふさわしいですね。具体的にはどうなのでしょうか。子どもたちの関心はどうでしたか。

江口 最初は子どもたちは「田んぼの広がり」の観察をします。それから、子どもたちが自分たちの家の田んぼがあれくらいあるかというのを出しあって大きさを話しあうことをしています。たとえば、杉山憲子さんの子どもの家の田んぼが家ぎわからあるとかですね、「リリちゃんのうちをこえる」と、林口のぶこさんのうちをこえるとかですね。実際には憲子の親父さんはもうその地域を支配している大地主の保坂さんのところで、りん中頭副の大地主さんですが、憲子は多くの田んぼを持っているということを意識していないのですね。そういう子どもたちに対して「生まれた田んぼをつくる」というふうな感じがあたえられる。というようなところから「田んぼの広がり」の問題学習をすすめるというわけです。

浜田 そして「田をひろげるちえ」というふうな学びを子どもたちにさせていく、つまり初めに学習させたのが「収穫」という学習でね、その子どもに「越後米」それから『村の五年生』に収録された子どもが四年生のとき、昭和二八（一九五三）年ですけれども大凶作があって、それに取りくませた。そういう一連の積み上げを経ながら「耕地整理」の学習にはいっていくというわけとかですね。

問題として子どもたちが取りくめるわけでしょうか。

──274 ページ（「昭和日本教育史」より）

（単元「越後米」の展開の実際 表）

275 村の五年生

310　資　料

お祖父さんの田（上）お父さんの田（下）（「村の五年生」より）

276

田は足ひやしながらつくるもの、生きがいから、だれでもやりやすい。
江口　そのとおりですね。そういえば村の農協事務所に頼もうおもいましたら拒絶されたというお方の、お話の中に「実は三〇年前に耕地整理をやろうとしたことがあったんだ」ということを田口さんから聞かされたわけです。けれどもそれは当時の村長、助役、農会長らがその計画を提起されたというのだがなかなかむらの人たちはしたがうということにならなかった。同題はむらの社会は農業を退く機会にする封建性、むらの古い考え、遅れた考えなきゃならぬか、ということなんです。それでもその古い考え、遅れた考えとういうこどもたちから「自分の家からまずかえるといくんだろう」ということを取りくんでいただいたのです。
浜田　自分の家をそんなから考えかえていくんだろうということをやらせていなかば、きほどの教え子の回想の中に「家の人たちがくやしかったのはんからという話もあったのですが」一方村の人たちからなにか反発はおこらなかったですか。
江口　あのとおりですね。やっぱり実際に聞いてみますと、歩仲だとか、中には極秘ですけど隠し田などというのが田口さんなのです。もちろんのがわかりますが、せめられるおれまして。それから

特に古い考え、遅れた考えに対して、子どもたちはだけどなくしてもらう働きかけているのですけれども、理解のまとこからなら家があります。佐藤君子のところにならなもののをつけさせらうという子どもたちがわかりますね。
浜田　村の五年生の中で、先生からもう一つ前の親たちに話しかけられたというものも書かれてありますが、どんなんですか。
江口　すべての親たちを説いてまわったわけなんです、特に困っている子どもの家は何かかりって親と直接、話し合いをしていくようにはしました。子どもと話したいのですが、毎日学習したノートを持ってして食事の時間、みんなが集まる時間に必ずおこなうのです。
浜田　そのような連絡で子どもたちを取りくんでいたわけですが、その実践を通していた子どもたちにどういう意識をおこさせたのでしょうか。

江口　一つは農業生産というものについてどう向上をみていくけているかということです。みんなに暗ふさがねてくるんだか、という二番目に曲がったから生活がなたもなかったから、というものの、疑問をといていくのです。二つは、社会科たちに教え、理解の学習ではない、ということを考え学習そのものが考えだけにみんなとたちとにもかえていくようにする子どもを変えていくだけで、なおかつ、その考えることを通じて、もちらが自分の家庭と地域というものを見えるものにかえていくのだから、それと共につぎに地で前進をしていくようなもの意実践力のある子どもたちだ。三つは、その考えることを通じて、もちらを自分の家庭と地域というものを現実にそうかえていく力だから、それと共に集地で前進をしていくようなもの意実践力のある子どもたちだ。

『村の五年生』
江口武正著
新評論社
「村の五年生」書影

277　村の五年生

浜田　村の五年生の中の作文である「初めてお母ちゃんが一番先にお風呂に入れよりに……」というように、それはまで広がった現実ではなかったでしょうけれども、ものがあったりしたんですね。

江口　それは島田教美さんという子どもの家ですよ。実際にお母さんがお嫁に来てから初めてお風呂に最初に入れてもらったというので驚きがありましたね。

浜田　この実践の記録を見ると、立派な先生が個人的にもちろん多くの努力をされたけれども、必ずしも周囲から理解されたという面もあるかと思うます。先生方などの場合に、仲間の教師の支え、地域の方たちの理解というものは、いかがでしたか。

江口　学校の中ではらく感まされておりましたね。というのも学校全体が地域社会という学校という形であったからということがあって、しまうには相手年に、ふた学級ですからも用字学で経をされるということも、梅澤という先生が新任でおいでなったときりの先生も同じようにしていたんです。

また、地域とのかかわりでは、いろいろ村の人たちの考え方を伝わってきまして、賛成をしたれる人もあるし、「まちうう学習にはおおに反対だ」という方も現在らしらゃいましたがも、その点ではずいぶん苦しみ、つらい思いをしたりしたものもあります。

浜田　やはりものそのものが教育が地域と結びつくということ、子どもと一体なって学習するというありは、ひとつの先生方がいくとも無理ですね。学校ぐるみ、地域ぐるみという観点を取っていまなければ、効果はあがらないのでしょうね。

現代の教訓

浜田　というふうにこれまでの実践を今日的な教訓として受けとめていかなければと思うのですが、今の月影小学校もその精神は変わりませんか。

江口　変わりませんですね。

浜田　月影小学校は一級くも地域ご冬季分校と一級のくも地域校ですね。そりどかっての耕地整理的な自分の回の教育をなしがら生活をなしがらでよ、何か問題となっていることですか。

江口　過疎と貧困ということでしょうね。それは子どもも若く影としては教育が暗いとか、自主性・主体性がどられるか、あるいはあるたちの過去と将来というふうにとうとて真剣に考えられたのだとなるそのようなものに「地域に根ざした教育実践」というふうに学校ぐるみで取りくべくるのわけです。

浜田　その際、子どもたちに託された薫実というものは「村の五年生」のときもの、広がりがあたれだけでしょうか。

江口　ろうかろい立場でもらうでしょうね。地域に小さにせ生活者として取りくべくけは子どもが、あるいは学校の主人公としてを学校づくりに努力しているよりも、子どもが目を輝かしながら主体的に学習を取りくべくるわけは子どもたちを中心になさながらはそのとおりわけです。

浜田　今も地域に根ざすということがほうっと言われますけれども、「村の五年生

生」の当時は今回の雰囲気自体が何か近代化していくかたちをもうけるというものがあって、仮に親が反対することを説得していくということが比較的可能であった。しかし今日もそのもっと多様化した場合に、親たちの手を借りるというふうからものと考えておられますか。

江口　一つでは、PTAの主体性を確立していくという、それから地域の教育力を回復し高めていくというのが、やせねもの土台にならねばならないと思いますね。もう一つは、子どもと共に伸びる教師というふうに、ものの深い自覚に立った学校づくりをなさりというほうのですか。

——今から二〇年ほど前、もっと地域的な特色のある単元が消え始め、社会科の新教育のそのものに喜ばれていた時に、私はこの書物を読んで強い印象をもった。自分の目にしたとか、足で歩いて納得したものだけは、実践する力にはせざるならないという確信をもたれた時代にあっても、子どもと共に実践をしてやりないとは、この時代の多くのすぐれた実践記録に共通した特色でもあったと思う。

さらに、親と教師と子どもが、お互いに論争をしあいながら、ともに学習していこうではないかというのが、この特色がある。地域と結びつくというのは、それは教材を地域に求めるというものではなくして、ふつうそうではなく、人間愛を伴うものである相違ない。まだあの現代からなの取りひきを切るのだが、今のような社会では、教材でも先の福祉と子どもと親が切りはなされる生活問題は見られないというような考え方も存在するが、もう一言言えば、永遠に接点は見られないのではないだろうか。

何を教えるかを教師の手もとに取るかえるかと考えるよりも、もうした問題へくの挑戦の勇気を教師はもたないとせませうか。

学校・学級の小規模化と教育実践
―― 旧上越市域における幼・小・中の学校基本統計から ――

1 旧上越市域における諸学校の変遷

旧上越市域は，1971（昭和46）年4月における旧高田市と旧直江津市の合併後，2005（平成17）年1月における近隣13町村との広域合併に至るまで，約34年にわたって存続した市域である。雁木通りの町なみや高田公園の桜，上杉謙信公の山城など豊かな自然と文化の息づくこの市域では，高田と直江津の二つの市街を結んで都市化が進展してきた。両市街の中間区域や近郊には新たな宅地が広がり，巨大な商業地も次々と開発され，いま住民の生活環境は大きく変化しつつある。

表1は，その旧上越市域内における，1947（昭和22）年から現在までの幼稚園，小学校，中学校にかかわる基本統計の経年変化をまとめたものである。以下，これをもとに学校・学級の小規模化の経緯と現状を俯瞰し，教育実践においてそのメリットをいかす視点について考察したい。

幼稚園は，戦前から旧高田市に公私立1園ずつ2園があったが，第1次ベビーブームによる教育需要の高まりや，3次にわたる幼稚園教育振興策によって1954（昭和29）年以降，新設11件，廃止1件を数え，現在12園となっている。

幼児数は，1978（昭和53）年と1979（昭和54）年をピークとして少子化のなかで減少し続けている。一方，1995（平成7）年の幼稚園設置基準の改正により，1学級当たりの幼児数が原則40人以下から35人以下とされ，学級数についてはむしろ増加傾向にある。

小学校は，戦後，国民学校の多くが名称を変更して再発足し，新設5件，統合10件，廃止2件を経て現在31校である。分校は1992年（平成4）年における下正善寺分校の飯小統合をもってなくなった。また校舎確保から始まった新制の中学校は，1956（昭和31）年以降，新設2件，統合8件，廃止1件を経て現在10校である。

児童生徒数は，ベビーブームの第1次世代が1958（昭和33）年と1962（昭和37）年に，また第2次世代が1980年代前半と後半に，小・中それぞれのピークをもたらしている。その後，少子化が進展するなかで全体として減少し続けているが，後述するようにその状況には学校間の差がある。学級数については，1958（昭和33）年における義務標準法の制定・改正と翌年からの教職員定数改善計画により，同学年1学級当たりの児童生徒数が1964（昭和39）年に50人から45人へ，1980（昭和55）年に45人から40人へと引き下げられ，さらに2002（平成14）年に県が小学校低学年児童数の標準を32人以下としたことなどによって，全体的な減少傾向は否めないにせよ，比較的維持されている。

表1 旧上越市域における学校数等の推移

年	幼稚園 学校数	学級数	幼児数	本務教員数	小学校 学校数 本校	分校	学級数	児童数	本務教員数	学校数 本校	分校
1947 (昭和22)	2	-	-	-	31	-	-	336	15,174	377	-	-
1948 (昭和23)	2	-	-	9	31	7	-	349	-	414	16	2
1949 (昭和24)	2	8	-	9	32	7	-	354	-	432	16	1
1950 (昭和25)	2	8	-	9	32	-	-	344	-	435	16	-
1951 (昭和26)	2	-	288	-	32	7	-	362	-	454	16	1
1952 (昭和27)	2	-	-	-	32	7	-	359	14,969	465	16	1
1953 (昭和28)	2	-	488	14	32	7	-	365	15,021	471	16	1
1954 (昭和29)	4	-	-	-	33	7	-	375	15,619	471	16	1
1955 (昭和30)	6	-	-	-	*32	7	-	375	16,028	469	18	0
1956 (昭和31)	6	-	-	-	*32	7	-	385	16,577	475	17	0
1957 (昭和32)	6	-	-	-	33	7	-	402	17,108	490	17	0
1958 (昭和33)	7	24	-	41	33	7	-	414	17,804	502	17	0
1959 (昭和34)	7	25	830	42	34	7	-	429	17,946	511	18	0
1960 (昭和35)	7	-	-	45	34	7	-	417	16,721	506	17	0
1961 (昭和36)	7	32	1,013	47	33	7	-	396	15,586	477	17	0
1962 (昭和37)	7	34	1,009	47	33	7	-	378	14,287	462	17	0
1963 (昭和38)	7	34	1,085	46	33	7	-	373	13,370	463	16	0
1964 (昭和39)	10	40	1,200	56	33	7	-	371	12,718	460	16	0
1965 (昭和40)	10	41	1,263	58	33	6	-	369	12,013	461	14	0
1966 (昭和41)	10	41	1,263	59	33	6	-	365	11,607	461	14	0
1967 (昭和42)	10	43	1,340	63	33	6	-	362	11,336	461	14	0
1968 (昭和43)	10	43	1,341	63	33	6	-	362	11,145	463	14	0
1969 (昭和44)	10	45	1,435	62	32	5	-	362	10,997	464	14	0
1970 (昭和45)	10	49	1,558	66	32	4	-	355	10,850	460	14	0
1971 (昭和46)	10	53	1,666	73	30	4	-	348	10,804	450	14	0
1972 (昭和47)	10	55	1,685	76	30	4	-	337	10,802	447	14	0
1973 (昭和48)	10	56	1,887	83	31	4	-	343	10,768	462	14	0
1974 (昭和49)	11	65	2,034	88	31	3	-	354	11,025	478	14	0
1975 (昭和50)	11	65	2,061	87	31	2	-	365	11,310	493	14	0
1976 (昭和51)	11	66	2,116	90	31	1	-	368	11,563	501	14	0
1977 (昭和52)	11	72	2,273	104	31	1	-	378	11,650	515	14	0
1978 (昭和53)	11	73	2,229	101	31	1	-	381	11,906	525	14	0
1979 (昭和54)	11	74	2,279	106	31	1	-	381	12,350	521	13	0
1980 (昭和55)	11	73	2,191	107	31	1	-	387	12,582	535	12	0
1981 (昭和56)	11	75	2,101	109	31	1	-	386	12,049	532	12	0
1982 (昭和57)	12	77	2,108	114	31	1	-	385	12,636	529	12	0
1983 (昭和58)	12	74	2,030	110	31	1	-	388	12,636	552	13	0
1984 (昭和59)	12	73	1,987	111	31	1	-	385	12,679	559	13	0
1985 (昭和60)	12	74	1,927	106	31	1	-	377	12,322	551	13	0
1986 (昭和61)	12	74	1,928	108	31	1	-	375	11,942	557	13	0
1987 (昭和62)	12	74	1,900	111	31	1	-	370	11,603	557	13	0
1988 (昭和63)	12	73	1,872	104	31	1	-	361	11,124	541	13	0
1989 (平成元)	12	73	1,884	106	31	1	-	358	10,756	544	11	0
1990 (平成2)	12	73	1,832	107	31	1	-	354	10,430	542	10	0
1991 (平成3)	12	73	1,822	107	31	1	-	352	10,032	557	10	0
1992 (平成4)	13	77	1,806	113	31	0	-	347	9,790	557	10	0
1993 (平成5)	13	75	1,862	113	31	0	-	337	9,536	552	10	0
1994 (平成6)	12	77	1,878	117	31	0	-	334	9,363	550	10	0
1995 (平成7)	12	77	1,852	119	31	0	-	331	9,195	542	10	0
1996 (平成8)	12	77	1,829	116	31	0	-	323	8,961	544	10	0
1997 (平成9)	12	77	1,770	119	31	0	-	321	8,753	546	10	0
1998 (平成10)	12	78	1,791	121	31	0	-	319	8,525	543	10	0
1999 (平成11)	12	76	1,826	119	31	0	-	316	8,362	533	10	0
2000 (平成12)	12	75	1,756	120	31	0	-	316	8,194	527	10	0
2001 (平成13)	12	78	1,775	123	31	0	-	331	8,098	520	10	0
2002 (平成14)	12	77	1,741	125	31	0	-	333	8,053	534	10	0
2003 (平成15)	12	81	1,764	127	31	0	-	329	8,053	548	10	0
2004 (平成16)	12	82	1,749	130	31	0	-	340	8,066	551	10	0
2005 (平成17)	12	83	1,725	132	31	0	-	334	7,783	561	10	0
2006 (平成18)	12	85	1,704	130	31	0	-	342	8,209	559	10	0

調査範囲
○旧上越市域とは、1971（昭和46）年における旧高田市と直江津市合併後の市域をさす。1953（昭和28）年以前の数値は、旧高田市に旧中頸城郡直江津町と八千浦、和田、金谷、春日、谷浜、桑取、高士、諏訪、保倉、有田、三郷、津有、新道の旧13村における学校数等の合計値である。金谷、新道の高田市合併後の1954（昭和29）年は旧11村との加算、1955（昭和30）年～1959（昭和34）年は高士村との加算により算出している。また2005（平成17）年の合併以降も、旧市域のみの数値である。
○1958（昭和33）年以前は公立のみの数値、1959（昭和34）年以降は国立も含めた数値である。学級数は特殊学級を含み、本務教員数は校長、教諭、養護教諭、助教諭、講師の総数で休職者を含む。
典拠
○1953（昭和28）年以降は学校基本調査の結果による。新潟県教育委員会『教育要覧』（1950（昭和25）年～1959（昭和34）年）のうち1953（昭和28）年以降分、同『教育年報』（1960（昭和35）年～1969（昭和44）年）、同『教育調査資料』（1953（昭和28）年～1986（昭和61）年）、同『学校要覧』（1970（昭和45）年～2006（平成18）年）、上越市『統計要覧』（1971（昭和46）年～2006（平成18）年、1975（昭和50）年は未刊行）を併用した。「-」は算出不可の部分、「*」は学校の設置・統廃合との関係が不明な数である。

中学校			幼稚園・小学校・中学校の新設・統合・改称等
学級数	生徒数	本務教員数	○:幼稚園、□:小学校、■:中学校／新:新設、統:統合、改:改称／1947 (昭和22) の新学制により中学校は全て新設になるが、全16校が独立校舎を確保するまでの1954 (昭和29) 以前については省略した。
–	–	–	
149	–	245	
171	–	254	□直江津第二小 (新)　□金谷第一小・金谷第二小→飯小・黒田小 (改)
–	–	273	□直江津第二小→古城小 (改)
163	–	261	□新潟県高田師範学校附属小→新潟大学附属高田小 (改)　■新潟第二師範学校附属中→新潟大学附属高田中 (改) ／ 1951 (昭和26) 年
158	7,118	263	
160	7,212	263	○さくら幼 (新・9月)　□直江津南小 (新・10月)
169	7,816	269	○マハヤナ幼 (新)
168	7,804	273	○大谷幼 (新)　○真行寺幼 (新)　□上真砂小→諏訪小 (改)　■北諏訪中 (新)　■中ノ俣分校→中ノ俣中
168	7,960	272	□城北小 (新・10月)　□和田中部小・和田南部小・和田北部小→和田小 (統)　■北諏訪中・有田中→第二中 (統) ／ 1957 (昭和32) 年:□上千原小→北諏訪小 (改)
162	7,504	255	
154	6,802	250	○たちばな幼 (新)
163	7,173	273	■大町中・春日中→城北中、春日中は翌年に廃止
182	8,125	290	□大町小 (新)
206	9,393	332	□城北小 (廃)　□大貫小 (廃)
215	9,957	346	
210	9,438	342	○さくら幼→カトリックさくら幼 (改)　○諏訪中→津有中 (統)
203	8,792	332	○いずみ幼 (新)　○聖上智小 (新)　○ひがし幼 (新)
192	8,030	323	□上正善寺分校→春日小 (統)　■金谷中・和田中・三郷中→城西中 (統)
186	7,298	325	
179	7,022	318	
171	6,566	313	
164	6,140	298	□小泉小・上吉野小→保倉小 (統)　□戸野目第二分校→戸野目小 (統)
157	5,770	287	□後谷分校→黒田小 (統)
152	5,568	283	□長浜小・有間川小・高住小→谷浜小 (統)　▼【旧高田市・旧直江津町合併】
150	5,513	281	○カトリックさくら幼→上越カトリック幼 (改称)
150	5,478	283	□高田西小 (新)
147	5,402	280	○明照幼 (新)　□塩荷谷分校→黒田小 (統)
149	5,368	279	□儀明分校→黒田小 (統)
150	5,299	282	□戸野目第一分校→戸野目小 (統)
152	5,385	290	
154	5,398	293	
148	5,479	288	■第二中・保倉中→直江津東中 (統)
150	5,611	285	■城南中・新道中→城東中 (統)
155	5,846	291	□新潟大学附属高田小→上越教育大学附属小 (移管・改)　■新潟大学附属高田中→上越教育大学附属中 (移管・改) ／ 1982 (昭和57) 年:○たちばな春日幼 (新)
157	6,001	297	
156	5,985	309	■春日中 (新)
157	5,987	327	
165	6,248	341	
167	6,463	342	
165	6,490	337	
162	6,421	337	
159	6,219	323	■津有中・富士中→雄志中 (統)　■中ノ俣中 (廃)
159	6,075	324	■谷浜中・桑取中→湖陵中 (統)
160	5,811	336	
154	5,650	335	○上越教育大学附属幼 (新)　□下正善寺分校→飯小 (統)
151	5,439	330	
148	5,295	328	○大谷幼 (廃)
142	5,083	318	
140	5,032	315	
137	4,861	307	
138	4,808	306	
134	4,637	300	
133	4,549	307	
127	4,370	294	
126	4,260	295	
125	4,134	295	
128	4,099	301	
127	4,073	312	▼【旧上越市・旧13町村合併】
130	4,039	314	

なお 1953 (昭和28) 年～1960 (昭和35) 年の幼稚園分については、1959 (昭和34) 年以外は『教育要覧』等から算出できないため、『新潟県教職員名簿』(上越市立高田図書館蔵、1954 (昭和29) 年分は欠落) の記載から、可能な限り算出した。
○ 1952 (昭和27) 年以前について、1947 (昭和22) 年の小学校分は『新潟県教育百年史昭和後期編』(1986, p.1386, pp.1394-1395) の数値の援用で参考値として示し、1948 (昭和23) 年～1952 (昭和27) 年については、新潟県教職員組合『新潟県教職員名簿』(新潟県立図書館蔵) から幼児数・児童数・生徒数以外を可能な限り算出した。
備考
○『新潟県教職員名簿』において、1949 (昭和24) 年と 1950 (昭和25) 年の小中学校の分校分は分校名の記載が、1950 (昭和25) 年の中学校学級数は城南中・諏訪中・三郷中の記載が、1948 (昭和23) 年～1952 (昭和27) 年は 1951 (昭和26) 年を除く幼児数と全ての児童・生徒数の記載が、それぞれないため不明である。また幼稚園分について、1947 (昭和22) 年は学級数の記載が、1951 (昭和26) 年、1952 (昭和27) 年は紅葉幼の記載が、1955 (昭和30) ～1957 (昭和32) 年は旧直江津市内の幼稚園の記載が、そして 1960 (昭和35) 年は紅葉幼の記載が、それぞれないため不明である。1951 (昭和26) 年と 1953 (昭和28) 年の幼児数は、『上越市史通史編6』(2002 (平成14)) p.97 の記述による。なお幼稚園の設置・廃止については、県立新潟女子短期大学保育内容研究室・高原哲雄編『新潟県幼稚園の変遷——新潟統計資料—』(1972 (昭和47) 年、上越市立高田図書館蔵) 等を参照した。

316　資料

表2　戸野目小と大手町小における学級数等の推移

	戸野目小					大手町小				
	学級数	児童数	本務教員数	1学級当たり児童数	本務教員1人当たり児童数	学級数	児童数	本務教員数	1学級当たり児童数	本務教員1人当たり児童数
1956（昭和31）	12	477	16	39.8	29.8	32	1,784	41	55.8	43.5
1957（昭和32）	12	519	16	43.3	32.4	28	1,392	34	49.7	40.9
1958（昭和33）	12	534	17	44.5	31.4	29	1,476	35	50.9	42.2
1959（昭和34）	12	528	16	44.0	33.0	30	1,412	34	47.1	41.5
1960（昭和35）	12	506	17	42.2	29.8	28	1,263	34	45.1	37.1
1961（昭和36）	12	478	17	39.8	28.1	27	1,285	31	47.6	41.5
1962（昭和37）	12	452	18	37.7	25.1	26	1,202	30	46.2	40.1
1963（昭和38）	12	423	16	35.3	26.4	26	1,153	31	44.3	37.2
1964（昭和39）	12	407	16	33.9	25.4	30	1,168	34	38.9	34.4
1965（昭和40）	12	372	16	31.0	23.3	30	1,135	36	37.8	31.5
1970（昭和45）	8	243	11	30.4	22.1	32	1,200	41	37.5	29.3
1975（昭和50）	6	203	8	33.8	25.4	23	799	33	34.7	24.2
1980（昭和55）	6	197	9	32.8	21.9	26	839	34	32.3	24.7
1985（昭和60）	8	237	12	29.6	19.8	18	697	29	38.7	24.0
1990（平成2）	8	224	12	28.0	18.7	18	537	33	29.8	16.3
1995（平成7）	9	238	13	26.4	18.3	16	487	29	30.4	16.8
2000（平成12）	10	248	14	24.8	17.7	13	356	26	27.4	13.7
2005（平成17）	11	229	16	20.8	14.3	14	350	24	25.0	14.6

典拠　表1に同じ

2　学校の小規模化と地域的差異

　事例から教育環境の変化をみてみよう。本書で扱われている「上越教師の会」の江口武正は1947（昭和22）年、現在の戸野目小に赴任している。1948（昭和23）年の名簿によると、当時の同校は池野偉二校長以下15人の教員で構成されていた。江口は23歳、教員の平均年齢は29.9歳であった。同僚にはかつて三崎文四郎の薫陶を受け、後に大手町小の校長として江口とともに学習指導の改善に努めた教頭の小泉孝もいた。江口は同校で教師としての成長の基盤を築き、1958（昭和33）年に大手町小に転任する。江口のおかれていた環境とその後の変化の一端をみるため、学校別のデータが把握可能な1956（昭和31）年以降について、両校の変遷を追ってみる。すると表2のようになる。

　まず注目されるのは、両校の児童数の変化である。戸野目小は旧高田市街の郊外に位置する旧津有村にあり、江口が在任した当時から第1次ベビーブーム世代の通過するころまで500人前後、1学年2学級で推移していた。一方の大手町小は旧高田市街の中心部に位置し、江口の赴任当時、児童数1,400人以上、29学級を擁する大規模校で、1学級当たりの児童数が約50人という「すし詰め」の問題をかかえていた。1956（昭和31）年、市街に城北小が新設され、江口赴任の前年から授業を開始して一旦緩和されたものの状況はさほど変わらず、1960（昭和35）年、直線距離にして300メートルほどの場所に大町小が新設されてから、ようやく改善の兆しをみせている[1]。

　その後、戸野目小の児童数は緩やかに

減少していくが，近隣の宅地化や郊外型店舗の進出もあり，近年は200余人のレベルで推移している。しかしこれとは対照的に，大手町小の方は市街の人口の空洞化と構成変化によって減少の一途をたどり，1999（平成11）年からは300人台に落ち込んでいる。

こうした学校間の差は旧市域全体にみられる。旧市街縁辺部にあって新興住宅地を学区に含む春日小や春日新田小は毎年800人台の児童数を維持しているのに対し，大手町小をはじめとした旧市街校の児童数は軒並み減り続けている。江口はかつて大手町小と学区を接する南本町小で校長を勤めたが，彼の教職最後の年度である1986（昭和61）年に児童数891人，本務教員数33人を数えていたのが，20年後の2006（平成18）年には，それぞれ422人，24人にまで減少している。

都市における学校の小規模化と都市内部における地域的差異の発生は，全国共通の傾向である[2]。ただし少子化は一般的な趨勢であって，旧市域全体としてみると，諸学校の子ども数は確実に減少傾向にある。

3　学級の小規模化と指導条件の改善

次に注目されるのは，学級の小規模化である。再び表2をみると，両校ともに1学級当たりの児童数については減少していることがわかる。これも全国共通の傾向である。2006（平成18）年の段階で，全国の1学級当たりの子ども数は幼23.5，小25.9，中30.1人，本務教員1人当たりのそれは幼15.6，小17.2，中14.5人になった[3]。旧上越市域でも1学級当たり幼20.0，小24.0，中31.1人，本務教員1人当たり幼13.1，小14.7，中12.7人である。

指導において「適正規模」とされる規模はどの程度のものか，確かめておこう。幼稚園の学級では，3歳児は11人〜15人，4歳児は20人前後，5歳児は26人〜30人が「適正」とされるが，保育指導の場面に限れば3歳児は6人〜10人，5歳児は未経験か経験の少ない教員にとっては16人〜20人が望ましいというように，場面や経験の有無等によってある程度，見解に幅が生まれるようである。ただしいずれにしても，3歳児で21人以上，4歳児で31人以上，5歳児で36人以上が好ましいと考える教員はわずかである[4]。

小中学校の学級では，日常授業をしている学級について，教員の過半数が12人位までは小さすぎ，31人を超えると大きすぎると感じるという。児童生徒の学習状況や学習指導との関係については，対象学年や指導内容等によって幅があると考えられるが，一般に31〜35人規模が最も困難で，小規模なほど順調である。また学校生活状況や生徒指導との関係については，前者がやはり31〜35人規模が最も困難で，小規模なほど順調であるのに対し，後者については底がなく大規模になるほど困難になると報告されている[5]。

1961（昭和36）年から大手町小で始まった「学習指導の現代化」は，「適正規模」

とは言いがたい教室にいた，子どもたち一人ひとりの学習保障のための取組みであった。一斉指導を確実に行うために，江口らはまず個別学習と集団学習の相補という学習形態の改善を通して，次に教材の精選と構造化という教育（教科）内容の再編成をもって応えようとしたのである。

それがもはや昔日のこととなった。旧上越市域も含めて諸学校の学級は着実に「適正規模」になってきている。少なくとも統計上は，「すし詰め」状況のころの一斉指導やその補完的な工夫だけではない，さまざまな形態・方法による指導を可能にする条件が整いつつあるといえる[6]。

少人数指導についてみると，第7次教職員定数改善計画（2001-2005（平成13-17）年度）により，小中学校においてはこれまでのTTに加え，学級編制とは異なる学習集団での指導が推進されている。現在，小学校では算数と国語，中学校では数学と英語など，基礎学力の個人差が比較的顕著にあらわれる特定の教科を中心に実施され，全国の実施率は65.7％（小学校59.9％，中学校78.6％）である[7]。旧上越市域の諸学校においても，従来から行われてきた日常的な個別指導も含め，少人数指導はかなりやりやすくなり，普及しているものと考えられる。

4 家庭の変化・子どもの問題状況と学校・学級の小規模化

しかし，少人数学級や少人数指導を単に学力向上の課題に結びつけ，教科指導の特殊な形態・方法としてだけみるのは偏狭だろう。今日においてはそれだけでなく，さまざまな社会変化を背景に進行する家庭の変化や子どもの問題状況への対応という視点からも，その意味をたしかめておく必要がある。

ここ数十年の間に，家庭の養育環境は様変わりしている。1968（昭和43）年9月に旧高田市で実施された家庭教育調査の結果をみると，「子どもは，親がそう手をかけなくてもひとりでに育っていくものである」と考える保護者はわずか（父8.0％，母3.1％）で，「子どもは，小さいときに，親がしっかりしつけておく必要がある」とした割合が高い（父73.2％，母85.5％）[8]。学校はそうした家庭から子どもを預かって指導していた。当時の幼稚園の日案からは，あいさつ，持ち物の始末，うがいに始まりアサガオの世話と観察の後，保育室で遊ぶといった一連の活動の流れのなかに，ほかの組の先生や友だちにおはようのあいさつをしたり，みんなで協力してきちんと後始末をしたりなどの指導を少しずつ組み込みながら，一日の生活を構成していたことがみてとれる[9]。とりたてて生活習慣や人間関係の指導といわなくても，保護者の思いに支えられながら，日常の実践のなかにその意味をおのずと含み得たことがうかがわれる。

しかしそのような状況は，地域コミュニティーの崩壊，家族形態やライフスタイルの変化など生活環境が移り変わるなかで，次第に失われてきた。家庭や地域で暗黙に共有されていたモラルや協同が

脆弱なものになりつつあるいま，多様化する個々の家庭との接点を保つために，学校・学級の生活集団が小規模なのはメリットである。

また，子どもの問題状況の内容も変化している。2006（平成8）年8月に実施された上越市内小中学校の教職員80名によるワークショップのまとめのなかで，教員の問題意識として最も多くあげられたのは「子どもの様相に関する問題」であった。個性を発揮し自己主張できる子どもが増える一方，「基本的生活習慣ができていない」「人間関係をうまく築けない」「コミュニケーションがうまくとれない」子どもも増えている[10]。この背景には，家庭における問題のほか，地域における協同の場の喪失，近所の仲間やきょうだい数の減少，安全な遊び場所の消滅，メディアの多様化と普及など，かつては子どもたちのあいだで自然に生じていた直接的なぶつかり合いや，タテとヨコのつながりを通して，他者とのつきあい方について学ぶ機会を，幾重にも奪いとる社会状況がある。

「適正規模」とは教師の側からのもので，子どものそれは異なる。核家族が一般化し，「すし詰め」状況のころと比べると同年齢人口も半減して，子どもたちのインフォーマルな人間関係自体がミニサイズになっている。学校・学級の生活集団が小規模なのは，教師や友人とのコミュニケーションの密度を保ちながら，彼らの自発性や社会性をはぐくむうえで，さしあたりは好条件である。

5　教育実践の基盤形成のために

子ども数の減少を否定的にばかりではなく，このようにまずそれがもたらした指導条件の変化を肯定的に受け止めたい。そして，いま失われつつある教育実践の基盤を再生するために，その条件を生かす視点をもちたいと考える。子どもを個としてみること，一人ひとりを学校においてだけでなく，彼ら自身の生活の文脈のなかでありのままに理解すること，日常の子育ての延長上に，保護者や地域住民と実践の共同化の可能性を探ること。具体化には時間や労力を要するはずであるが，これらは今日の子どもの問題状況に向き合い，諸学校におけるこれからの実践全体に実質を与えていくために必要な視点である。

江口も同様の視点から，家庭や地域との実践の共同化に努めていた。江口は大手町小を去った1966（昭和41）年から退職後の2001（平成13）年まで，少なくとも516回の講演を行ったが，特に大潟中の校長として深刻な非行や校内暴力に対峙した1981（昭和56）年以降は，幼稚園，小学校における家庭教育学級や，各自治体，諸学校のPTA，保育所，青年会等の主催する講座・講演会において，幼少期における子どもの心の理解の必要性や家庭教育の重要性についてくり返し語り，諸学校の実践と共同を側面から支えようとしていた。こうした江口の真意と努力は，受け継がれなくてはならない。

（杉浦英樹）

注

(1) 大町小は大町中の校舎に新設された。一方、大町中は春日中と統合し城北中が新設され、城北小を廃止してその校舎をあてた。
(2) 酒川茂「わが国の大都市における公立小学校の小規模化と自治体の対応」、森川洋編『都市と地域構造』大明堂，1998年，93-131頁。
(3) 秋山和夫・森安萬亀子・藤井桂子・森元真紀子・平岡温子「幼稚園における学級の適正規模についての考察」『岡山大学教育学部研究集録』第35号，1973年，23-32頁。幼稚園教員473名が対象。近年の調査は見当たらない。
(4) 同上。
(5) 須田康之・西本裕輝・藤井宣影・山崎博敏・高旗浩志・水野考「小中学校における学級規模の教育的効果―全国校長・教員調査報告―」『日本教育社会学会大会発表要旨集録』No.57 by NACSIS-Electronic Library Service., 2005年，83-88頁。小学校教員4,197名、中学校教員2,031名が対象。なお、他に小学校教員5,956名、中学校教員9,200名を対象とした国研による調査報告がある(『国立教育政策研究所紀要第131集〈学級規模に関する調査研究〉』2001年)。
(6) これまで学級編制の基準の弾力化や総額裁量制の導入によって、各都道府県が地域や学校の実情に合わせて少人数学級の編制や教職員定数を決定できるようになっている。近年は、さらに都道府県教育委員会との連携協力に基づいて学級編制に係る学校や市町村教育委員会の権限と責任の強化や、各地域・学校における教育上の諸課題に応じた教職員定数の改善を図る方向性が示されている(教職員配置等の在り方に関する調査研究協力者会議「今後の学級編制および教職員配置について(最終報告)」2005.10.3)。
(7) 文部科学省調査(2005.4、同上報告書)。
(8) 高田市立教育センター『高田市における家庭の教育機能の実態』1968年。旧高田市における小学生の保護者556名(父273名、母283名)が対象。
(9) 白川順子氏(元高田市立高田幼稚園教頭)の日案(1968.9.6、年長・松組)。
(10) 「上越市総合教育プラン」「第1章4「教育の現状と課題」」。「教師の問題意識の所在」の記述において、37%の教職員が「子どもの様相に関する問題」をあげている。

資料収集の際に川上達也氏(上越市立公文書館)、丸山麻希子氏(上越市立高田図書館)、白川順子氏のご協力を頂いた。記して感謝申し上げる。

上越教師の会に関する略年表（1947〜1999年）

西暦(年)	活動等事項
	上越教師の会成立前史
1947	会の創立・初代会長となる江口武正が新潟第二師範を卒業後，新潟県中頸城郡津有村戸野目国民学校に訓導として着任。戦後の新教育に取り組む。県内初めての学級PTAを結成し，11月の県教育指定校の発表会で「新教育の諸問題と我が校の実践報告」を発表。
1949	江口が全国社会科実践記録に応募入選（4年生単元「収穫」）。
1950	江口が雑誌『四年生のカリキュラム』に「中江用水めぐり」を執筆。
1951	江口が雑誌『カリキュラム』実践記録「日常生活の一分野として」「子どものなやみと指導」，論文「行事を学習にどう生かすか」を執筆。第1回全国教育研究会（日光市）に県代表として江口が出席し「学習計画の批判とその再構成を如何にするか」を発表し，分科会の司会をつとめる。
1952	江口が「地域性に立つ戸野目の教育」（通称戸野目プラン）の完成に中心的な役割を果たす。
	江口会長時代
1954	江口が梅澤勤・山賀昭治らと「若い教師の会」（1957年に上越教師の会と改称）を結成する。江口と梅澤が「こうちせいり」の実践に取り組む。
1955	全国青年教師連絡協議会の夏期合宿研究会を妙高温泉に誘致開催する。
1956	江口が農村社会科の実践『村の五年生』（新評論社）を出版し，全国的に大きな反響を呼び起こす。
1957	江口が雑誌『カリキュラム』に随想「梅澤君のかべのない学級づくり」を執筆。
1958	江口が雑誌『カリキュラム』に実践記録「新潟県上越教師の会の歩みと問題点」を執筆。山賀昭治・梅澤勤が雑誌『教育科学』に「作文特集・子どもたちはこう考える農村の子どもたち」を共同執筆。
1959	江口が学級づくりの実践をまとめ『村に生きる学級経営』（明治図書）を出版。
1960	江口が雑誌『生活教育』に随想「サークルの悩みと問題点」を執筆。
1961	雑誌『生活教育』に共同討議「子どもを生かす学級通信」を執筆（山賀・梅澤・江口）。
1962	雑誌『生活教育』に「生産労働の科学的認識の順次性とその実践」を執筆。（共同研究　新潟大学中村辛一，宮川貞昌両教授および江口・山賀・梅澤）。江口編集委員長として『子どものための高田市史』編集執筆。雑誌『生活教育』に共同研究「文学にあらわれた現代オランダの子ども像」を発表・執筆（江口・山賀・梅澤）。
1965	上越教師の会編著『生産労働を軸とした社会科の授業過程』（明治図書）を刊行。
1966	雑誌『生活教育』に「子供の生活台に切り結ぶ社会科」を山賀・杉山文雄と共同研究し，江口が執筆。
1967	雑誌『生活教育』（別冊―地域の現実と社会科の授業）に秋山康郎・山賀・江口が共同研究・執筆。
1969	広岡亮蔵（名古屋大学）・恩田彰（東洋大学）の指導を受け，「創造性を育てる学習指導」の小冊子をまとめる（〜1971年）。

年	
1971	雑誌『社会科教育』に「香社研提案への意見～たてまえ論・方法論にすぎないか」（討論 梅澤・山賀・江口）を掲載。
	上越教師の会編著『生産労働を軸とした社会科教育の現代化』（明治図書）を発行。
	雑誌『社会科教育』に「問題の構造が把握できない場合の指導対策」を清水萬蔵・荒川晃・江口が共同研究・執筆。
1973	サークル創設20周年記念祝賀会（旧高田館）を開催。
1975	NHK教育テレビで『村の五年生』～戦後教育の遺産～を浜田陽太郎（立教大学）と江口が対談（放映時間25分）。
	雑誌『社会科教育』に「上越教師の会で考えられた社会科内容構成」を江口・山賀が共同執筆。
1978	『村の五年生』が「戦後教育」の七つの教育の記録の一つとして、『近代日本教育の記録』上中下（日本放送出版協会）のもとに収録される。
1980	サークル結成20周年を記念して『子らと地域を見つめて―サークル20年の歩み―』（山田商会）を出版。
1982	上越教師の会編著『地域に根ざす教育と社会科』（あゆみ出版）を出版。
1983	サークル創設30周年記念合宿研究集会（晴山荘）、研究主題「社会科学習活性化の視点を求める」。
1987	江口が定年退職を迎え、会長を辞し、山賀が会長となる。
	雑誌『総合教育技術』特集「戦後教育を支えた100冊の本」のなかに『村の五年生』が収録・紹介される。

江口会長退任以降の上越教師の会

年	
1988	総会で江口が記念講演「教職40年 私の歩いてきた道」を行う。
1989	資料集『地域開発誌五一頸北一』に小田信夫・山賀・江口・後藤清代・富田悌治らが共同執筆。
1990	江口が『上越教師の会回想―サークル35年の歩み―』を執筆・出版。
	朝倉隆太郎編著『地域に学ぶ社会科教育』（東洋館出版）の実践編に江口はじめ会員が執筆。
1991	江口が「上越教師の会」を『現代社会科実践講座』全21巻の第1巻に執筆。
1992	『村の五年生』が国土社から再出版される。
1993	上越教師の会編著『生産労働を軸にした社会科教育の現代化』のなかの「Ⅰ生産労働を追求する社会科教育 Ⅱ社会科教育現代化への構想」を復刻。
1994	5月1日「上越教師の会」結成40周年記念式典が行われる。
	中野光（中央大学）が記念講演および江口の著書『教師と父母へのメッセージ』の出版記念会も同時に行われる。
1996	直江津捕虜収容所の平和友好記念像を建てる会編『太平洋にかける橋―捕虜収容所の悲劇を越えて―』に、江口が編集委員長として、ほかに編集委員として協力する。
1997	県教組の依頼で、[小・中学生用平和教育資料]『平和をまもる―直江津捕虜収容所の悲劇を越えて』の作成に協力する。
1999	「平成11年度上越教師の会 会員名簿」には73名の教職員とそのOBが会員として名前を連ね、常任講師として6名の名がある。

参考・引用等 江口武正『私の年譜』（1998.10）、江口武正『私の年譜』（1994.7）、江口氏の自筆ノート（江口氏所蔵ノート）、「若い教師の会」会議記録（江口氏所蔵ノート）

索　引

[人　名]

あ

相川日出雄　14, 24
石橋勝治　11
石山脩平　52
和泉久雄　52
今井誉次郎　11
上田薫　64
上田庄三郎　290
上原専禄　132, 168
牛島義友　49
梅根悟　52, 86, 173
海老原治善　86
大関松五郎　83, 303
岡津守彦　173
岡野啓　96
小川太郎　173
オコン　107

か

海後勝雄　58
勝田守一　18, 24, 63, 173
川合章　173, 195, 233, 234
国分一太郎　173
小西健二郎　299

さ

斉藤孝　95
佐藤藤三郎　297
寒川道夫　2
重松鷹泰　52
柴田義松　141, 301
渋谷忠男　20

た

高木浩朗　96
田中裕一　132
棚橋源太郎　29, 30, 35
デューイ．J　142, 296
東井義雄　82, 107

な

永田時雄　61, 66, 74
中野光　130, 140
中村辛一　173, 233, 234

は

春田正治　173
日台利夫　86
平野婦美子　291
広岡亮蔵　99, 285
フェファナン女史　48
ブルーナー．J．S　101, 142, 148
古川清行　95

ま

松丸志摩三　173, 289
三崎文四郎　39-42
水越敏行　149, 150
宮川貞昌　173, 233, 234
無着成恭　82, 247, 294, 297, 299

や

山下国幸　24, 95

[事　項]

あ

明石プラン　50, 51
「朝市ごっこ」　144
安保闘争　80
生きる力　154, 260
いじめ　258
イメージ形成　108
うたごえ運動　12
江口資料　2, 243, 250
「越後米」　13, 62, 83
大石田プラン　51
大手町小学校　99, 148
奥丹後社会科教育研究会　20

か

概念くだき　190
香川県社会科教育研究会（香社研）
　　16, 81, 86, 96
学習系列（シーケンス）　57
学習指導要領社会科編（Ⅰ）（試案）　63
学習評価　241-253
香社研サークル　16
香社研プラン　16
学級経営　253
学級づくり　259
学校経営実践　224-239
学校・学級の小規模化　313-319
家庭教育　282
カリキュラム評価　150
川口プラン　50, 51, 72
雁木　166
キッズプロジェクト INC　133
逆コース　57
教育科学研究会（教科研）　14, 23, 79
教育課程研究　271, 275
教育課程の自主編成　80
教育研究全国集会（教研集会）　80
教育実践　125, 135, 216, 223, 290
教育実践史　256, 267, 288
教育専門職　256-268
教育内容
　――の現代化　101
　――の自主編成　156
『教育の過程』　101
教育の現代化　99, 100, 119, 120
教育方法の現代化　102
教員免許更新制　121
教科中心主義　204
教科の論理　150
鏡子ちゃん事件　230, 259
教材の論理　106, 107, 118, 159, 274
『教授過程』　107
教職研修　215
教職大学院　121, 137
協働性　221
郷土科　28, 31, 32, 36, 42, 43
郷土教育　28, 35-37, 39, 42, 50, 122, 132
郷土教育全国協議会（郷土教育全協）　23
郷土教育全国連絡協議会　20, 79
郷土教育の三つの流れ　35-44
郷土調査　39
勤務評定　79
具体的事実　112
具体的要素　105, 120
久留米プラン　50
経験主義　15, 50, 64
系統学習　14, 15, 24
コア・カリキュラム
　　47, 51, 52, 56, 72, 243-245, 302
コア・カリキュラム連盟（コア連）
　　10, 79, 81, 122, 173, 241
工学的アプローチ　220
「こうちせいり」
　　12, 13, 61-63, 65-74, 83, 174, 248
「校長教壇に立つ」　227
高度経済成長　162
公民教育　37
公民的資質　21, 22, 65, 66
高齢化社会　165
五段階教授法　34
コミュニティ・スクール　130

さ

作文教育　204
桜田プラン　50, 51

参加のある学校づくり　130
三層四領域論　58, 59
自治自営の教育　40, 42
実践記録　125, 126, 205, 267
社会改造科　65, 73, 75, 181, 185, 243
社会科解体　79
社会科の授業をつくる会（授業をつくる会）
　　23
社会機能法　56
社会科の初志をつらぬく会（初志の会）
　　23, 79
「収穫」　13, 52, 62, 83
上越プラン　16, 17, 84, 89, 151
初期社会科　63, 65, 71, 72, 75, 77, 79, 247
『女教師の記録』　291
「食糧…その日」　152, 154
生活科　153, 301
生活活動　148-151, 154
『生活教育』
　　16, 17, 85, 86, 88, 89, 94, 95, 193
生活台　124, 127, 129, 204
生活綴方　11, 14, 82, 122, 243, 247
生活の論理
　　106, 107, 118, 150, 159-162, 182, 198, 274
生産労働　16, 104, 158
　　——の科学的認識　195
　　——の科学的認識の順次性　85
生産労働プラン　81, 85
静的な教材構造から動的な学習過程へ
　　106
「関川ものがたり」　146, 154, 212
全国青年教師連絡協議会（全青教）
　　12, 23, 53, 173
「戦時下の生活」　177
総合学習　140, 210, 300, 301
総合活動　144, 154, 302
総合教科活動　146, 154
総合単元　143, 154
　　——活動　146
総合的な学習の時間　153, 213, 301
創造的知性　104, 125, 131, 229

た

体験活動　152, 223
高田師範学校附属小学校　29-32, 34, 39
『高田讀本』　38
確かな学力　260
魂の技師　267
ダルトン案　42
単元習作
　　126, 130, 131, 137, 179, 185, 190, 191, 194,
　　195, 197, 198, 201-203, 300, 302
　　——の方法　198
地域教育計画　51
地域教育実践　122, 135
『地域性に立つ戸野目の教育—教育課程篇』
　　54
地域と教育の会　20, 23
地域に根ざす（した）教育
　　44, 121-138, 257
地域の教育力　3, 123, 127, 256, 257
中心観念　105, 120, 196, 199
直観教授　29-31, 36
直観主義　40
『津有村誌』　44
月影小学校　122-131, 227-237
土に生き、土を生かす教育　50
つづり方　204
低学年社会科廃止論　95
典型的事実　19, 109, 111, 112, 116, 117
東京（社会科）サークル　16, 81, 89
東京プラン　16
同僚性　221
同和地区　167
戸野目小学校　12, 48
戸野目尋常高等小学校　39, 43
戸野目プラン　3, 47, 54, 59

な

内発的な教育実践　135
「中江用水」　71, 174, 179, 191, 192, 247
「仲間意識」　175, 179
7年制社会科　10
奈良プラン　50
新潟プラン　72
「西陣織」　66, 74
西多摩プラン　50
日常生活課程　272
日本作文の会　14
日本社会の基本問題　13, 15, 62, 192

日本生活教育連盟（日生連）
　　10, 14-16, 18, 20, 23, 79, 192
日本民間教育研究団体連絡会（民教連）
　　15, 23
日本民主主義教育協会（民教協）　　11, 53
人間の歴史　　18
練り上げ　　204
農村コミュニティ・スクール　　47, 49
農村社会科　　62, 76, 81
農地改革　　61
ノーカバンデー　　123, 128, 227, 234-236

は

発見学習　　203
反省的思考　　59, 62
被差別部落　　166
福沢プラン　　50
プログラム学習　　273
へき地教育研究会　　232
ヘルバルト派　　35
北条プラン　　50
方法原理　　32, 35, 39, 44
本郷プラン　　50, 51

ま

妙高集会　　12
民間社会科　　10, 19
民主主義教育研究会（民教）　　11
『村の五年生』　　11, 61-77
『村を育てる学力』　　82
目的原理　　32, 35, 38, 44
問題解決学習
　　14, 15, 24, 64, 66, 67, 71, 72, 181

や

『山びこ学校』　　82, 294
ゆとりの時間　　128, 236

ら

羅生門的アプローチ　　219
力行主義　　36, 140
歴史教育者協議会（歴教協）　　14, 23, 79

わ

若い教師の会　　3, 11, 53, 258

あとがき

　本論集が上越教師の会創立50周年の年に刊行されることは，望外の喜びである。

　私自身，1986（昭和61）年から18年間，上越教育大学にあって，上越教師の会に参加させていただき，会の創設者である江口武正氏，梅澤勤氏，山賀昭治氏をはじめ，会員の方々と例会等では直接学び合い，懇親会ではご一緒に酒を酌み交わしてきたからである。編集後記に当たるあとがきだが，18年間をふりかえって，平成時代に入った上越教師の会の活動など記しておきたい。

　会長であった江口氏とはじめてお会いしたのは，40年に及ぶ教員生活最後の南本町小学校校長時代である。定年退職後も江口氏には，非常勤講師として上越教育大学で講義をお願いした（平成8年度まで続く）。当時，上越教師の会は，その事務局を南本町小学校におき，会の活動としては，月例研究会，夏の合宿研究会，年末の講演会・忘年会，春の総会・記念講演・懇親会などが行われていた。「せんせ」という機関紙が発行されていた。その内容は，月例会の報告内容や次回の予告・会員消息などである。1987（昭和62）年，江口氏が会長を辞され，山賀氏が会長を継がれた。そのあと，私の記憶では，太田一成氏，寺田喜男氏，古澤正氏へと引き継がれる。1990年代，上越教師の会に集う方々は，地域の教育にかかわる現代的諸課題に取り組まれた。1992（平成4）年度の総会では，1980年代後半の「実感に支えられた授業」という研究主題に変わって，「自分らしさのある学び方」＝「地域に根ざした教育と自分らしさのある学び方を促す社会科教育」という研究主題が掲げられ，確認されている。退職後の江口氏をキーパーソンとして，会員は多方面で活動している。上越教育大学との連携では，『地域に学ぶ社会科教育』（東洋館出版）への執筆に多くの会員が関わっている。さらに，『村の五年生』（国土社）が復刊されると，「若い教師の会」創立から数えて40年の1994（平成6）年には，40周年記念会が開かれる。中野光氏が記念講演を行い，江口氏の『教師と父母へのメッセージ』（ゆい書房）出版を記念する会となった。

1995（平成7）年の戦後50周年から1997（平成9）年の日本国憲法施行50周年にかけて，取り組まれた活動を列挙しておこう。1995年，江口氏はリージョンプラザ上越を会場として「戦争の悲惨さと平和の大切さ」という授業を市内の小学5,6年生約300人を集めて行っている。また，この年，直江津捕虜収容所あとに，平和友好記念像と二基の銘版記念碑の除幕式が行われ，江口・山賀両氏はじめ多くの会員がこの活動を支えた。その後ここは平和記念公園となり，資料展示館も建設された。翌年『太平洋にかける橋―捕虜収容所の悲劇を越えて―』が，さらに，小・中学生用平和教育資料として『平和をまもる―直江津捕虜収容所の悲劇を越えて』（新潟県教職員組合）が1997年に刊行されるが，いずれも江口・山賀両氏が中心となって作成される。特に山賀氏はその後上越日豪協会の仕事を引き継がれ，平和教育実践を広げておられる。また，生活科・総合的学習など新しい教育課程の実践的研究は上越から発信してきたが，小林毅夫氏・長野克水氏をはじめ会員の方々がそれぞれの現場での活躍によるところ大である。会員たちはそれぞれがサークルで学んだ実践思想から生き生きと活動した時期である。

　手元に1999（平成11）年度の会員名簿が残っている。これを見ると，当時，会員は73名，江口・梅澤・山賀3氏は退職されており，在家と記されている。退職校長・校長・教頭・指導主事など管理職・行政職で活躍している人が3分の1を超えている。上越地域に限らず，新潟県全体の教育を担っている人々が集まったといっても過言ではない。自らの実践を確かなものにしてくれる毎月の研究会は，いつも熱気に満ちていた。院生を誘って参加させてもらった。しかし，会員の高齢化によって，上越教師の会も方向転換を迫られた。全国の民間教育研究サークルがかかえる問題とも共通している。

　21世紀に入って，上越教師の会は活動の方向性を模索している。2001（平成13）年度の春の総会は，会の活動をふり返り次の段階を模索しようとする会合となったことを記憶している。そして，江口氏が1995年末の会で講演した「みんなですぐれた学級づくりを」に立ち返って，取り組みを立て直そうとしている。2004（平成16）年5月，上越教育大学退職後に，送別会を開いてくださり，「これからの教育課題と教師のあり方―サークル活動の活性化をめざして」と題して話をさせていただいた。結論としては，学級・学校づくりを実践的に検

討しあうサークルをどう組織するかであった。

　この論集が地域教育実践研究サークルの発展にとって，その一助となることを願ってやまない。

　本書の執筆は，上越教師の会に直接・間接にかかわりのあった研究者・実践家の方にお願いした。年末から学年末という忙しい時期に，身を削るようにして筆を執ってくださった執筆者の皆様のご尽力なくして本書は出現しなかった。さらに，上越教師の会の講師として研究を指導されてきた研究者である中野光氏には，研究プロジェクトの記念講演（2005.3）を編集し，掲載することをご了解いただいた。また，中野氏のアドバイスで，江口氏と浜田陽太郎氏の対談（『村の五年生』浜田陽太郎・石川松太郎・寺崎昌男編著『近代日本教育の記録』下，1978年，269-280頁）を資料として集録させていただいた。

　最後になるが，序文を川合章氏にお願いした。川合氏は，上越教師の会が発足10周年を記念してそれまでの研究成果を『生産労働を軸とした社会科の授業過程』として世に問うたとき，研究者として指導助言した編者である。ご無理申し上げ，本論集のゲラを短期間でご覧戴き執筆戴いたこと，心から感謝申し上げる。

　末筆ながら，学術書の刊行が困難な出版状況のなか，本書の意義をご理解いただき，本書を世に出してくださった学文社の三原多津夫氏，並びに細かい編集の労を執ってくださった二村和樹氏に感謝申し上げる。

2007年5月

二谷　貞夫

■ 編者紹介

二谷　貞夫（にたに　さだお）1938年　東京都生まれ
　　上越教育大学名誉教授（専門分野）世界史教育・社会科教育・教師教育
　　東京教育大学卒，東京教育大学大学院東洋史学博士課程中退
　　(主要著書)『世界史教育の研究』弘生書林 1988（単著），『あたらしい歴史教育⑤』
　　大月書林 1994（共著），『21世紀の歴史認識と国際理解』明石書店 2004（編著），
　　『中高校生のための中国の歴史』平凡社 2005（共著），『中等社会科の理論と実践』
　　学文社 2007（共編著）他

和井田　清司（わいだ　せいじ）1952年　埼玉県生まれ
　　国士舘大学教授（専門分野）教育実践研究，教師教育，社会科教育
　　東京教育大学（経済学）卒，筑波大学大学院（学校教育学）修了
　　(主要著書)『授業が変わるディベート術！』国土社 1998（共編著），『高校初期
　　社会科の研究』学文社 1998（共著），『教師を生きる』学文社 2004（単著），『内
　　発的学校改革』学文社 2005（編著），『中等社会科の理論と実践』学文社 2007（共
　　編著）他

釜田　聡（かまだ　さとし）1958年　新潟県生まれ
　　上越教育大学学校教育総合研究センター准教授（専門分野）国際理解教育，
　　社会科教育，教師教育
　　明治大学政治経済学部卒，上越教育大学大学院学校教育研究科修了
　　(主要著書)『CD-ROM版中学校社会科教育実践講座』ニチブン・日本文教出版
　　2002（共著），『中学社会課題解決力を育てる授業の設計公民』日本文教出版
　　2004（共著），『21世紀の歴史認識と国際理解』明石書店 2004（共著），『教員養
　　成は今変わる』教育出版 2007（共著）他

「上越教師の会」の研究

2007年6月1日　第1版第1刷発行

　　　　　　　　　　編者　　二谷　貞夫
　　　　　　　　　　　　　　和井田　清司
　　　　　　　　　　　　　　釜田　聡

発行者　田　中　千津子　　〒153-0064　東京都目黒区下目黒 3-6-1
　　　　　　　　　　　　　電話　03（3715）1501 代
発行所　株式会社　学文社　　FAX　03（3715）2012
　　　　　　　　　　　　　http://www.gakubunsha.com

Ⓒ S. Nitani/S.Waida/S. Kamada 2007　　　　印刷　新灯印刷
乱丁・落丁の場合は本社でお取替えします。
定価は売上カード，カバーに表示。

ISBN 978-4-7620-1700-1

二谷貞夫・和井田清司編 **中等社会科の理論と実践** A5判 184頁 定価1995円	中学「社会科」，高校「地理歴史科」「公民科」における地理・歴史・公民各分野の実践とその"解説"とともに，実践の基盤となる"理論・ねらい・指導上のポイント・効果"などを解説。 1648-6 C3037
黒澤英典・和井田清司・若菜俊文・宇田川宏著 **高校初期社会科の研究** －「一般社会」『時事問題』の実践を中心として－ A5判 219頁 定価2520円	直面する社会的諸問題の探究であった一般社会・時事問題の解体までに社会系の弱点が集約された。当時の実践者履習者の声を収集，内実調査した意欲的な成果であり，今後の社会系教科に示唆する試考。 0811-7 C3037
臼井嘉一・柴田義松編著 **社会・地歴・公民科教育法** A5判 227頁 定価2415円	歴史認識の方法や歴史的資料の活用，歴史を書き綴る学習により活気ある授業展開を見通せないか。本書は，新学習指導要領にもとづき，中学・高校の各教科・分野ごとに授業実践をふまえた解説を試みる。 0876-1 C3037
和井田清司著 **教師を生きる** ――授業を変える・学校が変わる―― 四六判 264頁 定価2100円	教育改革の激震が学校を襲っている現在，現場の教師たちの勇気や智慧を学び，授業を変え，学校を変える取り組みを足元から起こすべく，今あらためて'教師'を見つめなおす試み。 1332-3 C3037
和井田清司編 **内発的学校改革** ―教師たちの挑戦― 四六判 256頁 定価2100円	急速な教育改革の動きの中で，様々な変容を迫られている学校や教師。各地の公立学校において，創造的な実践を構築してきた10人の教師たちの挑戦を紹介，現場から内発的な教育改革を考えていく。 1401-X C3037
小島弘道・北神正行・水本徳明・ 平井貴美代・安藤知子著 **教師の条件**〔第二版〕 ――授業と学校をつくる力―― A5判 256頁 定価2520円	教師とはいかにあるべきか，教職とはどのような職業なのか。教職の歴史，制度，現状，職務，専門性，力量から考察。指導力不足教員問題やコミュニティスクールの法制化等変化する教育制度を見据えた。 1594-6 C3037
丸橋唯郎・佐藤隆之編著 **学生と語る教育学** A5判 192頁 定価1890円	学ぶものの視点にできるだけ寄り添い，教育に関する学びのサポートをめざして編まれた教育学入門書。基礎編では基礎知識や理論にふれ問いにとりくみ，応用編ではコミュニケーションを中心に考察する。 1173-8 C3037
日本生活教育連盟編 **日本の生活教育50年** ――子どもたちと向き合いつづけて―― A5判 376頁 定価3150円	「日生連」結成後50周年を迎えるに，辿ってきた運動の意義を明るみにおき，教育の歴史的課題を捉え直すため，この50年の歩みをまとめた。戦後の「生活教育」という，一つの教育運動の輪郭をかぎった。 0830-3 C3037